Maîtrisez votre Destinée par les cycles de sept ans

Case postale 133
1213 Onex (Genève) - Suisse

Dépot légal :
Bibliothèque de Genève (BGE)
Bibliothèque Nationale Suisse - Berne
2ème édition
1er trimestre 2013

Imprimerie : Graficas Irudi - Espagne

Papier FSC
par respect envers la Nature

ISBN : 978-2-940448-29-6

Illustration de couverture et esquisses : © Lucidaëlle
Maquette : Anne-Laure Descombin – Elodie Lelong

Pierre Lassalle

Maîtrisez votre Destinée par les cycles de sept ans

Collection NOUVELLE PSYCHOLOGIE

Terre de Lumière

Remerciements

À Lucidaëlle (Lucie Delalain), la jeune et talentueuse artiste qui a créé la couverture de ce livre en art imaginatif. Ce tableau s'intitule « La Chambre aux Secrets ». C'est une œuvre réalisée en peinture numérique. Cette œuvre originale symbolise ce qui est décrit dans mon livre, à savoir la possibilité de percevoir le fil de sa destinée, aussi bien dans un sens vers le passé que vers le futur. Dans une chambre aux miroirs, l'héroïne découvre, dans une pièce hexagonale, son univers intime. Dans le miroir face auquel elle se trouve, elle voit apparaître des séquences de sa destinée, passées ou futures. Grâce à la vision de celles du passé, elle peut guérir son enfance ou son adolescence. Et grâce à celles du futur, elle peut préparer son avenir et l'envisager avec espérance. Bien évidemment, si cette expérience est possible, elle demande une préparation et une certaine connaissance que cet ouvrage est censé vous apporter. Peut-être qu'en contemplant l'œuvre de Lucidaëlle, vous aurez envie d'entrer dans ce livre et de l'étudier…
Je remercie également Lucidaëlle pour les esquisses qu'elle a réalisées pour les neuf septaines, aidant ainsi le lecteur à plonger dans une atmosphère significative pour chaque tranche d'âge. Ses esquisses ont été dessinées en même temps que Céline Lassalle écrivait ses poèmes, et que je rédigeais cet ouvrage.

À Céline Lassalle pour l'écriture inspirée de ses poèmes créés pour chaque septaine. Les poèmes de Céline constituent autant de fenêtres sur votre intérieur, afin d'aller en profondeur pour faire émerger toutes les clés de votre destinée. Je vous conseille fortement de réfléchir voire de méditer sur ses poèmes, afin qu'ils nourrissent votre cœur et génèrent de belles prises de conscience. De plus, je remercie également Céline pour les tableaux qu'elle a réalisés pour compléter certains passages de mon texte, ainsi que pour toutes les corrections et améliorations qu'elle a apportées à mon écrit…

Avertissement

Cet ouvrage a connu une précédente édition en 2003 aux éditions de Mortagne sous le titre « Rythmes & Destinée ». Il devint rapidement un best-seller avec plus de 60 000 lecteurs, une édition chez Québec-Loisirs et une traduction en Italien.
Cette nouvelle édition a été largement revue et augmentée par l'auteur (elle comprend environ cinquante pages supplémentaires par rapport à sa première version !). Toutes les septaines ont été retravaillées, précisées et augmentées.
Nous vous en souhaitons une agréable lecture.

L'Éditeur.

Maîtrisez votre Destinée
Par les cycles de sept ans

Sommaire

Introduction

La vie humaine est faite de cycles. L'existence est parsemée de grands rendez-vous avec des situations, des êtres et des événements dramatiques ou joyeux, qui demeurent souvent un mystère.
Tout au fond de son cœur, chacun se demande parfois : « Ai-je une destinée ? Y a-t-il un « fil rouge » qui conduit toutes les expériences de ma vie ? L'existence humaine a-t-elle un sens ? Et, si oui, quel est-il ? »
Il est difficile de passer toute sa vie sans jamais se poser ce genre de questions. C'est humain, car nous sommes des êtres qui voulons savoir, qui voulons comprendre le sens de ce que nous vivons.
La différence essentielle entre l'être humain et l'animal est que nous sommes des êtres pensants, parlants et dotés d'une individualité spirituelle (ou esprit).
Nous cherchons à comprendre ce que nous vivons et nous voulons maîtriser notre destin. Ne pas le chercher serait étonnant !

Mais qu'est-ce qu'une destinée ?

La science moderne, qui n'étudie que la matière, évoque le « hasard », dès qu'elle se trouve face à l'inconnu. Mais, le hasard ne peut expliquer la vie de l'être humain. Non ! Dieu ne joue pas aux dés avec nous !

Si nous rencontrons telle personne, à tel endroit et à tel âge, il ne s'agit pas d'un « hasard ». Si nous ne comprenons pas la raison profonde de cette rencontre et si elle demeure cachée à notre regard, c'est peut-être tout simplement parce que nous ne savons pas regarder (nous ne cherchons pas dans la bonne direction), ou que nous n'avons pas forgé les outils nous permettant de trouver une réponse adéquate.

Ce n'est pas parce que nous ne comprenons pas quelque chose que « cela » n'existe pas : sinon, cela signifie que nous sommes étroits d'esprit !
Et puis, la destinée n'est peut-être pas ce que l'on en suppose habituellement.

La plupart de nos contemporains ne croient guère en la destinée, car ils s'imaginent qu'elle serait une sorte de programme prédéterminé qui nous forcerait à vivre telle ou telle expérience. Le besoin de liberté les pousse à se rebeller contre cette idée, dans laquelle ils se sentent emprisonnés.
Leur raisonnement est compréhensible. Néanmoins, celui-ci repose sur des bases fausses.

La destinée n'est pas un déterminisme absolu. En fait, elle repose sur une double liberté. Si vous concevez que nous appelions « destinée » l'ensemble de tout ce qu'expérimente un être humain au cours de son incarnation terrestre, alors il faut savoir que la destinée est choisie par l'individu *avant* de s'incarner.
En effet, l'être humain choisit les grandes lignes de son futur parcours terrestre avant de s'incarner, lorsqu'il séjourne encore dans le monde spirituel (sa patrie originelle).
C'est lui qui décide de retrouver telle ou telle personne, d'affronter telle ou telle épreuve, d'exprimer telle ou telle qualité, etc.
Ensuite, une fois sur Terre, il ira à la rencontre de sa destinée, c'est-à-dire de ses propres choix (décidés dans le monde spirituel avant son incarnation), et il devra alors utiliser son libre arbitre : il décidera seul de la conduite à tenir face à telle personne rencontrée, à telle épreuve ou défi à surmonter, à telle capacité ou qualité à développer. Il pourra ainsi améliorer la destinée qu'il souhaitait accomplir ou, au contraire, n'en vivre qu'une partie, ou en dévier.

Le principal problème que nous rencontrons face à notre destinée est l'oubli : nous avons oublié, d'une part, nos choix faits dans le monde spirituel et, d'autre part, pourquoi nous voulions rencontrer telle personne ou telle épreuve, etc. Ceci rend nos choix délicats, car, une fois incarnés, nous ne savons plus quel est le sens de notre vie.

Cet ouvrage a pour but de remédier à ce problème : peu importe que vous ayez oublié vos choix et que vous ne sachiez plus ce que vous faites ici : le livre que vous tenez entre vos mains vous aidera à vous souvenir de ce mode d'emploi de la vie que vous avez égaré. Il ne vous reste plus qu'à l'étudier, et surtout à le mettre en pratique, et vos souvenirs vont remonter à la surface : vous vous rappellerez ce que vous êtes venu(e) faire sur cette Terre, qui vous êtes et d'où vous venez.

Les sources de la Biosophie

Cette connaissance de la destinée, qui est rythmée par des tranches d'âge de sept ans (de 0 à 7 ans, de 7 à 14 ans… de 49 à 56 ans, etc.), je l'appelle « Biosophie ». J'ai formé ce néologisme avec deux mots grecs : « *bios* » qui signifie « vie » et « *sophia* » qui veut dire « sagesse ». Nous pourrions ainsi en donner la définition suivante : sage conduite de sa destinée.
La Biosophie fait également référence à une Vertu : la Vertu de la Justice ou de la Biosophie (cf. *Vers une Nouvelle Éthique,* coécrit avec Céline Lassalle, même éditeur).

Cette connaissance est très ancienne, puisque nous en dénichons les traces jusque chez les philosophes Grecs.
C'est sans doute Hippocrate (460 – 377), le « père » de la médecine, qui a le mieux défini cette sagesse en ces termes : *« Il y a dans l'existence humaine, sept temps que nous nommons « âges » : enfant, petit garçon, adolescent, jeune homme, homme mûr, homme âgé, vieillard. À la période (période changeante) Lune, la petite enfance (jusqu'à 7 ans), succède celle de Mercure où les premières connaissances sont acquises (7-14 ans), puis celle de Vénus qui montre sa force dans les émois passionnels de la prime adolescence (14-21 ans) ; puis vient le zénith (solaire) de la vie, les 3 septaines de la pleine force vitale et des désirs d'expansion (21-42 ans). Le règne du mauvais Mars*[1] *amène un revirement et conduit aux luttes, amertumes et désillusions qui emplissent l'âge d'homme (42-49 ans). Puis sous le sceptre de Jupiter, revient une fois encore un sommet de la vie, l'âge mûr proprement dit, qui, serein et sage, contemple les joies et les souffrances de l'existence, tout en participant toujours avec bonheur à celle-ci (49-56 ans) ; et enfin avec l'étoile de Saturne, éloignée de la Terre et lente, le grand âge où les forces vitales se refroidissent et se figent lentement.*[2] *»*

Le philosophe et Initié grec Platon (427 – 347), disciple de Socrate, enseignait trois Vertus : le Courage (ou force intérieure), la Tempérance (ou maîtrise de soi) et la Sagesse (ou prudence), et en présentait une quatrième qui résultait de l'harmonie des trois précédentes, la Justice (ou juste équi libre en toute chose, ou encore harmonie de la destinée).

---

1. Mars : pour l'auteur, l'influence de Mars a changé au fil du temps, et elle ne doit plus être considérée de manière aussi négative. Mars représente également la compassion, la liberté et la parole bienveillante.

2. Cette citation se trouve dans l'ouvrage du Dr Alla Selawry *Types fonctionnels métalliques en psychologie et médecine* (Guy Trédaniel – La Maisnie).

C'est ainsi que la « version contemporaine » de cette connaissance peut être définie :

La Biosophie est la connaissance qui favorise une sage conduite de sa destinée.

Ainsi, la Biosophie est en quelque sorte la Vertu platonicienne de la Justice, pénétrée de l'impulsion christique[3] et adaptée à l'être humain de notre temps.

La Biosophie, ou sage conduite de la destinée, est une sorte de mode d'emploi de la vie humaine, qui en indique les temps forts, les respirations, les défis, que nous avons choisis.
Nous pouvons, grâce à cette connaissance, raviver l'espérance de notre cœur, car tout demeure possible en utilisant correctement notre libre arbitre.

Cette sagesse grecque (ou plus antique encore ?) a été perdue puis retrouvée au fil des siècles. Shakespeare la connaissait, par exemple (cf. le chapitre 3.) Plus près de nous, c'est le chercheur et ésotériste Harvey Spencer Lewis (1883-1939), avec son livre *La Maîtrise de Soi et le destin avec les cycles de la vie,* qui me fit découvrir les cycles de sept ans. J'ai associé cette connaissance avec l'astrologie. Et n'oublions pas l'Initié autrichien Rudolf Steiner (1861-1925) qui a remis au goût du jour cette méthode, grâce à sa connaissance profonde de l'être humain, à travers de nombreuses conférences ou écrits. Ses recherches m'ont également inspiré.

La source « mère » de la Biosophie demeure tout de même l'astrologie, que je pratique depuis une trentaine d'années.
Ma propre recherche concernant les cycles m'a également orienté vers la numérologie.
Un autre ouvrage m'a attiré vers ce que j'appelle aujourd'hui la Biosophie : *Les Cycles du Devenir* d'Alexander Ruperti (Éd. du Rocher).

---

3. Pour l'auteur, l'« impulsion christique » est l'acte d'amour de Dieu le Fils qui S'est incarné, il y a deux mille ans, dans le corps de l'Homme Jésus durant trois années seulement. Cette « épiphanie », ou incarnation divine, a octroyé un coup de pouce considérable à toute l'évolution humaine. Ceci n'a rien à voir avec la religion. Lire *Christosophie* (même auteur, même éditeur).

Mais, j'ai dû apporter une cure de jouvence à cette connaissance, grâce à mes investigations spirituelles. En effet, l'être humain évolue et la société

dans laquelle il vit également. Même en un siècle, la société occidentale a considérablement changé et l'être humain a dû s'adapter. Il n'est donc guère possible d'utiliser un savoir traditionnel sans l'adapter à l'être humain de notre époque.
Pour créer la Biosophie, je me suis donc appuyé sur mes recherches spirituelles (ou méditatives) concernant le fonctionnement de l'être humain d'aujourd'hui.

J'espère que ce livre vous aidera à aimer la vie encore davantage, et à y découvrir les raisons de vous transcender et d'exprimer toutes les richesses de votre cœur.

Pour un aspect pratique, il est préférable de lire cet ouvrage en entier, dans l'ordre des chapitres, afin d'en connaître toute la substance. En revanche, par la suite, vous pourrez ouvrir le livre directement au chapitre concernant votre propre tranche d'âge (ou celle d'un proche), afin d'y étudier la période qui vous intéresse.

Je vous souhaite une agréable lecture.

Pierre Lassalle
Écrivain biosophe

Présentation

Cette présentation a pour but de vous aider à comprendre ce qu'est la Biosophie, et comment vous pouvez utiliser le livre que vous avez entre les mains. S'il est tout à fait possible d'ouvrir cet ouvrage à n'importe quel chapitre pour lire une septaine (ou tranche d'âge) qui vous intéresse, il n'en est pas moins conseillé de lire, auparavant, ce texte attentivement.

À quoi sert la Biosophie ?

Tout d'abord, rappelez-vous bien que son principe est de découper la vie humaine en tranches de sept années ou « septaines » : de 0 à 7 ans, de 7 à 14 ans, de 14 à 21 ans, de 21 à 42 ans (phase solaire partagée elle-même en trois septaines), de 42 à 49 ans, de 49 à 56 ans et de 56 à 63 ans, et au-delà. Cette connaissance apporte une vision complète de la vie humaine sur tous les plans de l'être, et elle rend explicites tous les processus, autant intérieurs qu'extérieurs, que l'individu expérimente pendant toute la durée de son existence terrestre.
De la naissance au monde physique jusqu'à la mort, la Biosophie sert de guide, ou de mode d'emploi de la vie, en nous en facilitant la compréhension.

Pour chaque tranche d'âge, elle montre ce qui se développe en l'être humain (qualités, capacités ou facultés), quels sont les défis à relever, ce qui est possible ou non, la meilleure manière de vivre cette période de la vie, ainsi que les pièges à éviter, etc.

Elle peut nous aider à saisir les enjeux de notre septaine actuelle (la période de sept ans dans laquelle nous nous trouvons). Mais, elle peut également éclairer un bilan de notre vie en comprenant *a posteriori* pourquoi nous avons vécu telle épreuve ou telle rencontre, par exemple.

Elle nous aide aussi à nous améliorer, car elle nous permet de tirer des leçons de notre existence, et même de guérir des périodes de notre vie (petite enfance ou adolescence, par exemple) à des moments appropriés, où nous disposons de tous les « outils » pour le faire.

Elle facilite également une meilleure entente entre les générations, car elle transmet plus d'ouverture et de compassion pour tous les âges de la vie (nous pouvons mieux nous mettre à la place d'autrui).
Elle nous révèle enfin les grandes lignes de notre destinée future ou plutôt quelles seront, à l'avenir, les meilleures périodes de notre existence pour réaliser tel projet, ou cultiver telle qualité, ou encore exprimer pleinement notre créativité.

La Biosophie est une connaissance qui nous accompagne tout au long de notre vie, et quel que soit notre âge.

La coupe du Graal de l'incarnation

Voyez le dessin n° 1 ci-après qui vous montre ce que j'appelle « la coupe du Graal de l'Incarnation ».
Nous sommes des êtres spirituels et, en tant que tels, nous venons d'un monde suprasensible, donc invisible.
Lorsque nous nous incarnons, nous pénétrons dans un corps de chair que nous gardons quelques décennies, avant de retourner dans le monde d'où nous venons.
Contrairement à ce que l'on croit habituellement, l'être humain ne s'incarne pas pleinement dès sa naissance. Il a besoin de quatre septaines (ou de vingt-huit années) pour accomplir son processus d'entrée dans la matière (le squelette humain n'arrive à sa pleine maturité que vers 28-30 ans, et le cerveau est pleinement opérationnel vers 25-26 ans).

Du point de vue spirituel, nous concevons l'incarnation de l'être humain comme une descente progressive dans la matière. D'ailleurs, chacun peut constater à quel point le bébé est fragile et vulnérable, et qu'il ne sait pas faire grand-chose, tout en étant très malléable. Ceci est la marque signifiant que l'être humain naît « incomplet ». Quand on le compare aux animaux, on s'aperçoit vite que ceux-ci savent presque tout faire dès leur naissance ou rapidement, tandis que le bébé a tout à apprendre : cela nous enseigne

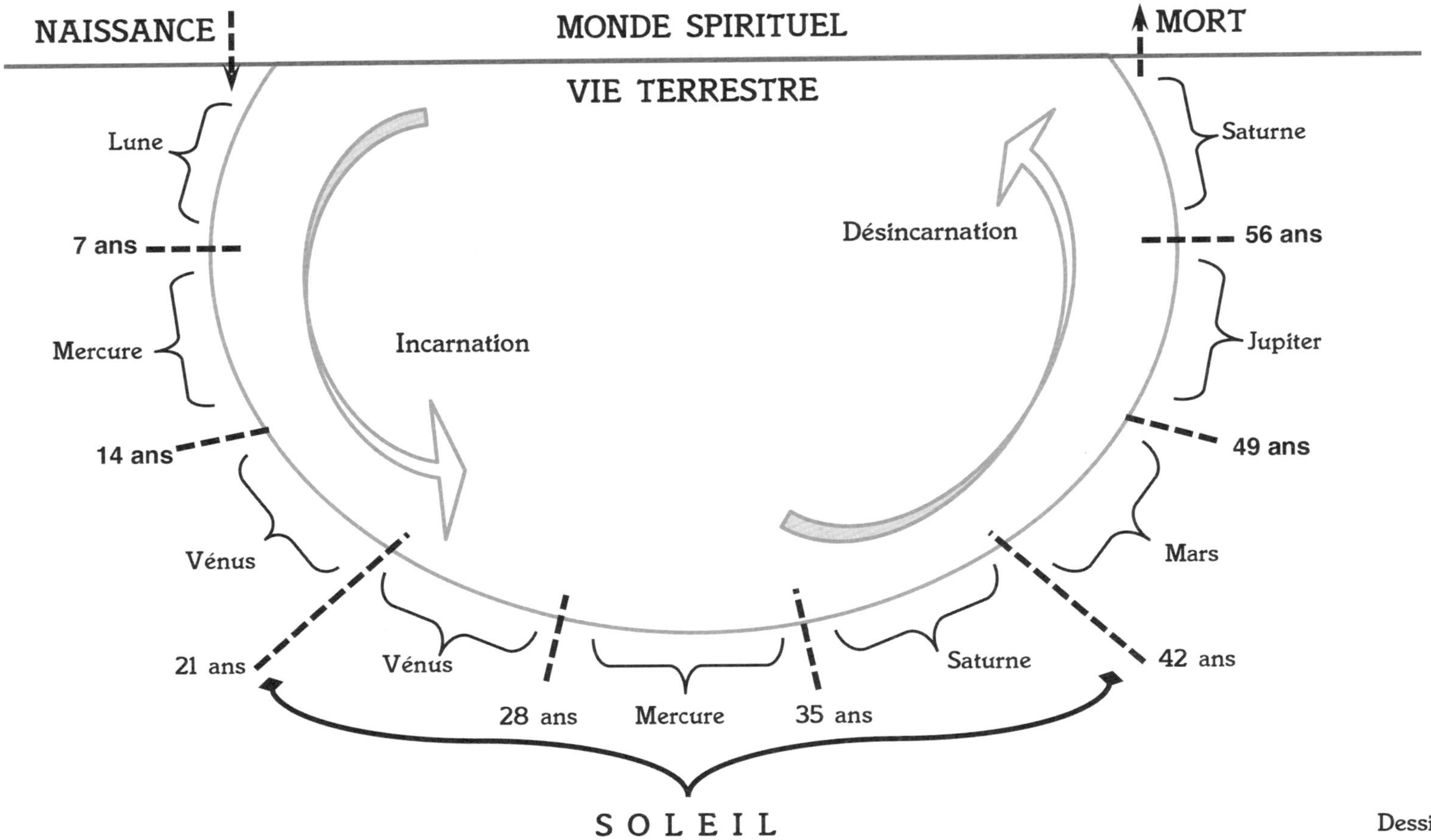

Dessin 1

La Coupe du Graal de l'incarnation

que l'être humain peut évoluer, contrairement à l'animal. Cela est dû, tout simplement, au fait que l'humain est doté d'un esprit ou d'un « Je » (son identité spirituelle), qui ne termine son processus d'incarnation que dans la vingtaine.

Ainsi, nous remarquons sur le dessin la descente de l'être humain dans la matière jusque vers 28 ans.
Ensuite, lors de la septaine entre 28 et 35 ans, le jeune adulte se trouve au fond de la coupe du Graal. Puis, il entame sa remontée (processus de la désincarnation), très progressive elle aussi, afin de se rapprocher de plus en plus de sa patrie originelle (le monde spirituel ou quel que soit le nom que nous lui donnons).
La vie humaine, à cause de ce double processus (incarnation ou descente, puis désincarnation ou remontée) prend l'aspect d'une coupe, baptisée par l'auteur « coupe du Graal », tout simplement parce que celle-ci est le symbole de la rédemption de la chute dans la matière pour l'être humain.
D'un certain point de vue, la Biosophie contribue à se rédempter de la chute dans la matière ; c'est la raison pour laquelle elle constitue une part de l'enseignement évolutif du courant du Graal.

La réincarnation et l'entre-deux-vies

L'enseignement de la Biosophie sous-entend l'idée de réincarnation (bien qu'elle puisse être étudiée sans aucune adhésion à cette connaissance spirituelle). En effet, la Biosophie incite l'être humain à s'améliorer. Vous vous apercevrez certainement, en lisant notamment les chapitres 7, 8 et 9, que l'évolution de l'être humain est infinie, et qu'il est totalement impossible de révéler la totalité du potentiel humain en une seule existence. Ainsi, l'esprit humain revient d'âge en âge pour progresser et apprendre de nouvelles choses.

Que fait l'esprit humain après la mort physique ?

Il continue son existence sans corps physique. Il fait le bilan de sa vie, afin d'en tirer des leçons. Il s'engage, pour sa vie suivante, à retrouver telle ou telle personne avec laquelle il souhaite régler un différend, par exemple. Il vit une purification et un détachement de la Terre. Il s'acclimate de nouveau au monde spirituel. Puis, il transforme tout le bien qu'il a semé sur la Terre, pour en faire des germes pour sa vie suivante.

L'une des grandes règles de la réincarnation est que tout ce que nous vivons sur la Terre est, après notre mort, transformé dans le monde spirituel. Et cela nécessite de nombreuses étapes.
Durant l'entre-deux-vies, l'entité humaine voyage dans plusieurs mondes spirituels qui sont habités par des entités spirituelles. Dans l'ésotérisme, nous nommons ces mondes : Lune, Mercure, Vénus, Soleil, Mars, Jupiter, Saturne, et les mondes stellaires du Zodiaque.
Nous leur donnons les mêmes noms que ceux utilisés par les astrologues et les astronomes. Ceci est dû au fait que partout dans l'univers où se trouve une planète, celle-ci n'est autre que le « corps physique » ou la « trace » d'un monde invisible ou suprasensible (c'est-à-dire non perceptible par nos sens physiques). Ces mondes « invisibles » sont peuplés d'entités spirituelles. Il en est de même pour toutes les étoiles.
Or, pendant son entre-deux-vies, l'être humain parcourt ces différents mondes, où il rencontre des êtres spirituels qui l'aident à se détacher de la Terre et à tirer des leçons de sa vie qui vient de s'achever. Puis, ces entités façonnent tout le bien qu'a exprimé l'individu lors de son séjour terrestre, afin que cela devienne des potentiels et des qualités pour son incarnation future.
Par la suite, ces entités spirituelles (dont l'Ange gardien qui accompagne toujours son protégé) préparent la future incarnation avec l'être humain concerné. (Pour en savoir plus sur le rôle de l'Ange gardien, cf. « *Parler le Langage des Anges* », Céline et Pierre Lassalle, même éditeur.)
Si vous acceptez de concevoir que vous ayez préparé votre vie terrestre dans ces différents mondes, vous comprendrez alors que ce que vous avez vécu lors de votre passage dans le monde de Vénus se manifeste dans votre incarnation lorsque vous aurez l'âge de Vénus (pendant la septaine reliée à cette planète), par exemple.
Ceci explique pourquoi nous avons des noms de planètes qui sont attribués à toutes les septaines et montre que ces septaines de l'incarnation reflètent ce qui a été préparé dans le monde spirituel.
Cela figure également la démarche des anciens Initiés qui ont, les premiers, créé cette connaissance.
À cette lointaine époque préchristique, ces sages étaient clairvoyants. Ils ont suivi par clairvoyance la préparation à l'incarnation de toutes sortes d'êtres humains. Ils les ont perçus passer par les différents mondes spirituels (Saturne, Jupiter, Mars, Soleil, Vénus, Mercure et Lune).
Ils les ont vus, en quelque sorte, remplir une « besace » dans chaque monde. Ensuite, ils ont vérifié que la « besace » remplie dans Mercure était toujours vidée durant la septaine entre 7 et 14 ans ; alors, ils ont donné à cette septaine le nom de Mercure. Et ils ont pratiqué de même pour toutes les septaines.

En somme, chaque septaine est reliée à un monde spirituel où nous avons reçu ce qui nous était nécessaire à cette tranche d'âge.

Bien évidemment, le thème de la réincarnation et de l'entre-deux vies ne peut pas être développé plus largement dans cet ouvrage. En revanche, il est important d'y faire référence, ne serait-ce que pour éclairer succinctement les racines de la connaissance que j'appelle « Biosophie ».

Qui est l'être humain ?

L'être humain est doué d'une constitution tripartite : corps, psyché (ou personnalité) et esprit (cf. dessin n° 2) :

Le corps physique est son véhicule d'incarnation, afin de vivre dans le monde (c'est comme le scaphandre qui permet de vivre sous l'eau). C'est le niveau inférieur de l'être.
Intérieurement, l'être humain dispose d'un autre niveau que nous appelons la psyché ou la personnalité. Celle-ci représente la vie intérieure de l'individu. Elle est, elle-même, partagée en trois « outils » qui sont : la pensée (idées, pensées, idéaux), le sentiment (émotions, sentiments, impressions, sensations, ressentis) et la volonté (pulsions, motivations, actions, instincts). C'est le niveau intermédiaire de l'être.
Enfin, nous avons besoin d'un chef pour diriger : c'est l'esprit, le niveau supérieur de l'être. Celui-ci se présente sous deux aspects : le « Je » ou Moi inférieur, l'individualité humaine incarnée ; et l'Âme céleste ou Moi supérieur, la part divine non incarnée.

(Pour plus de détails sur la constitution occulte de l'être humain, cf. *La Vie spirituelle*, même auteur, même éditeur.)
La coupe du Graal de l'incarnation permet de développer successivement les trois niveaux de l'être humain (cf. dessin n° 3) :

Entre 0 et 21 ans, c'est la période du corps qui peut se synthétiser dans la phrase : *« Je reçois. »*
Entre 21 et 42 ans, c'est la période de la psyché (ou personnalité) où le « Je », l'individualité humaine, apprend à manier ses outils (pensée, sentiment et volonté) et qui peut se synthétiser par la phrase : *« J'apprends et je grandis. »*

Entre 42 et 63 ans et au-delà, c'est la période de l'esprit où le « Je » cherche à se réunir à son Âme céleste ou Moi supérieur, grâce à la créativité, et qui peut se synthétiser par la phrase : *« Je donne. »*
Il est important de considérer que l'Homme est à l'image et à la ressemblance de Dieu.

Qu'est-ce que cela signifie ?

- « *Être à l'image de Dieu* » signifie que nous avons été créés avec un potentiel créateur ou divin infini (puisque le principe divin fondamental est la créativité, elle-même étant le résultat de l'association de l'amour et de la liberté).

- « *Être à la ressemblance de Dieu* » signifie que nous pouvons cultiver et révéler ce potentiel divin ou non, puisqu'il repose sur la liberté. Devenir à la ressemblance de Dieu souligne que nous travaillons à révéler ce potentiel créateur infini. Pour cela, il nous faut développer notre spiritualité, c'est-à-dire réunir les deux parties de l'esprit : le « Je » ou individualité humaine incarnée, et l'Âme céleste ou Moi supérieur non incarné, demeurant dans le monde spirituel. C'est également le but de toute voie spirituelle authentique.

La Biosophie est le mode d'emploi qui permet l'évolution de l'esprit humain au cours de son incarnation.

La Biosophie et notre époque

Cette connaissance est essentielle à la compréhension de la vie, puisque nous n'étudions rien de semblable dans nos écoles ou universités.
Personne ne nous explique le mode d'emploi de la vie !
De plus, aujourd'hui, c'est la télévision et Internet, ou plus globalement les médias qui façonnent les individus ; et ce, toujours sur le mode économique (même la culture a perdu ses couleurs en passant dans la « lessiveuse à fric »). Tous les aspects de la vie humaine sont désacralisés et ramenés à une valeur marchande. Cette déshumanisation de notre société est alarmante, surtout lorsque l'on en constate les effets (pollution drama-

Dessin 2

Constitution tripartite de l'être humain

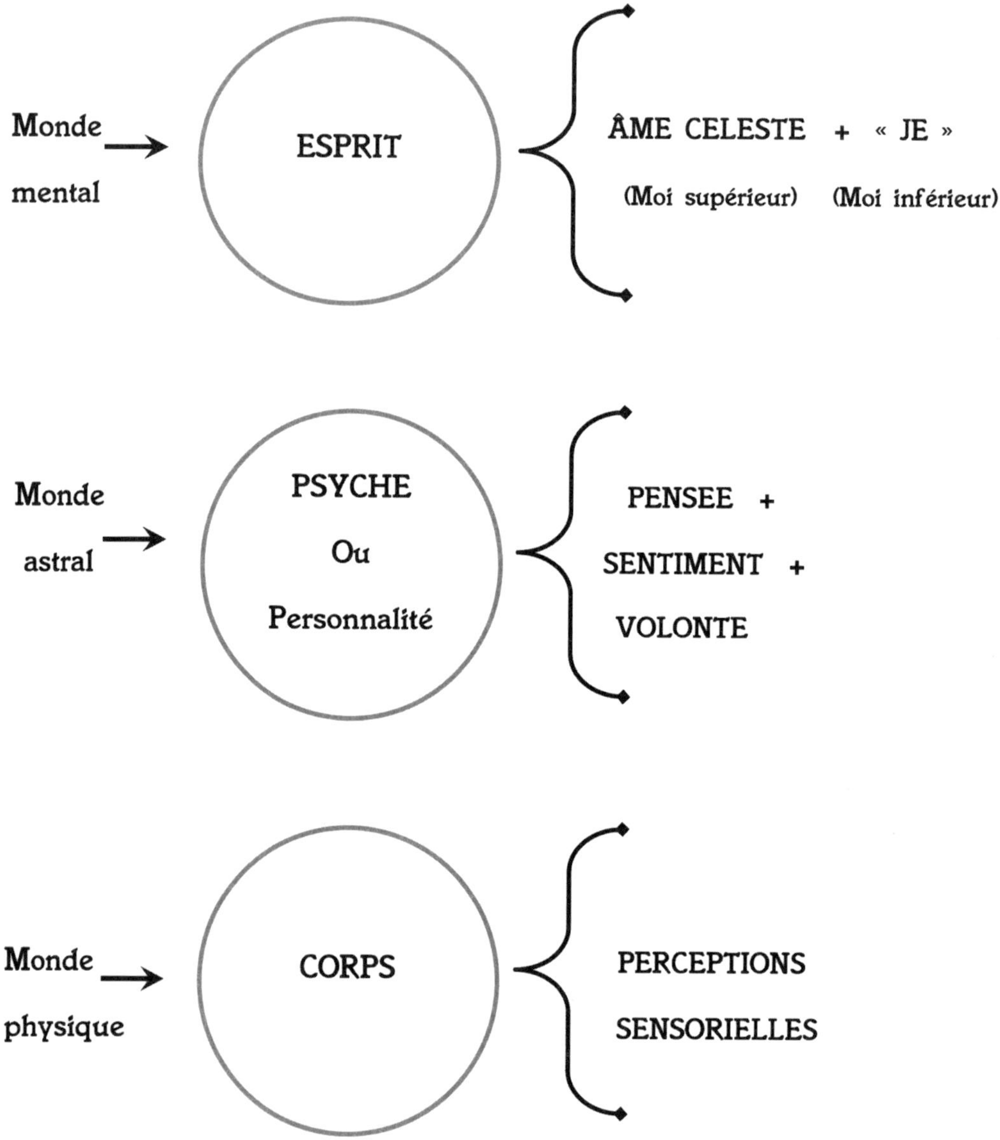

Dessin 3

Synthèse des trois grandes phases de la vie

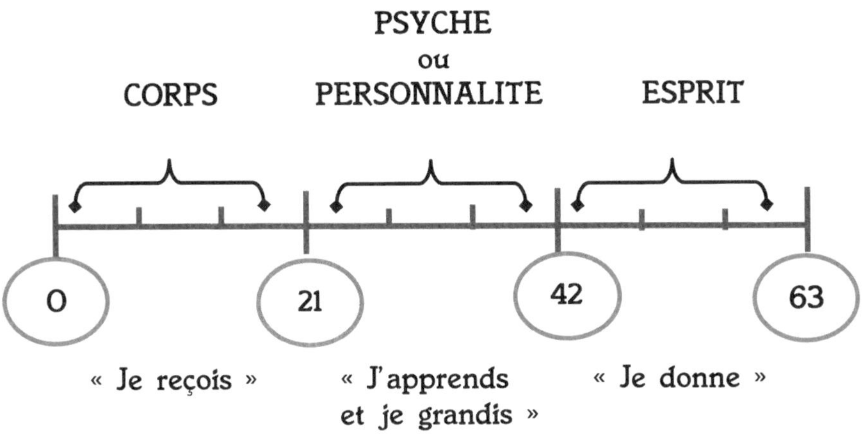

tique, désertification et manque d'eau, nourriture empoisonnée chimiquement, conditionnement médiatique extrême qui conduit à l'abrutissement des masses, etc.)
L'individu perd totalement le sens de sa vie, qui devient une course à l'argent et aux satisfactions matérielles, qui le vide de sa substance, asséchant son être intérieur.

Une connaissance telle que la Biosophie apporte un peu de fraîcheur à notre existence, nourrit le cœur d'espérance, et redonne du sens à la vie.
La Biosophie aide à faire face au monde et à ses excès, et à renforcer son libre arbitre, afin de prendre les décisions qui s'imposent dans tous les domaines de sa vie. En pleine connaissance de cause.

L'utilisation de ce livre

Vous y trouverez un chapitre par septaine (ou tranche de sept années). Ainsi, selon votre âge actuel, vous pouvez ouvrir le livre au chapitre correspondant à votre septaine et le lire indépendamment des autres.
Voyons comment sont structurés les chapitres de cet ouvrage :
Tout d'abord, vous avez les généralités qui vous donnent le ton de la septaine.

Ensuite, la septaine est développée d'une manière relativement chronologique, en mettant en avant ses points forts : ce qui s'y passe d'important, les défis à relever, les pièges à éviter, les qualités ou capacités à développer, les âges clés, etc.
Vous trouverez certains « À noter » qui mettent en lumière un aspect de la septaine ou appuient sur une particularité, ou un conseil vous incitant à cultiver un aspect de vous-même qui facilite la septaine en question.

Puis, à la fin du chapitre « classique », vous découvrirez une esquisse de Lucidaëlle, qui vous aidera à synthétiser le texte que vous viendrez de lire, et vous proposera, si vous le souhaitez, une atmosphère de la septaine, afin d'entrer dedans et vous l'approprier. Associés à l'esquisse se présenteront un ou deux poèmes de Céline Lassalle, qui viendront vous interpeller sur les principaux thèmes de la septaine, afin de vous proposer, si vous le souhaitez, une réflexion voire une méditation sur ces poèmes.

Enfin, après l'esquisse et le (ou les) poème(s), vous retrouverez trois rubriques : *Le « Plus » Astro*, qui s'adresse aux astrologues, leur apportant des précisions spécifiques (il faut noter que le texte classique du chapitre ne comporte quasiment aucune donnée astrologique, afin d'en faciliter la lecture au néophyte) ; si vous n'êtes pas astrologue, alors ce paragraphe vous paraîtra certainement du charabia ! Dans ce cas, inutile de le lire. C'est la raison pour laquelle il est placé à part du texte classique.

Le « Plus » Ésotérisme, qui s'adresse aux lecteurs ayant des connaissances en ésotérisme et en spiritualité (le reste du texte classique en étant presque totalement dépourvu), et qui apporte un éclairage plus en profondeur du fonctionnement spirituel de l'être humain ; si vous ne disposez pas de certaines connaissances de base en ésotérisme et en spiritualité, alors il est probable que ce paragraphe vous paraîtra incompréhensible. Dans ce cas, ne le lisez pas. C'est la raison pour laquelle il est placé à part du texte classique.

Le « Plus » Pratique, qui s'adresse aux lecteurs s'intéressant aux élixirs floraux et/ou aux huiles essentielles, et qui leur donnent des idées d'utilisation de ces produits naturels pour chaque septaine (soit pour cultiver des qualités ou des capacités en rapport avec la septaine, soit pour lutter contre les pièges ou les défauts générés par cette tranche d'âge). Pour l'utilisation de ces produits spécifiques, il est recommandé de demander l'avis d'un spécialiste, car ces conseils ne peuvent, en aucun cas, remplacer l'avis d'un médecin.

À vous de décider si vous souhaitez les lire ou non. Retenez que ne pas lire les « Plus » ne gêne en aucun cas la pleine compréhension du texte classique.

Je vous souhaite une bonne lecture.

Les trois Septaines de l'incarnation et de l'éducation : de 0 à 21 ans

Chapitre 1

Première septaine : de la naissance à 7 ans…

L'imitation

☆ ***Aperçu global** : Cette première septaine est celle de l'incarnation et du développement du corps physique. C'est celle de la petite enfance, qui est régie par la Lune, et qui concerne la formation du corps physique. Chacun peut constater l'évolution incroyable du corps d'un petit enfant, de sa naissance à l'arrivée de sa dentition définitive (entre 5 et 7 ans). Comme nous le verrons plus loin, il est capital de prendre soin du corps physique du petit enfant, sous peine de graves conséquences à l'âge adulte. Le corps du petit se construit en « miroir » de tout ce qu'il « capte » du monde extérieur par l'imagination et l'imitation.*

☆ ***Début et fin** : La première septaine débute à la naissance et s'achève avec l'apparition des premières dents définitives (entre 5 et 7 ans).*

☆ ***Âge clé** : 2 ans et 3 mois.*

De nos jours, la société profane dans laquelle nous vivons connaît peu de chose sur le développement de l'enfant. Ses seules connaissances concernent les besoins extérieurs de l'enfant, c'est-à-dire l'hygiène, la nourriture, le sommeil, et avec beaucoup de chance, un peu d'amour.
Mais, notre pédiatrie moderne ne connaît rien des besoins intérieurs du petit enfant.
Il est fréquent d'entendre cette expression ridicule : « *Il n'y a plus d'enfants !* », qui est le reflet de notre ignorance.
Ainsi, nous considérons l'enfant, trop souvent, comme un mini-adulte qui a forcément les mêmes besoins que nous. Grave illusion qui conduit à placer l'enfant de 1 ou 2 ans face à un ordinateur !
L'être humain contemporain est-il devenu fou ? A-t-il perdu tout bon sens ?
Nous y reviendrons en traitant des obstacles au bon développement du petit enfant de cette première septaine.

Tout se joue en trois ans !

Durant les sept premières années de son existence, l'enfant, empreint des effluves lunaires du monde spirituel, demeure sous la protection d'une entité angélique. Il vit encore entre deux mondes (n'oublions pas qu'il faut vingt et un ans pour que l'individu s'incarne pleinement), sourit « aux anges », et paraît souvent ailleurs.
Non seulement il peut percevoir son Ange gardien, mais il « voit » également toutes sortes de « choses » qu'un adulte ne distingue plus.
Malgré toute cette innocence et cette fragilité qui émanent de lui, l'enfant livre déjà un premier combat qui ne retient pas toujours toute l'attention de l'adulte.

Les trois « miracles » de la petite enfance sont :
Dès sa première année, le bébé doit combattre la force de la pesanteur, afin de se redresser et de marcher ; ce qu'il saura faire vers l'âge de 12 mois. C'est ici une énergie volontaire qui s'exprime à travers l'enfant pour lui permettre d'apprendre à marcher.

Se lever et marcher
Tel est le défi de sa première année.

L'apprentissage de l'incarnation se poursuit avec la parole. C'est, en effet, durant cette période que le larynx permet la formulation des sons qui vont fournir au bambin la possibilité de s'exprimer. C'est ici une énergie sentimentale qui pousse l'enfant à communiquer. En effet, à quoi sert la parole, sinon à nous relier à autrui dans le but de partager, d'échanger et d'aimer ?

Parler
Tel est le défi de sa deuxième année.

Enfin, cet effort d'humanité se complète par le développement de la pensée, et de la conscience de soi, aussi rudimentaire soit-elle, qui l'accompagne. Le nouveau défi, celui de la troisième année de l'enfance, est celui qui amène le petit à penser et dire « Je » en parlant de lui-même, et à prendre conscience de lui, grâce au développement des premiers rudiments de sa pensée.

Penser et dire « Je »
Tel est le défi de sa troisième année.

Il est étonnant que ce troisième « miracle » de la petite enfance passe, généralement, complètement inaperçu dans notre société pourtant si « savante » ! Pourtant, c'est le fait de « dire Je » qui confirme l'humanité du petit.
Il est facile pour tout le monde de constater les résultats des deux premiers défis : lorsque l'enfant se met à marcher puis à parler.
En revanche, pour notre société matérialiste, il semble plus délicat de repérer et de comprendre le troisième défi : les débuts de la pensée et de la conscience de soi. Aussi, nous allons le voir plus en détail.

Lorsque le petit enfant commence à parler, il ne dit jamais « Je » en parlant de lui-même. Il parle de lui à la troisième personne. Il dira, par exemple, en se cognant à une table : « *Lili, bobo !* » ou même : « *Table, bobo !* ». Ceci montre que, d'une part, il n'est pas conscient de ce qu'il vit et que, d'autre part, il se confond avec son entourage.

2 ans et 3 mois : « l'Émergence du Je »

Ce n'est que vers l'âge clé de 27 mois que l'enfant va dire « Je » en parlant de lui-même.

Pourquoi ?

Parce que, pour la première fois de sa courte vie, il se sera senti au cœur de l'action ; il aura pris conscience que c'est bien lui qui est en train de vivre l'action à laquelle il participe. Cela peut paraître étrange à l'adulte dont c'est l'état naturel, mais c'est une grande victoire pour le petit, autant que de marcher pour la première fois, ou de prononcer son premier vrai mot.

C'est également à partir du premier « Je » que l'enfant va se souvenir de ses expériences. C'est la raison pour laquelle nous n'avons pas de souvenir de nos deux premières années (parfois, nous avons l'impression d'en avoir, mais ils nous ont été fabriqués, après-coup, par nos parents qui nous ont raconté des expériences que nous avons vécues dans notre petite enfance.)

Les souvenirs sont reliés à la conscience que nous avons de nos expériences.

Suite à l'arrivée du premier « Je », le gamin commence à défendre son individualité naissante : c'est la terrible période de la troisième année où l'enfant dit « *Non, j'veux pas !* » à tout ce que nous lui proposons.
Il est essentiel de reconnaître l'importance de cette « affirmation négative » du petit, car c'est un besoin existentiel pour lui. En effet, le fait de dire « Je » souligne sa première prise de conscience de lui-même dans ce monde terrestre : c'est ce que nous appelons *« l'Émergence du Je »*.
Cependant, cette conscience humaine est encore bien fragile et très vulnérable. Et elle a besoin de se consolider. Or, le seul moyen qu'elle trouve est de s'opposer à son entourage.
En effet, il est bien connu que : **la résistance permet de se renforcer.**

Ainsi, l'erreur (à ne pas commettre) serait de ne pas respecter ce besoin d'opposition de l'enfant et de constamment l'obliger à faire ce que nous voulons sans tenir compte de ses refus.
Il en résulterait une faiblesse à l'âge adulte. L'individu n'arriverait pas à s'affirmer face aux autres. Il serait, la plupart du temps, dans la rébellion et continuerait toute sa vie à proférer des « *Non, j'veux pas !* » dans l'espoir d'être enfin entendu. Ceci le rendrait faible et insécurisé. De plus, étant donné que la première septaine est celle du développement du corps physique, il se produirait des répercussions sur le corps, et notamment sur le système immunitaire qui serait plus faible que chez la moyenne des individus.

Il est donc capital que les parents respectent cette *« Émergence du Je »* de leur enfant qui cherche à exister en ce monde.

Les trois sortes de mémoire

Entre la naissance et l'apparition de ses dents définitives, l'être humain expérimente, non pas une, mais trois sortes de mémoire.
Voyons-les en détail :

- La première forme de mémoire, que j'appelle **« mémoire locale »**, se développe durant la première année : c'est une mémoire volontaire. C'est une forme ancestrale de mémoire dont nous trouvons les traces visibles dans l'histoire de l'humanité, par l'intermédiaire des mégalithes, notamment. En effet, dans une lointaine Antiquité, l'être humain disposait d'une forme de *souvenir local,* et non de notre mémoire moderne. Par exemple, lorsqu'il expérimentait quelque chose d'important dont il voulait se souvenir, il « marquait » l'endroit avec une pierre. Ainsi, lorsqu'il revenait au même endroit, il voyait la pierre et se souvenait de ce qui lui était arrivé en ce lieu. Cette mémoire locale, nous la récapitulons dans notre petite enfance. Nous pouvons remarquer qu'un gamin peut facilement retrouver le chemin pour aller chez sa grand-mère, par exemple, même s'il n'y est allé qu'une seule fois. Parfois, les parents qui s'aperçoivent de ce « prodige » pensent avoir un enfant « surdoué », alors que c'est simplement une faculté naturelle, qui disparaît ensuite. Malgré tout, il nous en reste quelques bribes à l'âge adulte. Par exemple, lorsque nous voyageons beaucoup, nous aimons retrouver nos habitudes (descendre dans le même hôtel, aller nous promener dans des endroits que nous connaissons bien, manger dans les mêmes restaurants, etc.), car cela nous aide à nous adapter plus facilement au lieu dans lequel nous sommes. Les lieux que nous aimons fréquenter sont comme marqués psychiquement, grâce à notre mémoire locale.

- Une deuxième forme de mémoire vient s'y ajouter avec le développement de la parole : je l'appelle **« mémoire rythmique ».** Elle découle du sentiment. Comme son nom l'indique, son support est le rythme. Dans l'Antiquité, les êtres humains ont beaucoup utilisé ce type de souvenir. En répétant des mots, ou des phrases, ou même des syllabes, nous pouvons créer des rythmes qui aident à se rappeler. Les enfants qui apprennent à parler s'en servent beaucoup : papa, tata, « manman », bobo, toto, etc. Si vous lisez les sermons du Bouddha Gautama, vous découvrirez facilement ces rythmes qui structurent ses discours. Quand on les lit avec attention, on s'aperçoit qu'ils sont aisés à apprendre « par cœur » ; eh oui, c'est du temps de cette mémoire rythmique que vient l'expression « *apprendre par cœur* », et qui ne signifie pas répéter bêtement, mais étudier en utilisant justement la mémoire rythmique (rappelez-vous les tables de multiplication !). Une utilisation correcte de cette mémoire rythmique peut aider l'enfant à apprendre certaines choses, à condition que ce soit fait de manière vivante ou artistique. Dans l'Antiquité, de très longs textes étaient appris de cette manière. Les conteurs adoptaient un rythme particulier dans leur diction, et même leurs mouvements participaient au réveil du souvenir rythmique (ils se balançaient, par exemple). Aujourd'hui, les poèmes ou les chansons dignes de ce nom utilisent encore la mémoire rythmique avec leurs rimes (et le tempo de la musique). Les enfants adorent les chansons spécialement écrites pour eux, avec des rimes reliées à des mouvements qu'ils répètent inlassablement. Faire rimer un texte, c'est l'écrire de manière à faire appel à cette mémoire rythmique ; elle est pourtant enfouie également dans le subconscient, mais elle demeure toutefois plus proche de la surface de notre conscience de veille que la mémoire locale.

- Enfin, à partir de la troisième année de l'enfance, le petit découvre la vraie mémoire adaptée à notre époque : je l'appelle ***« mémoire conceptuelle »***. Elle est de nature mentale, c'est-à-dire du domaine de la pensée, et reliée à la conscience. Ce souvenir moderne est fondé sur l'interprétation que fait notre pensée de nos expériences sensorielles (c'est-à-dire des informations fournies par nos sens). Cette pensée a besoin de tous les concepts que nous apprenons dans notre enfance pour enregistrer de manière correcte notre vécu. Ensuite, celui-ci est rangé, sous l'aspect de souvenirs qui peuvent ressurgir au moindre effort. Cette mémoire conceptuelle, ou représentative, ne dépend ni des lieux ni des rythmes, mais uniquement de notre conscience et de notre pensée.

*À noter : à l'avenir, une quatrième forme de mémoire émergera chez l'être humain : je l'appelle **« mémoire éthérique »**, et elle dépendra d'une évolution spirituelle de l'individu.*

L'imagination et l'imitation

Durant les premières années de son existence, l'enfant n'est pas capable d'apprendre de la même manière que les adultes.

Pourquoi ?

Pour apprendre, nous avons besoin d'un deuxième corps, un corps subtil, appelé « corps éthérique » ou « corps vital », et qui naît avec l'apparition des dents définitives (entre 5 et 7 ans). Ce corps éthérique – ou corps de la mémoire – facilitera le processus de l'apprentissage aussitôt que le corps physique aura accompli le plus gros de sa croissance.
Tant que le corps éthérique n'est pas incarné, l'enfant ne dispose pas des ressources nécessaires à l'apprentissage intellectuel.

Ainsi, sa manière de se représenter le monde est toute différente de celle de l'adulte.

Quelle est-elle ?

Durant ses premières années de vie terrestre, l'enfant demeure dans une atmosphère imaginative. Ceci veut dire qu'il est encore tout imprégné du monde spirituel d'où il vient, qu'il se sent encore porté par son Ange, et qu'il vit dans un monde bien à lui, et dont les adultes sont exclus.

Il est essentiel, pour l'enfant, de vivre dans « son » monde. Il ne faut pas l'en arracher. Il a tout le temps de devenir un adulte…
Il ne peut pas s'incarner d'un seul coup, au moment de sa naissance, comme chacun le croit malheureusement à notre époque !
Nous sommes des êtres spirituels et nous vivons la plupart du temps dans un monde suprasensible qui ne ressemble en rien à celui sur lequel nous nous incarnons durant notre vie terrestre.

À noter : Lorsque nous nous incarnons, il nous faut un temps d'adaptation pendant lequel nous demeurons entre deux mondes : c'est le rôle de l'enfance. Précipiter l'adaptation au monde matériel en poussant l'enfant à se servir de machines ou à apprendre des connaissances intellectuelles est cruel, dangereux et irrespectueux.

Le petit enfant passe une grande partie de son temps dans son monde imaginaire, avec son « copain » angélique qui veille sur lui. Il a besoin de s'abreuver d'histoires et de contes qui vont alimenter son imaginaire.
Généralement, le petit apprécie que ses parents lui racontent une histoire avant de s'endormir. Très souvent, il préfère le même conte chaque soir. Ce besoin de répétition fait référence à la mémoire rythmique : il apprend « par cœur » au sens propre du terme, c'est-à-dire qu'il vit cette aventure dans son cœur, son propre conte, dont il est le héros. Dans le cours de la journée, il manifestera « son » histoire, il y jouera intensément, afin de nourrir son imaginaire.

Pour développer son imaginaire, il ne faut surtout pas lui offrir des jouets trop élaborés qui tuent son inventivité. Lui donner des jouets qui « imitent » des activités humaines, c'est l'empêcher de découvrir par lui-même ce qu'il veut imaginer, inventer et imiter. C'est assassiner sa créativité dans l'œuf. Adulte, il sera incapable d'initiative.

Il est important de comprendre qu'un enfant disposant d'une riche imagination, et qui aime jouer avec celle-ci, deviendra un adulte créateur.
En général, les jouets actuels sont tous orientés – à cause d'un état d'esprit mercantile et bassement utilitaire – vers des professions ou carrières qui façonnent déjà l'enfant, et le conditionnent. Cette « pré-orientation » prépare souvent, hélas, la mort de la future vocation de l'enfant (cf. le chapitre 3 sur l'adolescence).

À l'imagination s'ajoute l'imitation, qui est le mode de connaissance du petit enfant.
Contrairement à ce qui est souvent cru, le petit enfant n'est pas capable d'apprendre comme un adulte, ni de développer l'intelligence propre à ce dernier.
Bien souvent, des expériences sont menées pour apprendre une langue étrangère à des gamins de 4 ans, ou pour les mettre, parfois encore plus jeunes, sur l'ordinateur.
C'est dangereux !
En effet, l'enfant de moins de 7 ans, ne disposant pas encore de corps éthérique individuel, doit concentrer toute son énergie à l'édification de son corps physique. Or, si l'on tente de forcer le petit à apprendre intellectuellement avant 6-7 ans, il devra, pour satisfaire la demande d'adultes irresponsables et ignorants, puiser ses forces dans celles qui sont nécessaires à l'édification de son corps physique.

Ainsi, en apprenant « intellectuellement », il affaiblira son corps physique, et il l'empêchera de se développer correctement.
Ceci peut avoir des conséquences graves, lorsque l'on sait que le système immunitaire se forme durant cette période. Il est certain qu'à l'âge adulte et dans la vieillesse, l'être humain souffrira de ses manquements de la petite enfance.

L'imitation est naturelle pour lui et elle ne puise pas dans les forces qui sont réservées au corps physique à cet âge.
L'adulte est fréquemment convaincu que le petit a appris les connaissances qu'il lui a fait ingurgiter, mais il n'en est rien ! Non seulement il ne dispose pas de la même intelligence que celle de l'adulte mais, de plus, il a dû puiser dans des forces qui étaient destinées à l'élaboration de son corps physique.

Il est capital de bien comprendre ce principe de l'imitation. En effet, il arrive que les adultes, pédiatres ou psychologues, comprennent ce phénomène de l'imitation chez l'enfant à l'envers. Ainsi, une éducatrice se mettra à quatre pattes en balbutiant, afin que le bébé l'imite ! Un fabricant crée un mini-clavier d'ordinateur pour bébés, afin de les inciter à pianoter dessus pour imiter leurs parents ! Ces exemples consternants montrent une incompréhension du principe d'imitation, si nécessaire au petit enfant.

Aussi, entrons un peu dans le détail…
Le petit enfant est très vulnérable. Ceci est dû au fait que ses différents corps ne sont pas encore incarnés : seul le corps physique l'est (voir la présentation générale).
Ainsi, le gamin est une véritable « éponge » qui absorbe tout ce qui se présente à lui. Bien sûr, l'enfant imite les adultes au niveau de leur gestuelle, mais il imite également ce qu'il ressent des adultes, leur état d'esprit, leur comportement moral.

À noter : Tout ce que capte l'enfant de ses parents ou des autres adultes de son entourage aura une répercussion sur le développement de son corps physique.

Si, par exemple, l'enfant s'imprègne d'immoralité, son corps en subira les désagréments. D'où l'extrême responsabilité des parents à cet âge.
Il est non seulement capital, pour le jeune parent, de faire attention à ses gestes et à son comportement, mais également à ses pensées et ses senti-

ments, car son enfant reflétera le tout, s'en nourrira et en imprégnera son corps physique, qui se construira en utilisant cette « nourriture ».
En effet, un petit enfant « capte » tout ce que vivent intérieurement ses parents, et pas seulement ce qu'ils lui disent ouvertement !
Ainsi, lorsqu'un parent ment à son petit, sous prétexte que toute vérité n'est pas bonne à lui dire, eh bien l'enfant « captera » l'état intérieur immoral de son parent : il en déduira que son parent lui ment, et il ne comprendra pas, car il lui faisait naturellement confiance !
Même la soi-disant « innocente » histoire du Père Noël réalise des dégâts ! En effet, elle amène les parents à mentir à leur enfant, en leur faisant croire à cet imbécile habillé tout de rouge, qui va lui apporter des cadeaux. Si les parents adhèrent à cette « légende » destructrice, le petit risque de perdre confiance en ses parents, car il s'apercevra de ce mensonge ! Pour se racheter, les parents devront se repentir vis-à-vis de leur enfant et trouver un moyen de regagner sa confiance. Sinon, la relation harmonieuse du début sera irrémédiablement détruite !
D'où l'extrême importance de la moralité des parents…
Nous pourrions presque oser : *« Dis-moi comment est ton corps physique, et je te dirai comment étaient tes parents, moralement parlant ! »*
Imaginons un enfant qui est enseigné par un ordinateur, c'est-à-dire par une machine sans âme ni humanité : il reflète alors en lui-même ce modèle mécanique.

Et que se passera-t-il ?

L'enfant imitera la machine aussi bien dans son comportement, que dans sa parole et sa psyché ; il se construira une personnalité artificielle et superficielle, incapable de contact humain. Cette éducation traumatisante le conditionnera à une certaine forme d'esclavage une fois adulte. Il sera incapable de réfléchir ou de prendre une décision par lui-même. Il ne pourra qu'obéir à une autorité ou à une machine. Il sera déshumanisé.
Et les récents ordinateurs « spéciaux » pour les bébés ne vont rien arranger !

Le petit enfant a besoin de chaleur humaine,
d'amour et de protection.

Ce n'est pas une machine qui les lui apportera… Bien au contraire, elle tuera en lui tout élément d'humanité. Les parents doivent bien comprendre que mettre des ordinateurs à l'école ou dans les crèches n'est pas pour le bien de leurs enfants ! Ce n'est que du commerce.

En revanche, un petit qui aura joué dans la nature avec ce qu'il y trouve, en laissant libre cours à son imagination, qui aura couru après les animaux et construit des cabanes en bois, donnera un adulte créateur et libre.

Il vous faut choisir votre camp :
Celui de la société consumériste ou celui de votre enfant !

Le problème du mensonge

D'un point de vue spirituel, le mensonge ne peut survenir chez l'enfant qu'à partir de 9 ou 10 ans (cf. le chapitre suivant).
Pourtant, certains parents et psychologues ont remarqué que des enfants mentent bien avant cet âge.

Comment cela est-il possible ?

Il faudrait, au préalable, se mettre d'accord sur ce qu'est la vérité :
Bien souvent, la vérité des adultes n'est pas celle des enfants. Il ne faut pas oublier que ceux-ci vivent dans « leur monde », un monde imaginaire, généralement inaccessible pour l'adulte, qui a oublié depuis longtemps sa propre enfance.
La vérité relative ou imaginaire de « son » monde a, pour ces enfants, plus de valeur que celle, conceptuelle ou matérielle, des adultes.
Ce que les adultes prennent pour des mensonges ne sont, la plupart du temps, que des jeux ou des réponses imaginaires pour les enfants.
Par exemple, un gamin peut très bien affirmer que son petit chat est mort (même si concrètement le chat en question est bien vivant), parce qu'il aura imaginé une attaque des Indiens au cours de laquelle le pauvre chat aura succombé… héroïquement !

Dans les réponses des enfants, les adultes devraient toujours tenir compte de l'élément imaginaire.

Il est possible également qu'une part des mensonges enfantins vienne d'une imitation des adultes, si les parents s'y adonnent trop souvent : l'enfant enregistrera alors que c'est « bien » de mentir.

À noter : L'enfant croit que tout ce que font ses parents est « bien ». Les parents sont des « modèles absolus » à imiter pour leurs jeunes enfants. Le petit héritera de vos bonnes ou vos mauvaises manières.

Le massacre des innocents

Il est malheureux de constater que nous vivons dans une civilisation qui ne donne d'importance qu'à l'économie et à la société, et en oublie complètement les valeurs humaines…
Nous pouvons aujourd'hui observer, dans le pillage de la planète bientôt exsangue, les effets pervers de cette mentalité uniquement tournée vers le profit égoïste.
Les adultes peuvent encore se défendre et agir pour se protéger, mais les enfants sont démunis face aux erreurs de notre temps !

Voyons certains exemples d'actions qui empêchent l'évolution correcte des bambins :

L'ordinateur

Le début du XXIe siècle a été marqué par l'invasion de l'ordinateur dans le monde de l'enfance. Aujourd'hui, il est possible de trouver des jeux vidéo pour des bébés (moins de 18 mois !) de même que des logiciels (soi-disant « éducatifs » !) pour le même âge.
L'économie s'attaque aux plus petits et ne fait pas de quartier. Une seule règle compte : gagner un maximum d'argent en se cachant toujours derrière les mêmes illusions glauques, à savoir, comment éveiller l'intelligence des petits le plus tôt possible, pour qu'ils soient compétitifs dès leur plus jeune âge ! De quoi séduire les parents pour qu'ils ne se posent pas trop de questions…

Il faut savoir que les jeux vidéo tuent l'imagination de l'enfant en lui imposant des images toutes faites. Habituellement, lorsque sa mère ou son père lui raconte une histoire, le petit doit faire l'effort de créer par ses propres moyens les images des personnages et des situations dans lesquelles ils se trouvent. Ce travail intérieur est salutaire pour le développement de sa pensée et de sa créativité future. Avec les jeux vidéo, il n'a plus cet effort imaginatif à fournir, puisqu'il contemple des images pré-élaborées, auxquelles sa pensée n'a aucune part.

L'ordinateur en tant qu'outil pédagogique : voici ce que veulent nous « vendre » les économistes, ainsi que les politiques qui sont à leur solde !

Nous avons vu plus haut les ravages que peut causer l'enseignement sur ordinateur (personnalité artificielle et superficielle, perte totale de liberté, corps physique sclérosé et fragilisé – notamment au niveau du système immunitaire, de la vue et du larynx –, froideur du sentiment et de la sensibilité, etc.), mais voyons un peu mieux son fonctionnement et son impact sur l'individu : Face à l'ordinateur, l'enfant ou l'adulte ne bouge pas, il reste quasiment immobile, tandis que sa pensée est considérablement sollicitée par les images produites par la machine.
Il en résulte que l'énergie volontaire a tendance à stagner, pendant que la pensée s'envole et s'excite. Ainsi, l'enfant ou l'adulte se trouve dans une tension intérieure extrême, où la volonté devient inerte, alors que la pensée s'emballe. Ceci prédispose à la dé-corporation (le fait de quitter son corps), accentuée par le déplacement virtuel (l'individu est à Paris et il visite un musée situé à New York, ou communique avec des Australiens !), et produit le même effet qu'une drogue.

Dans le cas du bébé, n'oublions pas que l'élaboration de son corps physique monopolise toute son énergie. Or, face à l'ordinateur, le petit ne bougeant pas, son corps physique est privé des expériences concrètes dont il a besoin pour appréhender correctement ce monde de l'incarnation, qu'il essaie de découvrir par tous les moyens. Ainsi, l'ordinateur empêche le petit de vivre les expériences dont il a fondamentalement besoin à son âge : celles du corps physique. Par conséquent, au lieu d'apprendre à se servir de son corps physique – ce qui lui garantira une vie équilibrée par la suite – le gamin assis « sagement » devant l'ordinateur paralyse son énergie volontaire, et durcit prématurément son corps, qui perd sa mobilité et sa souplesse. De plus, il oublie son corps et s'évade de celui-ci, au lieu de s'y habituer et d'apprendre à le maîtriser.

Retenons que du bon développement du corps physique du petit dépendra sa capacité à ressentir sa place en ce monde, une fois adulte. Ceci vaut principalement dans la septaine entre 35 et 42 ans, où l'adulte saura ou non s'affirmer et agir dans la société humaine.

En résumé, même si les logiciels « éducatifs » étaient parfaitement bien pensés pour le petit (ce qui n'est pas du tout le cas !), le simple fait qu'il demeure inactif devant l'écran de la machine suffit à nous montrer la grave erreur de cette forme d'apprentissage, qui va gravement à l'encontre des nécessités de cet âge.

Voyons encore quelques conséquences de cette exposition prolongée face à l'ordinateur : fatigue, stress, maux de tête, problèmes de vue, désordres neurologiques, crises d'épilepsie, affaiblissement du système immunitaire, troubles hormonaux, agressivité ou apathie et inertie, etc.
Parfois, il est nécessaire d'arrêter le « progrès » et de se poser quelques questions fondamentales et, notamment, celles concernant les conséquences d'une utilisation intense de telle machine, ou de tel produit. Ce n'est pas parce que c'est nouveau, ou scientifique, que c'est forcément bien ou bon pour l'être humain !
N'oublions pas que derrière tout ce qui est mis sur le marché il existe un désir de profit égoïste (n'appelle-t-on pas cela « l'économie libérale », où chacun est « libre » de vendre ce qu'il veut pour gagner de l'argent, sans se préoccuper de son prochain ?!) : alors, restons en éveil et faisons preuve de discernement !

Agissons avec prudence, surtout avec les enfants,
dont nous connaissons la fragilité naturelle...

La vaccination

Au cours de la première septaine, le petit lutte pour se libérer de l'hérédité. Contrairement à ce que pensent les scientifiques, l'hérédité n'est pas valable pour toute la vie. Généralement, l'enfant se débarrasse de son hérédité durant les sept premières années de son existence, pendant l'élaboration de son corps physique.
On peut dire que le « Je » de l'enfant construit son « propre » corps physique et rejette les éléments héréditaires prêtés par ses parents, mais trop différents de lui-même.
Cette lutte ne se passe pas sans réactions : c'est ce que l'on appelle les maladies infantiles (rougeole, rubéole, varicelle, oreillons, coqueluche).

Les maladies infantiles ont pour but d'aider le petit à lâcher des parties héréditaires dont il n'a plus besoin pour sa croissance ; elles sont donc nécessaires pour le développement sain du petit.

Malheureusement, de nos jours, l'ignorance associée à l'obsession mercantile de la vaccination, poussent la médecine à traquer ces maladies bénignes, et naturelles au bon développement de l'enfant.
Retenez que le petit sort grandi de ses combats contre les maladies infantiles. Tout faire pour lui éviter celles-ci, conduit à un affaiblissement de son organisme et, en particulier, de son système immunitaire.

En complément, il faut savoir que les nombreuses vaccinations inoculées aux enfants de moins de 6 ans provoquent un durcissement du corps physique, qui perd ainsi toute sa souplesse ; de même, intérieurement, l'enfant développera une pensée rigide. Ceci donnera un adulte très conditionné, incapable de souplesse mentale et doté d'un corps physique très sensible aux maladies.

Lorsque l'on ajoute les vaccinations aux pollutions de toutes sortes, et à une nourriture « ogéémisée » et empoisonnée aux pesticides et insecticides, on s'aperçoit que les petits ont vraiment besoin d'être protégés par des adultes quelque peu conscients du monde dans lequel nous vivons !

Si vous êtes parent et que vous souhaitez éviter un maximum d'inconvénients à votre enfant, alors misez sur la Nature à tous les niveaux : faites le vivre dans l'environnement le plus naturel possible (qu'il puisse aller jouer dans la nature en fabriquant ses propres jouets avec ce qu'il trouve sur le terrain, par exemple) ; nourrissez-le avec de la nourriture « bio » ; faites tout pour le dispenser des vaccins (en faisant établir un certificat de contre-indication par un médecin) ; ne le mettez pas devant un écran de télévision ou d'ordinateur, car il ne faut pas prendre ces machines pour des baby-sitters (évitez cela durant toute la première septaine) ; ne paniquez pas devant ses maladies infantiles, mais au contraire, encouragez-le à les vivre comme un combat de chevalier. Quel beau parent vous ferez alors !…

Éduquer : un art et un service

Rudolf Steiner (1861-1925) disait que l'éducation c'est « l'art de guérir l'homme de son enfance. »
Comme nous l'avons vu tout au long de ce chapitre, la petite enfance est une période d'adaptation à l'incarnation terrestre. Durant ses premières années de vie, le petit est encore plongé dans un état intérieur « paradisiaque », où il apprend à utiliser son véhicule physique.
Il est complètement pris en charge par ses parents ou son entourage.
En grandissant, il pourrait refuser de lâcher cet état privilégié.
Tel est le piège de l'enfance.

Dans ce sens, éduquer consiste à apprendre à l'enfant, puis à l'adolescent, tout ce dont il a besoin pour devenir un adulte. Le problème n'est pas l'enfance en soi, mais le fait de s'y complaire et de vouloir rester un enfant toute sa vie !

Une éducation réussie, c'est un adulte qui a pleinement intégré son enfance. C'est un individu qui peut se replonger dans son imaginaire d'enfant et en tirer une créativité originale, grâce à ses forces d'adulte, et qui assume ses responsabilités, qu'elles que soient les épreuves ou les défis de son existence.

Éduquer consiste à permettre à l'enfant de révéler
ce qu'il porte en lui.

L'erreur de l'éducation moderne est de vouloir emplir l'enfant de toutes sortes de connaissances ou d'informations. Elle se trompe de sens !

Au contraire, l'éducation devrait placer l'enfant dans les conditions optimales pour qu'il s'épanouisse naturellement.
L'enfant arrive sur la Terre avec un potentiel infini en tout domaine. Vouloir trop bien faire en le remplissant de toutes sortes d'informations bloque certains aspects de son potentiel, ou le tue dans l'œuf.
Une éducation respectueuse et harmonieuse amènerait l'enfant vers la découverte de sa vocation ou de son but de vie, à la période de l'adolescence. Alors, le jeune pourrait guérir de son enfance et entrer, confiant, dans sa vie d'adulte.

Enfin, rappelons que le rôle de l'adulte consiste également à protéger le petit enfant. Il s'agit là d'une importante responsabilité que beaucoup d'adultes oublient trop facilement. Nous vivons dans un monde qui est très dur pour les petits.

Le parent doit prendre soin de la fragilité
Et de l'innocence de l'enfant.

Cette protection ne doit pas s'exercer uniquement envers les pollutions ou la violence du monde moderne, mais aussi envers la rapacité de l'économie, qui considère les petits comme un moyen de gagner plus d'argent.

À noter : Ne faites pas de votre enfant un « singe savant » ou un « surdoué » en lui apprenant des connaissances intellectuelles avant l'arrivée de ses dents définitives. Ceci aurait de graves répercussions sur sa santé.

Lucidaëlle
04.12

Cœur de Prière

Toi l'adulte, je te prie…

Veille à ton juste devoir par moi prescrit :

Que sur Terre nos tendres innocents

Par le vil, point n'aillent en s'abimant.

Puisse ton amour de la Vie

Accueillir le tout, le si petit…

Puisse ton vivant chemin parcouru

Offrir bénéfice à ses premiers pas voulus ;

Puisse ton amour de l'autre partagé

Offrir bénéfice à ses premiers mots énoncés ;

Puisse la lumière de ton identité

Offrir bénéfice à ses premiers « Je suis » libérés.

Puissent nos tendres innocents

Aimer être ici, en ce temps.

Ainsi sera accompli par mon vœu compris

Ton noble don pour le bien du petit…

Merci.

Continette du Miracle

Pieds, mains, fesses et tête
Tâtent et touchent en fête ;
Toi papa maman
Aime et mime aimant ;
Vais, viens, veux et vois
Ciel ici s'assoit…

Pas à pas petits petons,
Force hissée nous nous levons :
Un s'enclenche,
Debout marche !

Mot à mot, voix qui sonne,
Ordonnés, sons résonnent :
Deux s'ensuit,
Ouvre et dis !

Qui est qui, c'est qui ?
Moi qui vis, qui suis :
Trois se veut,
Je, Je, Je !

Un, deux, trois… Soleil !
Miracles et merveilles…

Ima'Génie

T'imagines même pas,
Tout s'image en moi ;
Je vis et je vois,
C'est vrai et c'est moi ;
Au-dedans suis le roi,
C'est tout mon monde à moi.

Y'a des anges et des fées jolies,
Et aussi tous mes amis gentils ;
Causent le jour et guident mes nuits,
Eux et moi, c'est pour toute ma vie.

Viennent le loup et le dragon,
Et sous mon lit m'en vais d'un bond ;
Mais me reprends, car suis chevalier :
Avec mon épée, vaincrai les mauvais !

Oh que j'ai peur, oh que j'ai froid !
Mais quel bonheur, je fais ma loi
Que je suis grand, que je suis fort,
Par la victoire et dans l'effort

Dans mon monde, y'a le bien,
Dans mon monde, y'a le mal ;
Et je joue et je crée en son sein,
Et mon cœur dit : c'est ima'génial !

Céline ♥ Océan

« Plus » Astro

La première septaine est gouvernée par la Lune, astre de l'enfance par excellence. La Lune représente également l'imaginaire – qui est le monde où vit le petit la plupart du temps – ainsi que la famille qui doit prendre soin du bambin.
L'astrologue qui veut suivre l'enfant de la première septaine aurait intérêt à étudier les cycles lunaires du petit. Pour cela, il peut, à partir du thème astral de son jeune protégé, noter la position de la Lune et concentrer son attention sur les transits de celle-ci. De même, il peut établir un thème de progression lunaire chaque année (en prenant pour base qu'un jour de déplacement de la Lune, à partir du jour de la naissance, équivaut à un an d'âge supplémentaire pour le petit).
« *L'Émergence du Je* » qui se produit vers 2 ans et 3 mois, correspond à des aspects astrologiques assez précis :

☆ ***Le premier carré de la Lune Noire*** (dont la révolution zodiacale complète se produit en huit ans et dix mois environ) qui arrive aux alentours de 2 ans et 2/3 mois. Le carré de la Lune noire marque un moment difficile signifiant un obscurcissement de la vision du monde spirituel pour le petit (mais non son occultation totale qui se produit vers 9 ou 10 ans – voir le chapitre suivant).

☆ ***Le demi-sextil de Saturne*** (c'est-à-dire le parcours d'un signe du zodiaque ou trente degrés) qui se produit vers 2 ans et 5 mois. Il montre qu'une étape supplémentaire est franchie dans le processus de l'incarnation, car cette planète rythme tout le processus de l'expérience terrestre de l'être humain.

☆ ***Le demi-sextil de la Lune progressée*** qui arrive vers 2 ans et 3/4 mois souligne l'accroissement de la conscience du bambin. Cet aspect lunaire complète celui de Saturne ci-dessus.

« Plus » Ésotérisme

Vers 2 ans et 3 mois, l'enfant expérimente « *l'Émergence du Je* », le moment le plus important de cette première septaine. Nous venons de voir que plusieurs aspects astrologiques le signalent.

Mais, que se passe-t-il d'un point de vue spirituel lors de «l'Émergence du Je» ?

Comme vous l'avez noté dans la présentation générale, le « Je » s'incarne progressivement : il met vingt et un ans pour naître véritablement au monde. À 2 ans et 3 mois, le « Je » pénètre la pensée, c'est-à-dire qu'il « s'incarne » en elle.

Mais, cette pénétration de la pensée par le « Je », qui permet au petit de prendre conscience de lui-même et de dire « Je », puis de commencer à penser de manière autonome, est acquise au prix d'une « chute ». En effet, ce que vit ou plutôt revit le petit est l'épisode de la « Chute » du Paradis. Lors de la « Chute », l'être humain a acquis la faculté de penser (« l'arbre de la connaissance du bien et du mal »), mais cette lumière supplémentaire lui fut octroyée par des entités appelées « lucifériennes », ou retardataires. Or, la lumière de ces entités était teintée d'égoïsme ; ce dernier permit certes à l'être humain de se différencier d'autrui, mais il généra également le conflit (« *Mon désir n'est pas celui de l'autre, alors je me sens unique.* » – « *Si l'autre désire ce que je veux, alors j'entre en compétition ou en conflit avec lui.* »)

Depuis, à chaque incarnation, vers 2 ans et 3 mois, nous acquérons à la fois une pensée et une conscience autonomes, mais aussi l'égoïsme qui s'y adjoint.

D'un point de vue ésotérique, pendant que le « Je » pénètre la pensée, une entité luciférienne s'insinue dans le corps astral de l'enfant. Cette entité apporte une force de lumière supplémentaire, ainsi que l'égoïsme que l'être humain devra apprendre, tout au long de sa vie, à transcender grâce à un amour véritable et fraternel.

C'est à partir de cette expérience que l'ego du petit commence à se former.

Qu'est-ce que l'ego ?

C'est un masque qui vient se coller sur le « Je » et l'empêche de s'exprimer pleinement. L'ego est constitué de l'égoïsme, acquis vers 2 ans et 3 mois, et de l'immoralité qui s'y ajoute vers 9 ans et 3/4 mois (cf. le chapitre suivant).

Plus simplement, l'ego est cette fausse personnalité que chacun se crée, afin de se sentir exister, se faire aimer, et être reconnu (qui sont les trois désirs fondamentaux), ou encore d'obtenir la satisfaction de tous ses désirs égoïstes.

Dans le courant d'une évolution spirituelle, l'aspirant cherche à transformer son ego, à s'en débarrasser, afin que le « Je » puisse s'exprimer pleinement et qu'il puisse s'unir à l'Âme céleste ou Moi supérieur.

L'entité luciférienne qui investit le corps astral (non encore incarné) de l'enfant n'a pas pour but de le couper du monde spirituel. Bien au contraire, les entités lucifériennes souhaitent que l'être humain reste relié au monde spirituel et qu'il fasse une évolution. Le problème est qu'elles espèrent que l'humain lâchera la Terre et viendra évoluer dans leur monde !
Nous trouvons l'influence de ces entités dans le mouvement « nouvel âge », à chaque fois que des entités encouragent l'être humain à oublier la Terre, parce qu'il a soi-disant quelque chose d'important à faire dans un autre monde (« *Vous êtes comme des dieux. Vous n'avez plus rien à faire sur la Terre. Un autre monde vous attend. En telle année, une onde extragalactique, envoyée par les Pères, traversera la Terre et élèvera le niveau de conscience des humains et vous deviendrez comme des anges... etc.* » : ce genre de littérature de nature luciférienne est très répandu de nos jours).
En revanche, l'égoïsme apporté par l'entité luciférienne voile la vision du monde spirituel. Le petit n'est donc pas coupé (pas encore) du monde spirituel, mais sa vision se trouble à cause de l'illusion luciférienne. Normalement, avec une éducation correcte, l'enfant peut rester en contact avec son Ange et le monde suprasensible jusque vers l'âge de 9 ou 10 ans. Bien évidemment, plus son éducation est matérialiste (télévision, ordinateur, vaccinations, nourriture « empoisonnée », apprentissage de connaissances intellectuelles, etc.) et plus la coupure se produit tôt.

La descente du « Je » dans la pensée, accompagné d'une influence luciférienne dans le corps astral, produit une « blessure » intérieure : nous l'appelons la « blessure de l'enfance. »
C'est le carré de la Lune Noire qui signe le mieux cette « blessure » intérieure. Cette « blessure » est, en quelque sorte, la perte de l'innocence paradisiaque. Bien sûr, d'un certain point de vue, le petit reste encore « innocent » jusqu'à la puberté (nous y reviendrons au chapitre trois, pour expliquer ce qui se passe à ce moment crucial), mais à partir de 2 ans et 3 mois, il commence à perdre un peu de son innocence.

« Plus » Pratique

Élixirs Floraux

- Le Laboratoire Deva a créé un intéressant complexe d'élixirs floraux adapté à la petite enfance. Ce complexe N° 11 est composé d'élixirs de : **Bouton d'Or, Houx, Iris, Mauve et Tilleul.**
  Ce cocktail d'élixirs est excellent pour contrebalancer les effets de la « blessure » de l'enfance chez le petit, notamment pour le sentiment d'abandon, le repli sur soi, le manque de confiance et la timidité (ou l'agressivité). Il aide l'enfant à aller vers les autres et à entretenir des relations harmonieuses avec son entourage.

Huiles essentielles

(Pas avant l'âge de 18 mois. Ne jamais abuser des huiles essentielles pour les petits enfants - A utiliser avec parcimonie. Consultez un spécialiste).

- **Lavande** (2 ou 3 gouttes en diffusion pendant ¼ d'heure, avant que l'enfant ne soit dans sa chambre) : pour le calmer, le rassurer (notamment aux alentours de 2 ans et demi) et l'aider à s'endormir.

… Et pour la crèche :

- **Mandarine**, en diffusion purificatrice à l'entrée, aide parents comme enfants à rééquilibrer l'énergie émotionnelle qui s'accumule le matin lors de la « séparation », puis le soir au moment des « retrouvailles ».
- **Lavandin** (ou **Lavande**) au moment de la sieste (vécue comme un moment difficile dans la plupart des crèches) : chaque enfant est accompagné successivement dans son lit. Lorsque l'enfant est avec son « doudou » en tenue de sieste, offrez-lui un instant magique en déposant dans ses mains une « goutte d'or » : un peu d'huile d'amande douce mélangée à une goutte d'huile essentielle. Le petit aime sentir l'odeur de ses mains en les frottant et s'endort en paix avec le sourire pour un repos très régénérant.

Chapitre 2

Deuxième septaine : de 7 à 14 ans

L'apprenti-sage

☆ ***Aperçu général*** *: Durant cette septaine, l'enfant prend conscience qu'il est un être différent des autres, de sa famille et du monde. Sa pensée peu à peu s'éveille. Maintenant il peut « apprendre », et il a besoin d'être structuré par des adultes faisant preuve d'une autorité bienveillante à son égard. Il découvre qu'il y a des limites à respecter. La notion de moralité émerge. Il est encore dans l'émerveillement face à la vie, mais perçoit que le mal coexiste avec le bien. C'est le tournant de l'enfance...*

☆ ***Début et fin*** *: Cette septaine commence avec l'apparition des dents définitives (entre 5 et 7 ans) et se termine à la puberté (entre 12 et 14 ans, exceptionnellement jusqu'à 16/17 ans).*

☆ ***Âges clés*** *: 6/7 ans, 9 ans et 3 mois, et 12 ans.*

C'est au début de cette septaine, avec l'apparition des dents définitives (vers 6 ou 7 ans), que le corps éthérique du petit s'incarne. C'est le deuxième après le corps physique, et ce nouveau « vêtement » va en quelque sorte apporter une sorte de protection à l'enfant. Il se trouve dans une sorte de « cocon » qui le « protège » de l'extérieur… et l'aide aussi à s'en séparer, petit à petit.
Ce nouveau corps est celui de la vitalité. C'était principalement chez sa mère que le petit « piochait » cette vitalité durant sa première septaine.
À partir de la « descente » de son corps éthérique, il deviendra plus autonome, d'un point de vue énergétique.
Ce corps vital est également celui de la mémoire, qui est le support de la pensée. C'est donc au cours de cette septaine que l'enfant va devenir capable d'apprendre et de retenir.

À noter : L'enfant ne peut pas apprendre intellectuellement comme un adulte avant l'arrivée de ses premières dents définitives, c'est-à-dire avant 6 ou 7 ans. Cet âge est très logiquement celui de l'âge scolaire, et il est cruel et dangereux de vouloir forcer l'enfant à apprendre avant l'âge de six ans !

La deuxième septaine est celle de Mercure qui, en astrologie, est relié à la pensée. Il est vrai que la pensée commence à se former durant la deuxième septaine, même si la véritable pensée de l'adulte ne sera pas opérationnelle avant la vingtaine. C'est chez son père que l'enfant « pioche » les capacités de la pensée, tant qu'il n'a pas encore acquis la sienne propre.
Malgré tout, l'enfant commence à se faire ses propres représentations et sa mémoire change et devient plus consciente. Ainsi, il ne se contentera plus d'imiter, mais il pourra apprendre et mémoriser.

À noter : Tout au long de la vie, l'état de notre dentition reflétera l'état de notre corps éthérique, et la façon dont nous délimitons notre individualité propre face au monde (une dentition serrée montre une personne sur la défensive, cherchant à renforcer son individualité ; une dentition « desserrée » montre une personne plutôt confiante mais ayant tendance à trop se laisser influencer par l'extérieur, etc.). L'état de la dentition reflète également la capacité à prendre des décisions, facilement ou non.

L'apprentissage

L'enfant s'intéresse de plus en plus au monde extérieur et se met à poser des questions.
Ses parents doivent faire preuve d'une grande authenticité et répondre à leur enfant de manière vraie : ce qu'ils connaissent, ils lui expriment de la manière la plus vivante possible (avec images, et non de manière abstraite et intellectuelle) ; et ce qu'ils ne connaissent pas… ils lui avouent qu'ils ne le connaissent pas !

Le début de cette septaine correspond à l'âge de la scolarité, qu'il ne faut surtout pas commencer plus tôt, car, avant 6 ans, l'enfant ne peut qu'imiter, et non apprendre véritablement. Il est vrai qu'à notre époque les gens sont peu observateurs, et ils se contentent facilement d'à peu près, surtout si ceux-ci les arrangent, et encore plus s'il est question d'argent.
Ainsi, pour les mercantiles, peu importe que l'enfant ne soit pas en âge d'apprendre. Aujourd'hui, sous prétexte que l'enfant doit se préparer très tôt pour jouer son rôle social plus tard, les parents naïfs et peu concernés par le développement de leur enfant, le laissent face à l'ordinateur ou la télévision, devant des logiciels soi-disant éducatifs et des émissions du même genre (c'est-à-dire des attrape-nigauds qui sont aussi peu éducatifs que les jeux vidéo !).

Apprendre est essentiel pour l'enfant, mais il n'est pas bon de débuter trop tôt. De plus, il ne faut surtout pas le pousser à apprendre par l'intermédiaire de machines (eh oui, l'ordinateur est une machine, de même que la télévision !).
Il suffit d'un peu de bon sens !
Chers parents, que croyez-vous que votre enfant est ? Est-ce une machine ou un être humain ?
Vous me répondez que c'est un enfant ! Ouf !
Alors, pourquoi laissez-vous des machines l'enseigner ?!
L'enfant imite, mais ne peut apprendre entre 0 et 7 ans ; ainsi, il imitera le comportement de la machine qui sera devant lui ! Oups !
Nous avons déjà effleuré cette horreur à la septaine précédente…
Sans compter que, dans le meilleur des cas, l'enfant ne sera pas capable de se souvenir des « enseignements » qui lui auront été donnés par l'intermédiaire d'un ordinateur ou d'une télévision.
Certaines expériences scientifiques ont en effet été menées, démontrant que des enfants qui reçoivent l'enseignement direct d'un professeur se le rappel-

lent, tandis que d'autres recevant le même enseignement, mais par le biais d'un enregistrement vidéo (sans rencontrer l'être humain véritable), ne s'en souviennent pas ! Eh oui, ni la télé ni l'ordinateur ne peuvent éduquer votre petit : l'un comme l'autre ne peuvent que le rendre passif et débile !

Au cours de cette deuxième septaine, c'est le moment où l'enfant doit apprendre véritablement, puisqu'il commence à disposer de la mémoire de son corps éthérique qui vient tout juste de « descendre », et qui lui fournit un bon support pour sa jeune pensée.

À noter : Il est vraiment essentiel qu'il puisse vivre son apprentissage correctement entre 7 et 14 ans, car cet entraînement conditionnera tout ce qui touche à la connaissance pour la totalité de sa vie !

Voyons ceci plus en détail…
Tout d'abord, rappelons-nous une grande règle :
La première fois que nous faisons quelque chose est extrêmement importante, car elle s'enregistre en nous en tant que « référence ».
Par conséquent, si nous ratons une « première fois », c'est comme si cela s'enregistrait en nous « de travers » ; et à chaque fois que nous voudrons le refaire, nous reproduirons la même erreur.
Bien évidemment, rien n'est jamais inéluctable. Cependant, si nous avons raté quelque chose la première fois, il nous faudra redoubler d'efforts de concentration et d'attention, afin de le réitérer en conscience, de manière juste, comme si nous voulions « effacer » la première empreinte erronée, pour la remplacer par une meilleure.
Bien sûr, ce que je vous explique ici est valable pour l'adulte, et pour toutes nos activités… d'où l'importance de les réaliser avec conscience et concentration dès la première fois, afin de bien les réussir du premier coup. De cette façon, l'empreinte enregistrée de chacune de nos activités sera juste… et ceci évitera beaucoup d'erreurs par la suite.
Alors, rendez-vous compte qu'en ce qui concerne la deuxième septaine, c'est la totalité de ces sept années qui doit être réussie ! Ou pour le moins tout ce qui touche à la connaissance ou à l'apprentissage ! Sans compter que l'enfant est encore trop jeune pour être très conscient dans ses actes et ses études !
Il est donc essentiel que l'enfant puisse bénéficier de bons professeurs.

En effet, voici quelques exemples des « dégâts » causés par une deuxième septaine plutôt ratée :

- ✓ Vous n'aimez pas lire
- ✓ Vous n'aimez pas étudier (« *Ca me prend la tête !* »)
- ✓ Si vous étudiez quand même, vous apprenez tout de manière intellectuelle (« par cœur » !), uniquement pour vous valoriser aux yeux d'autrui ; vous êtes alors un orgueilleux
- ✓ Vous avez des problèmes d'autorité (soit vous vous écrasez devant tout le monde, et parfois vous écrasez autrui… ou l'inverse : chez vous, c'est dominant-dominé !)
- ✓ Lorsque vous avez un problème à dépasser, vous attendez toujours le Sauveur : j'appelle cette attitude « attendre le Père Noël ! » (Au fait, comment cette histoire de Père Noël s'est-elle passée pour vous ? Avez-vous « digéré » le mensonge de vos parents ?!).
- ✓ Lorsque vous êtes déçu(e), parce que le Père Noël n'est pas venu vous sauver, alors vous passez en « mode vengeance », et vous vous défoulez sur quelqu'un (que j'appelle un « bouc émissaire ») ; ou d'autres fois, vous vous dénigrez, et vous attendez la punition du Père Fouettard (vous savez, le meilleur « pote » du Père Noël !).
- ✓ Vous avez des difficultés à séparer le bien du mal, ce qui est vrai de ce qui est faux, ce qui est bien pour vous, de ce qui ne l'est pas, etc. Ce n'est pas normal ! Vous manquez de discernement, et ceci provient également de cette septaine ratée !
- ✓ Quand vous devez apprendre quelque chose de nouveau, c'est la galère, car vous détestez cela ; de plus, vous ne trouvez jamais la bonne personne pour vous l'enseigner correctement (soit des escrocs, soit des gens incompétents, soit des gens qui ne vont pas jusqu'au bout, etc.)
- ✓ Lorsque vous rencontrez quelqu'un qui peut jouer un rôle de guide pour vous (quel que soit le domaine : un métier, voire un sentier spirituel), vous êtes incapable d'avoir une relation adulte avec lui : soit vous jouez à l'enfant pour qu'il s'occupe de vous, qu'il vous aime, soit vous entrez en compétition avec lui, et vous finissez par le rejeter.

N'est-ce pas qu'elle est importante cette deuxième septaine ?!
Si vous l'avez ratée et que vous en êtes chagriné(e) – sait-on jamais ?! – alors, rendez-vous à la cinquième septaine (si vous avez entre 28 et 35 ans) ou à la huitième septaine (si vous avez entre 49 et 56 ans), car ce sont les périodes de votre vie où vous pouvez rectifier, ou guérir les problèmes apparus au cours de la deuxième.

Et si vous n'êtes pas dans ces tranches d'âge, sachez qu'il existe la voie spirituelle qui peut, dans certains cas, passer au-delà des correspondances de septaines, et vous aider à transformer vos problèmes en solutions ! Merveilleux, non ?!

Le modèle et la moralité

Nous venons de voir qu'il était capital d'avoir eu de bons professeurs durant la deuxième septaine.
Voyons ce que cela signifie de manière plus précise…
Pour un enfant de la deuxième septaine, un bon professeur est un individu qui lui servira de modèle.
En effet, au cours de cette septaine l'enfant se détache un peu de sa mère, et globalement de sa famille, afin de commencer à penser et exister par lui-même. Bien évidemment il s'agit d'un léger détachement, et qui est plus ou moins marqué selon les enfants.
L'enfant a donc besoin de rencontrer au moins une personne, hors de son entourage familial, qui puisse lui servir de modèle. Bien évidemment, étant donné qu'il va à l'école et que ceci constitue l'essentiel de son emploi du temps (en dehors du temps passé dans sa famille), voilà pourquoi il découvrira certainement ce modèle parmi ses professeurs.

En quoi un professeur peut-il être un modèle pour un petit ?

Pour devenir un modèle, il faut posséder les « ingrédients » suivants :

- ✓ L'âge idéal du professeur se situe entre 28 et 35 ans (ou éventuellement entre 49 et 56 ans), car ce sont les septaines qui correspondent le mieux à la deuxième. Mais, ceci n'est pas obligatoire.
- ✓ Le professeur doit être passionné par le sujet qu'il enseigne et son enseignement se veut vivant, c'est-à-dire reposant sur son propre vécu, et non pas seulement intellectuel (ou « mort »).
- ✓ Un bon professeur sait comment entraîner les enfants dans le monde de sa connaissance, et leur faire vivre une véritable aventure palpitante, au cours de laquelle ils se familiariseront avec son enseignement. Si l'enfant ressent la vie à travers l'enseignement de son professeur, alors ce dernier pourra lui servir de modèle…

- ✓ Le professeur doit également être un individu moral, ou éthique. À travers le vécu de son professeur, l'enfant doit apprendre les bases rudimentaires du bien et du mal. Ici encore, cette connaissance ne doit pas être enseignée de manière intellectuelle et rébarbative, mais au contraire, avec des exemples vivants. L'idéal est que l'enfant participe à des sortes de « jeux », où il apprend – par le vécu – la vérité de ce que son professeur essaie de lui inculquer.

- ✓ Le professeur doit ainsi faire preuve d'une juste autorité vis-à-vis de l'enfant. Il doit montrer par l'exemple ce qui est bien ou mal, et être capable de le vivre et l'affirmer avec une juste autorité : il ne doit être ni un mou ou un faible, ni quelqu'un qui s'impose en force avec dureté. Il lui faut toujours faire preuve de mesure et d'équilibre. Ainsi, l'enfant le ressentira comme une juste autorité, et ce modèle d'autorité morale s'imprimera au plus profond de son être.

Comme expliqué plus haut, c'est le corps éthérique qui s'incarne durant cette période, or il est le corps de la mémoire et de la vie. Ainsi, pour enseigner correctement à un enfant entre 7 et 14 ans, il est essentiel de faire passer son vécu, car c'est cela que l'enfant « enregistrera » et dont il se souviendra toute sa vie. Seul un professeur capable d'associer son vécu (ou une manière vivante d'enseigner, avec des jeux et des expériences originales sur le terrain) à une juste autorité morale, pourra devenir un modèle pour l'enfant de cet âge.

Et si vous rencontrez un modèle de professeur, qui enseigne de manière vivante et qui est de surcroît un être moral, de quoi serez-vous capable une fois adulte ?

- ✓ Vous aimerez lire et étudier
- ✓ Vous apprécierez de découvrir régulièrement de nouvelles connaissances et de les mettre en pratique
- ✓ La nouveauté ne vous effraiera pas, ni les surprises
- ✓ Vous saurez vous affirmer dans vos relations
- ✓ Vous serez une juste autorité, c'est-à-dire quelqu'un qui se ressent l'auteur de sa destinée (sens véritable du mot « autorité »), et qui entretient des relations équilibrées avec autrui
- ✓ Vous serez un individu moral, c'est-à-dire en paix avec lui-même, avec autrui et le monde.

Vous trouvez que cet ensemble de points représente un niveau élevé ? Mais, pas du tout ! En réalité, c'est tout simplement ainsi que vous seriez si votre deuxième septaine s'était bien déroulée !

Le modèle est essentiel au plein épanouissement de l'enfant.

En effet, contrairement à l'animal dont l'évolution se fige rapidement (en général, il devient très vite « adulte »), l'être humain peut, de nos jours, évoluer naturellement jusqu'à 25 ou 26 ans (des scientifiques ont révélé que le cerveau arrive à pleine maturité vers 25 ans et qu'il n'évolue plus ensuite !). **C'est grâce aux modèles que l'être humain évolue et se transcende à tout âge de sa vie, mais encore plus dans son enfance.**
Encore faut-il qu'il découvre de vrais modèles… sinon, il en résultera quelques désagréments à l'âge adulte !

À noter : Pour savoir si vous avez vécu correctement votre deuxième septaine, il suffit de considérer votre attitude actuelle vis-à-vis de gens qui vous semblent disposer d'un « atout » de plus que vous (sagesse, beauté, capacités particulières, etc.) : êtes-vous sincèrement en admiration (sans idéaliser) face à ce qu'ils montrent et dont vous manquez ? Ou au contraire, réagissez-vous par des projections de jalousie, d'autorité, ou encore, essayez-vous de dénigrer ces gens ? Bien qu'adulte, si vous ne vivez que des rapports d'autorité (domination ou soumission), la mauvaise racine de ce comportement se situe dans la deuxième septaine !

La Nature

Pour l'enfant de cet âge, la Nature est essentielle. En effet, le monde végétal est en analogie avec le corps éthérique. Ainsi, ce nouveau corps de l'enfant va s'épanouir au contact de la Nature (tout au moins en partie). Il est donc important qu'un enfant de la deuxième septaine puisse régulièrement se promener et jouer en pleine nature, dont les forces vivantes et jaillissantes feront écho à ses propres forces vitales, en plein épanouissement à cet âge. Notez que la respiration (en analogie avec Mercure) est capitale dans cette tranche d'âge, ce qui donne encore plus d'intérêt pour les balades en forêt ou en d'autres lieux de Nature.

« L'Expérience du Je » : Le rendez-vous des 9 ans et 3-4 mois

Ce que j'appelle « *L'Expérience du Je* », et qui se produit vers 9 ans et 3-4 mois, est le moment le plus marquant de cette septaine, comme l'était ce que j'appelle « *L'Émergence du Je* » à 2 ans et 3 mois. Et, en même temps, c'est la continuité d'un processus.

Quel est ce processus ?

Il consiste en la descente progressive du « Je » ou esprit humain.
En effet, le « Je » ou esprit individuel « descend » ou s'incarne en trois étapes :

- Vers 2 ans et 3 mois, il pénètre la pensée, que l'on peut associer avec la tête humaine (comme si avant 2 ans, le « Je » se situait au-dessus de la tête).
- Vers 9 ans et 3 ou 4 mois, il pénètre le sentiment, que l'on peut associer à la poitrine.
- Enfin, vers 18 ans et 7 ou 8 mois, il pénètre la volonté, que l'on peut associer aux membres.

Au début de la vie, vous pouvez imaginer l'esprit (le « Je ») au-dessus du petit. Puis, vous le voyez qui descend, étape par étape (tête, cœur, membres), et en même temps c'est comme s'il s'approchait de l'enfant.
Si vous pouvez imaginer cela, vous comprendrez que le « Je » ou esprit individuel se trouve en dehors de l'enfant au début de sa vie, puisque seul le corps physique est incarné.
Au fur et à mesure que les corps de l'individu s'incarnent (un par septaine), le « Je » s'approche de l'enfant. Dans le même temps, l'esprit de l'enfant s'éloigne du monde spirituel, sa vraie patrie dont il est originaire. En général, l'enfant est définitivement coupé du monde spirituel vers l'âge de 9 ou 10 ans (sauf pour de très rares exceptions). Ceci dépend également de la manière dont l'enfant est éduqué. Il est très probable qu'avec la soi-disant éducation post-moderne, où l'enfant est « prisonnier » de la télé et de l'ordinateur, il sera coupé du monde spirituel beaucoup plus tôt que par le passé. Sans compter que toutes ses facultés seront nettement amoindries, et notamment celles qui l'auraient aidé à vivre une vraie vie sociale.

En quoi consiste « L'Expérience du Je » ?

D'un point de vue spirituel, nous venons de voir qu'elle marque la descente du « Je » dans le sentiment de l'enfant (deuxième étape de son processus d'incarnation).

Que se passe-t-il à ce moment-là pour l'enfant ?

L'enfant va se retrouver face à une situation délicate pour lui : en effet, il doit expérimenter une sorte de séparation ou de coupure avec sa famille, par rapport à quelque chose qu'il a envie de faire, mais qui n'intéresse pas son entourage familial.
En fait, il se trouve dans une situation de conflit potentiel avec ses parents, et ce, certainement pour la première fois de sa jeune existence.
Il veut réaliser quelque chose, et il redoute que ses parents s'y opposent.
Il doit alors se dépasser, afin d'oser faire ce qu'il a ressenti comme étant juste pour lui, malgré l'opposition plus ou moins affirmée de ses parents.
Il est essentiel que l'enfant vive cette expérience : son esprit étant descendu dans son sentiment, il est normal et bon que cette lumière du « Je » prenne sa place et puisse s'affirmer et discerner ce qu'elle veut ou non.

Si l'enfant ne peut pas vivre cette expérience, pour toutes sortes de raisons, alors la descente de son esprit dans son sentiment sera faiblement marquée. Et il en résultera de nombreux désagréments, une fois adulte.
Voyons-les de plus près :

- Il sera incapable de s'affirmer dans ses relations
- Il se comportera comme une « poule mouillée » (ou un lâche, si vous préférez !)
- Il n'osera pas être lui-même et sera inauthentique, voire hypocrite !
- Il aura peur de la solitude
- Il se reniera et se dénigrera
- Il disposera d'un très mauvais discernement : il ne saura jamais ce qui est bien pour lui et ce qui ne l'est pas, ou ce qui est vrai ou faux
- Il se fera souvent tromper (pas seulement sexuellement)
- Il demandera toujours aux autres ce qu'il doit faire ou penser, et sera

donc un parfait petit soldat de la société consumériste (enfin quelque chose de positif ! Euh, non, c'est une blague !)

- Il se soumettra à tous ceux qu'il considérera comme des autorités
- En bref, ses relations seront un terrain de désastres !

Vous avez compris qu'il est essentiel de réussir ce mystérieux passage de « *L'Expérience du Je* ». Et si vous l'avez raté et que vous expérimentez de nombreux symptômes cités ci-dessus, il est encore temps d'en guérir (surtout si vous faites partie des deux septaines en rapport avec celle-ci, comme nous l'avons déjà vu… Sinon, il vous reste toujours la voie spirituelle et son travail intérieur).
Imaginons maintenant un enfant qui a trouvé un modèle – grâce à un professeur jouissant d'une belle autorité morale, qui sait affirmer son autorité avec douceur et bienveillance – et qui se retrouve face à « *L'Expérience du Je* »… Grâce au modèle que lui fournit son professeur, il s'est, par exemple, pris d'intérêt pour les oiseaux ou les souris. Ses parents n'ont jamais cherché à l'intéresser à ces petits êtres : c'est son professeur-modèle qui lui en a donné envie. Un jour, c'est plus fort que lui, il veut aller dans la nature pour « jouer » et se faire de nouveaux « amis ». Mais il ressent au fond de lui-même que s'il révèle son dessein, ses parents risquent de ne pas être d'accord, ou de lui rire au nez (ce qui serait catastrophique pour lui !).
Il y a un petit bois tout près de chez lui, et ses parents l'y emmènent parfois. Mais cette fois, il décide d'y aller tout seul ! Il fait très attention, il applique son plan et se retrouve bientôt tout seul dans le bois… Et, il va y passer deux ou trois heures à entrer en relation avec des petits animaux qu'il apercevra. (Bon, calmos… il est seul, mais son Ange veille sur lui !)
Quand il revient à la maison, il raconte son exploit ! Ses parents ont, au moins, deux sortes de réactions possibles :
Soit ils lui crient dessus : « *Tu te rends pas compte, tu aurais pu te faire enlever, ou pire !* ». Il est vrai que les pauvres parents sont ignorants et naïfs, alors ils ne savent que s'inquiéter et gronder le petit !
Soit ils perçoivent que leur enfant s'est dépassé, et après une légère remontrance : « *Tu aurais juste dû nous avertir pour telle et telle raison…* », les parents félicitent le petit pour sa vaillance et son goût de l'aventure !

Et voilà, il a gagné ! Il a réussi à vivre son expérience grâce à laquelle il a pu être pleinement lui-même, et l'affirmer devant ses parents. (De nouveau, calmos !... Ce n'est pas demain la veille qu'il va fuguer !) C'est simplement « l'Expérience du Je » qui a été réussie.

Lorsque « *L'Expérience du Je* » est réussie, elle permet :

- Un ressenti aisé de ce qui est juste pour soi ou non ; une capacité de démêler le vrai du faux
- Un bon discernement, et donc la capacité de faire des choix dans de bonnes conditions ; aucun besoin que les autres « pensent » à sa place !
- Des relations équilibrées et fidèles
- Aucune peur de la solitude (bien au contraire : c'est un moyen de se retrouver et d'être face à soi-même)
- L'authenticité, la sincérité, la vulnérabilité
- L'ouverture aux autres, à la différence, aux autres points de vue, à la nouveauté
- Un sentiment en paix et détaché ; on ne se laisse pas manipuler par ses sentiments ni par ceux d'autrui
- La capacité de prendre de la hauteur face aux situations difficiles
- La capacité de s'affirmer de manière juste, c'est-à-dire d'être sa propre autorité, sans la faire peser sur autrui : ni domination ni soumission. On n'est ni victime ni bourreau, sans attente du sauveur !

En somme, il s'agit d'un adulte au sens « plein » du terme.

Retenez qu'à cet âge, il est capital que l'enfant commence à prendre son indépendance. Son « *Expérience du Je* » est le carrefour majeur de sa septaine, mais de toute façon le petit va vivre toutes sortes de situations où il cherchera à se détacher de sa famille pour mieux découvrir ce qu'il veut vraiment. Les parents sont fortement invités à lui lâcher la bride… sinon, l'adolescence risque d'être pénible !

Vous pouvez essayer, en tant qu'adulte, de retrouver ce moment si important de votre « *Expérience du Je* ». Mais n'oubliez pas que vous étiez un enfant : ne voyez pas cette expérience de votre fenêtre d'adulte, et soyez très détaché(e) !
Retrouvez, au fond de vous, l'enfant que vous étiez à cette époque, sans aucun jugement intellectuel ou abstrait.

À noter : les meilleures septaines pour « guérir » ou rééquilibrer une mauvaise « Expérience du Je » sont les cinquième (28-35 ans) et huitième (49-56 ans).

Le mensonge

Nous avons déjà vu que le mensonge, au cours de la première septaine, ne peut apparaître que par imitation des parents. Il existe d'ailleurs beaucoup de comportements de l'enfant qui sont mal interprétés par les soi-disant spécialistes de l'enfance : très souvent, ils prennent pour « argent comptant » un comportement de l'enfant qui n'est autre qu'une imitation d'un comportement parental.
Par exemple, l'enfant est incapable d'aimer ou d'être attiré « sexuellement », ou même affectivement parlant, par un autre enfant ! C'est le côté malsain de certains psychologues ou pédiatres qui interprètent mal certains comportements, où l'enfant imite ses parents, alors qu'en réalité les attitudes dans ce domaine ne peuvent pas s'exprimer réellement chez l'enfant avant sa puberté.

Ainsi, le mensonge, dont l'enfant devient capable sans avoir besoin d'imiter ses parents, n'apparaît qu'à partir de « *l'Expérience du Je* ».
En effet, l'œil clairvoyant peut remarquer que, lorsque l'enfant vit cette expérience étonnante et traumatisante, il se passe un fait occulte particulier : Alors qu'au moment de « *l'Émergence du Je* », à 2 ans et 3 mois, c'est la force négative de l'égoïsme qui pénètre en l'enfant (représentée symboliquement par le serpent), lors de « *l'Expérience du Je* », c'est la force négative du mensonge qui entre en lui (elle est représentée symboliquement par le loup : eh bien voilà, vous connaissez maintenant l'âge du « Petit Chaperon Rouge » ! Ce conte étonnant est une histoire résumant « *l'Expérience du Je* »).

Je me contente ici d'énoncer des faits. Ce qui est révélé n'est en aucun cas mon propre point de vue, ou une idée « lumineuse » qui m'a soudain traversé la cervelle. Non ! Je ne fais que relater comment fonctionne l'être humain ; je suis un peu comme une personne qui contemple quelque chose qui se passe devant elle, et qui n'éprouve aucun sentiment ni émotion face à ce qui se déroule. Cette personne est juste témoin d'une réalité universelle, et elle n'a aucun point de vue par rapport à ce qu'elle contemple.

C'est ainsi qu'un chercheur spirituel expérimente la réalité. Bien sûr, il contemple cette dernière dans le monde spirituel, grâce à la méditation et à un niveau de conscience transcendant.

Ainsi, je constate que ces deux plus grandes forces négatives que sont l'égoïsme et le mensonge pénètrent respectivement l'enfant aux âges de 2 ans et 3 mois et de 9 ans et 3 mois, séparant donc ces deux événements d'un écart exact de sept années.
Et comme nous l'avons vu, concernant cette pénétration du mensonge, il ne s'agit pas que d'une expérience négative ; c'est aussi, pour l'enfant, l'occasion d'une grande victoire sur lui-même : c'est l'esprit, le « Je » en lui, qui mûrit et atteint une nouvelle étape de sa descente dans l'incarnation.
Ce fait occulte de l'apparition du mensonge en l'être humain (relié historiquement à la Tour de Babel et le mélange des langues, induisant le quiproquo et le mensonge) souligne l'importance d'inculquer quelques rudiments de moralité au petit, afin qu'il sache maîtriser le mensonge, sans devenir inauthentique ou hypocrite,... d'où le rôle capital d'un modèle adulte sachant vivre de manière éthique.
Ce n'est que s'il réussit son « *Expérience du Je* » que l'enfant trouvera la force morale, dans son cœur, de vaincre le mensonge dans sa parole.
Il faut savoir également que ce qui s'infiltre en même temps est la méfiance : un véritable poison relationnel à notre époque ! En effet, cette méfiance fait non seulement perdre confiance en autrui, mais également en soi-même. Or, une « *Expérience du Je* » réussie peut nettement diminuer l'impact de ce mal en l'individu.

Il est alors facile de comprendre combien les parents se doivent de demeurer prudents par rapport à ce qu'ils expriment (ou n'expriment pas, car l'enfant « capte » la vie intérieure de ses parents, à savoir tout ce qu'ils pensent et ressentent !), mais aussi par rapport à l'idée de la culture qu'il montre à leur enfant. En effet, durant cette septaine se joue l'intérêt de ce dernier vis-à-vis de la lecture, l'étude et la connaissance (et ce, pour toute sa vie) : alors attention à ce que vous lui donnez pour emplir sa vie intérieure !
À ce stade, les mythes et légendes revêtent une importance capitale pour l'enfant. Il est essentiel qu'il puisse nourrir sa vie intérieure avec des aventures parsemées de héros et d'héroïnes qui soient des modèles pour lui : ils le renforceront intimement et lui apporteront des rudiments de moralité.
Bien évidemment, si l'enfant a la chance d'avoir des parents ouverts à la dimension spirituelle, ils pourront l'encourager à demeurer en relation avec

son Ange. Sans compter qu'ils pourront lui proposer des lectures héroïques, rappelant l'existence du monde spirituel et des êtres de la Nature, ce qui ravira l'enfant.

À noter : même si la pratique sportive est encore plus adaptée à l'adolescence, certains sports peuvent être pratiqués par l'enfant de la deuxième septaine, afin qu'il apprenne à maîtriser l'énergie dans son corps (arts martiaux, gymnastique, danse, par exemple).

La télé tue !

À l'opposé, le plus grand ennemi de l'enfant est cette fameuse petite lucarne à laquelle tout le monde est attaché !
Un scientifique français, Michel Desmurget, a récemment écrit un ouvrage très intéressant intitulé « *TV Lobotomie – La vérité scientifique sur les effets de la télévision* » (éd. Max Milo) !
Enfin, la science bouge ses fesses et monte aux créneaux, pour dénoncer cette vulgaire manipulation des êtres humains par la télévision ! Et encore, passons sur les adultes qui devraient être assez « grands » pour se défendre par eux-mêmes ! Mais, placer un petit devant cet écran pendant des heures est scandaleux !
Voici ce qu'en pense Michel Desmurget dans son introduction : « *Depuis 15 ans, il ne s'est pas passé une semaine sans que j'extraie au moins un ou deux papiers relatifs aux effets délétères de la télévision sur la santé psychique, cognitive et somatique de l'enfant. La tendance est tellement massive que certains spécialistes n'hésitent plus à évoquer un véritable problème de santé publique. Des voix commencent même à s'élever pour réclamer l'extension, aux grands groupes audiovisuels, des poursuites pénales originellement diligentées contre les industriels du tabac et de la malbouffe.* »

Le pire, dans cette manipulation télévisuelle, est qu'elle s'en prend aux gamins : les médias produisent de plus en plus d'émissions soi-disant « éducatives » pour eux, et même pour les plus petits (dès la première année d'existence !).
Il existe même une chaîne de télé pour les bébés !!!
Et les grands prêtres de la télé sont devenus de plus en plus « savants »

pour manipuler les enfants. Voici ce que précise Michel Desmurget dans son ouvrage :

« *De nos jours, le complexe médiatico-publicitaire dépense des sommes faramineuses pour identifier et manipuler les ressorts d'une dépendance cathodique dont il devient de plus en plus difficile de nier l'existence. Psychologie, neuro-imagerie, éthologie, ethnologie, sociologie, aucune branche des sciences humaines et médicales n'est dispensée d'apporter son obole à la Cause mercantile. Depuis quelques années, le neuro-marketing s'érige en nouveau graal manipulatoire. Son credo : aller chercher les failles les plus intimes de notre cerveau pour asservir, à notre insu, nos comportements, nos désirs, nos peurs, nos pulsions, nos représentations, nos décisions. Dans un ouvrage récent, deux spécialistes du sujet résument ainsi l'approche : « Visez le petit. Préparez votre cible. Marquez-la au front le plus tôt possible. Seul l'enfant apprend bien [...] Les cigarettiers et les limonadiers savent que plus tôt l'enfant goûtera, plus il sera accro. Les neurosciences ont appris aux entreprises les âges idéaux auxquels un apprentissage donné se fait le plus facilement. » Pouvons-nous tolérer ce genre d'abjection ?* »
Alors qu'à notre époque certaines associations font la « chasse aux sectes », il y a de quoi se demander pourquoi il ne classe pas la bande médiatico-publicitaire de la télé en N° 1 des sectes dangereuses, vu que le but majeur de cette clique est la manipulation mentale, non seulement des adultes, mais également des enfants ?!

À qui profite le crime ?

Bien évidemment à ce commerce qui « kidnappe » l'attention et les forces vives des enfants… pour faire du fric !

Mais qui est le vrai fautif ?

Le scientifique français répond : « *Or, il est frappant de constater que l'utilisation du petit écran résulte, à l'origine, non d'une revendication spontanée de l'enfant, mais plutôt d'une lourde pression parentale. En d'autres termes, ce ne sont pas les enfants qui naturellement vont au poste. Ce sont les adultes qui insistent et mettent tout en œuvre pour que se produise la rencontre.* »
Aïe ! Terrible responsabilité de ces parents qui n'aiment pas leurs enfants, et les poussent devant l'ogre télévisuel !

En somme, la télévision est certainement le plus grand ennemi de l'enfant, notamment en cette phase de deuxième septaine, où il doit commencer à apprendre !
Il est essentiel qu'il puisse apprendre de manière juste, afin de devenir un adulte créatif et confiant en lui-même. Sinon, il expérimentera les problèmes que nous avons évoqués plus haut, sans compter des difficultés avec l'oral et l'écrit.
Aujourd'hui, et ce depuis une quinzaine d'années, de plus en plus de jeunes sont incapables de parler et d'écrire correctement !
La télévision, ainsi que les nouveaux outils technologiques de communication, assassinent le langage et appauvrissent la communication humaine. Les bonnes ou les mauvaises habitudes dans ce domaine se prennent dans cette septaine.
C'est à chacun de faire son choix, en se rappelant que les fabricants et les vendeurs ne peuvent, en aucun cas, être considérés comme des conseillers ! Ah… naïveté quand tu nous tiens !

12 ans : l'âge de la pré-puberté

Vers l'âge de 12 ans, l'enfant ressent mieux sa différence, et s'il a réussi son « Expérience du Je », environ trois ans auparavant, il est assez tranquille et créatif (à condition, toutefois, qu'il ne passe pas son temps devant la télé !).
L'année des 12 ans est assez épanouissante pour l'enfant, et peut être une phase où il se pose beaucoup de questions (et en pose aux adultes). Il peut même s'intéresser à Dieu et/ou à ses Anges, et cultiver une certaine dévotion. Il n'est pas rare qu'à cet âge des jeunes filles vouent un culte à Marie, par exemple.
À cette période, il existe une sorte de passage où l'enfant paraît étonnamment sage pour son âge ! Malheureusement, l'irruption de la puberté (et l'incarnation du corps astral qui la provoque) va bouleverser cette quiétude. Malgré tout, cette phase est importante, car une vocation ou une pré-vocation peut apparaître.
Les parents peuvent soutenir leur enfant dans ses choix, mais sans tirer trop de plans sur la comète, car la puberté fera bientôt valser tout cela.
L'âge de 12 ans est donc une sorte de point culminant pour cette septaine où le meilleur peut advenir…

Le tempérament

Le tempérament est lié avec le corps éthérique de l'être humain. Il apparaît pendant cette septaine.

Qu'est-ce que le tempérament ?

Dans le langage ordinaire, il est souvent confondu avec le caractère : les gens disent indifféremment de quelqu'un qu'il a « un mauvais tempérament » ou un « mauvais caractère » !...
On nous fait croire que le tempérament est synonyme du caractère, mais rien n'est plus faux !

En fait, il existe quatre sortes de tempéraments qui sont liés avec le corps éthérique :

- Le tempérament mélancolique, en analogie avec l'élément terre
- Le tempérament flegmatique, en analogie avec l'élément eau
- Le tempérament sanguin, en analogie avec l'élément air
- Le tempérament colérique, en analogie avec l'élément feu

Les médecins de l'Antiquité, de même que les astrologues, savaient reconnaître le tempérament dominant de chaque individu, et ils en tiraient une grande connaissance, susceptible d'aider l'être humain dans son comportement ainsi qu'au niveau du maintien de sa santé.
Ce savoir a été malheureusement oublié.
Pour définir le tempérament d'un individu, il est bon de savoir que, bien que ce dernier porte en lui les quatre, il en existe toujours un (parfois deux) qui domine sa personnalité.
Ce tempérament « dominant » signe son comportement. En effet, si l'on étudie le comportement d'un humain avec attention, l'on s'aperçoit qu'il réagit d'une certaine manière face aux situations et individus qu'il rencontre, et que ce comportement est toujours le même :

- Soit il a tendance à se replier sur lui-même, à prendre du recul, à prendre sur lui et encaisser, tout en étant rancunier : nous avons alors affaire à un *tempérament mélancolique*.

- Soit il a tendance à réagir en « éponge », à absorber ce qui se passe et ce que les autres projettent vers lui ou autour de lui, et il demeure assez tranquille, « cool », parlant peu : nous avons alors affaire à un *tempérament flegmatique.*

- Soit il a tendance à réagir avec beaucoup de paroles et de gestes, il bouge beaucoup, cherche à capter l'attention, à entrer en relation pour échanger et partager avec autrui : nous avons alors affaire à un *tempérament sanguin.*

- Soit il a tendance à ne pas se laisser faire, à rejeter systématiquement tous ceux qui s'approchent de lui, et veut régenter tout son entourage à la baguette, en criant bien haut et bien fort ce qu'il veut ou ne veut pas : nous aurons affaire alors à un *tempérament colérique.*

Comprenez bien qu'il s'agit du comportement de l'individu et non de son caractère (nous verrons ce dernier à l'occasion de la prochaine septaine).
Bien qu'ordinairement mélangé au caractère, le tempérament ressort dans toutes les situations où l'individu est censé réagir, car son comportement « préféré » ou basique émerge aussitôt.
Les deux tempéraments « féminins » (mélancolique et flegmatique) sont principalement introvertis, passifs et en retrait, en quelque sorte.
Les deux tempéraments « masculins » (sanguin et colérique) sont quant à eux principalement extravertis, actifs et réactifs, voire violemment réactifs.

Étant donné que le tempérament est lié avec le corps éthérique, ou corps de la vitalité, il est essentiel de comprendre le fonctionnement du tempérament de l'individu pour mieux saisir également celui de sa santé (notamment pour ceux qui travaillent dans ce domaine).
Bien sûr, un véritable pédagogue ou un professeur digne de ce nom devrait connaître les tempéraments, afin de repérer celui de chaque enfant dont il s'occupe. En effet, il n'est pas souhaitable d'enseigner de la même manière à un mélancolique et à un colérique !
Mais, l'on nous répondra certainement que « c'est trop compliqué » et que « on n'a pas le temps »… qui sont les deux excuses majeures que rétorquent beaucoup de gens par automatisme et conditionnement !

À noter : Il est important de ne surtout pas imposer à l'enfant des règles (même morales !) sans les lui expliquer. De même, ne lui faites pas apprendre « par cœur » des choses intellectuelles. Ni ne lui mentez. Ne soyez pas non plus jaloux de ses modèles (autres que vous !).

Cœur de Prière

Toi l'adulte, je te prie…
Trouve et ouvre les voies et passages,
Que se créent finesse et noblesse en présages
Pour notre enfant d'homme sur ton crucial rivage,
Valeureux apprenti assoiffé de voix sages.

Sache encourager en juste autorité
Cet essor du vrai qui par tant lui sied.
Lâche bride et, vigilant, sache écouter
Les vœux affirmés de son cœur éprouvé.

Offre-lui fruits de ton éthique raisonnée,
Tels certains des germes en lui parsemés,
Pour qu'un futur vers la beauté orienté
Voie s'éclore en moralité libérée.

Laisse-le trouver la lumière
Dans d'autres yeux et autres terres ;
Qu'en lui jamais amour ne s'altère,
Et que sa quête épouse l'univers.

Laisse-le vivre et laisse-le voir
Ses forces et valeurs en émergence ;
Sois vaillant outil de la douce évidence
Que siège bonté au sein de son pouvoir.

A toi l'adulte ainsi
Œuvrant du mieux pour lui,
Merci.

Model'âge

M'entendez-vous mes échos ?
Je vous veux les plus beaux,
En ma mémoire éclos,
Mes modèles, mes héros.

Qu'enflammes mon cœur
Mon génie professeur !
Ton écho me sourit
Et passionne ma vie.

Mon cœur, si résolu de croître,
S'anime au vœu de connaître,
Et par l'atout de ta présence morale
Accueille en lui ses fondamentales.

Apprends-moi à livre ouvert,
Montre-moi beautés et vérités,
Que s'impriment en moi toutes qualités,
Choix et chemins de mon univers.

Je dessine, unique, mon devenir,
Car en toi, j'ai succès de le lire ;
Mon héros, mon modèle,
A ma vie donnes ses ailes !

Céline ♥ Océana

« Plus » Astro

Voici quels sont les aspects astrologiques marquants de cette septaine :

☆ ***Le carré de Saturne*** *:* entre 6 ans ½ & 8 ans ½ (en moyenne à 7 ans ½). Saturne peut faire trois passages (direct-rétrograde-direct) : à vérifier pour chacun. Saturne est relié au corps éthérique, aux structures (ainsi qu'à la dentition) donc à l'autorité et à la moralité. Ce carré montre bien une transition nette avec la première septaine et il apporte, pour la première fois, à l'enfant des forces qui le structurent, le modèlent et le délimitent par rapport à son entourage.

☆ ***Le premier carré de la Lune progressée*** complète l'aspect de Saturne et marque une étape capitale dans l'évolution de l'enfant : sa conscience change et s'élargit, et il peut commencer à développer une pensée individualiste.

☆ ***Le retour de la Lune noire*** *:* vers 8 ans et (8 à 11) mois. Ce premier retour de la Lune noire signe l'incursion de la négativité (le « loup » ou forces « ahrimaniennes ») dans l'enfant sous la forme du mensonge, de la culpabilité, de la méfiance, de la honte, du mépris et du dénigrement. Autour de cette période, il se passe souvent dans la vie de l'enfant un événement qui lui fait perdre ses repaires affectifs et ressentir une grande solitude, le plongeant dans la tristesse et lui donnant envie de rejeter tout le monde : un déménagement, un changement d'école, une situation où il est ridiculisé à tort, une trahison de la part d'un camarade ou d'un adulte, etc.

☆ ***L'inversion des Nœuds lunaires*** : vers 9 ans et 3 à 5 mois. Le nœud sud transite le nœud nord du thème de l'enfant. Le nœud sud représente toujours la résurgence d'un bagage de notre passé karmique. Cet aspect signe le moment clé de la deuxième septaine : « l'Expérience du Je » avec d'une part, l'apparition de la qualité spirituelle du sentiment de l'enfant, et d'autre part, ce qui en lui l'empêche plus ou moins de la manifester (selon son karma).

☆ ***Le retour de Jupiter*** : autour de 12 ans, plus précisément 11 ans et (4 à 11) mois. L'âge de « Jésus dans le temple ». Jupiter représente la sagesse et l'expansion. Il suscite ici une aspiration à découvrir le monde, à sortir du cocon familial, à comprendre ce qui est plus grand, plus vaste. Le retour de Jupiter prépare l'entrée dans l'adolescence, et pour la première fois, l'enfant peut étonnamment faire preuve d'une sorte de sagesse naissante, qui lui donne un appui avant le raz-de-marée de la septaine suivante.

Vous pouvez calculer un thème pour le moment précis du transit et le comparer au natal de l'enfant pour voir ce qu'il y met en valeur.

« Plus » Ésotérisme

Au cours de la dixième année, « *l'Expérience du Je* » – plus ou moins contrariée par l'influence du « loup » – représente le second temps fort de la descente du « Je » dans l'incarnation : la vraie séparation de l'être humain d'avec le monde d'où il provient, le monde spirituel.
Il s'agit ici d'une récapitulation de la période de l'histoire de l'humanité symboliquement illustrée par « La Tour de Babel » où les hommes, parlant tous des langues étrangères les unes aux autres, en vinrent à ne plus se comprendre du tout. Il s'agit de l'Époque Atlantéenne, où le grand bien de **la parole** fut octroyée par Dieu aux hommes (la parole est reliée au sentiment, où se produit « l'Expérience du Je » vers 9 ans). Une entité opposée à Dieu tenta de contrer cette faculté de la parole chez l'être humain en lui apportant **le mensonge** : il s'agit de l'Archée déchu, Ahriman (ou Satan). Le « loup » symbolise son influence qui rend les êtres humains méfiants les uns vis-à-vis des autres.
On ment soit par intérêt (dans le but de manipuler l'autre), soit par méfiance vis-à-vis d'autrui. Dans tous les cas, mentir à quelqu'un revient à le mépriser. Chacun de nos mensonges est une insulte à son destinataire, et nous fait ressentir inconsciemment de la honte, pour laquelle nous nous punirons tôt ou tard. Par le mensonge, Ahriman enferme l'être humain dans le dénigrement de soi-même comme d'autrui. C'est un mal plus grave, spirituellement parlant, qu'il n'y paraît à première vue !
Il est important d'expliquer simplement à nos enfants que dire la vérité est toujours plus digne et courageux que de mentir. Dans ce sens, il ne faut jamais punir un enfant qui dit la vérité, même s'il avoue une bêtise ; au contraire, la juste attitude est de le remercier lorsqu'il ose dire la vérité.
Rappelons qu'un enfant ne saurait mentir avant l'âge de 9 ans (cf. chapitre précédent).

« Plus » Pratique

Élixirs floraux

- Pour aider l'enfant à se délimiter par rapport à son entourage : **Desert Barrel** *(Pegasus)* favorise la délimitation du corps éthérique tout en le renforçant.
- Pour pallier au sentiment de solitude ou aux périodes de tristesse vers 9/10 ans (lors de « l'Expérience du Je ») : l'**Angélique** est un élixir qui lutte contre l'isolement et la peur d'abandon par rapport à l'entourage et au monde spirituel. L'**Aubépine** soulage les peines de cœur, la tristesse et guérit des attachements émotionnels empêchant d'être soi-même, apporte la paix intérieure. Le **Millepertuis** protège l'enfant contre une trop forte sensibilité ou trop de vulnérabilité et lui permet de rester en contact avec son Ange.
- Contre la dévalorisation ou le dénigrement qui apparaît à cet âge : **Larch** redonne confiance en soi, combattant le repli sur soi et le sentiment d'infériorité.

Huiles essentielles

- **Orange douce ou Mandarine** (quelques gouttes en diffusion ¼ d'heure ou à respirer sur un mouchoir) : quand l'enfant se sent insécurisé affectivement (tristesse, sentiment d'abandon ou de rejet).
- **Thym à Linalol** (le plus doux – 1 goutte dans du miel ou sur un sucre) : quand l'enfant tombe dans le dénigrement ou la critique.
- **Lavande ou Marjolaine** (quelques gouttes en diffusion ¼ d'heure) : lorsque l'enfant est trop énervé.

Chapitre 3

Troisième septaine : de 14 à 21 ans

L'initiative

☆ ***Aperçu général** : Cette troisième septaine est celle de l'adolescence, régie par Vénus, et du développement du corps astral (corps subtil, porteur de toute la gamme des émotions, sentiments et sensations qu'éprouve l'être humain). C'est une période de raz-de-marée où l'adolescent expérimente des émotions et sentiments extrêmes au travers de ses relations. C'est également une phase délicate du processus de l'incarnation pendant laquelle le jeune, très idéaliste, se rebelle contre toute forme d'autorité, afin de découvrir ce qu'il veut au plus profond de lui. Ses parents doivent impérativement respecter cela, sous peine des conséquences les plus graves.*

☆ ***Début et fin** : La troisième septaine débute avec la puberté, qui apparaît entre 12-13 et 16-17 ans selon les cas, et s'achève avec l'arrêt de la croissance (entre 16 et 22 ans en moyenne). C'est ce que l'on appelle l'adolescence.*

☆ ***Âge clé** : 18 ans et 7 mois.*

La quête d'un idéal

Ce qui caractérise le mieux l'adolescence c'est la quête d'un idéal.
La puberté survient, tel un raz-de-marée émotionnel, et elle transforme fondamentalement l'enfant en adolescent.
L'irruption du corps astral – corps relationnel par excellence – affirme les différences sexuelles et propulse l'adolescent dans le jeu de la séduction et du désir.
Mais, la quête du partenaire, du « parfait » complémentaire, n'est pas le seul idéal de l'adolescent. Intérieurement, il ressent un idéal de beauté qui l'incite à découvrir et/ou à manifester quelque chose de beau dans le monde (n'oublions pas que Vénus, l'astre de l'art, de la beauté et de l'amour, gouverne cette septaine).
Bien sûr, il cherche la beauté chez son ou sa partenaire, mais aussi dans le domaine de l'art, ou à l'occasion de voyages.

À l'approche des 18 ou 19 ans, le jeune perçoit comme une évidence le besoin d'un idéal, de quelque chose qui le motive et le porte vers le futur.
Il est essentiel, pour lui, de trouver une passion qui lui donnera une raison de vivre, même si celle-ci est jugée ridicule ou sans intérêt par des adultes qui ont oublié leur propre adolescence depuis bien trop longtemps !
L'adolescent veut une motivation à sa vie, une raison d'être sur cette Terre. Il veut devenir un individu qui marquera son époque.

À cette période, le jeune a plus que jamais besoin de modèles, c'est-à-dire d'hommes ou de femmes qui le fassent rêver, parce qu'ils sont porteurs de qualités et d'idéaux, tels la beauté, l'initiative, l'amour, le sacrifice, la liberté, la fraternité, l'engagement ou le courage…
Les aventures des Chevaliers en quête du Graal (tel Perceval) ou celles des héros du *Seigneur des Anneaux* peuvent, par exemple, le galvaniser.
L'univers fantastique des romans, comics, séries et films de science-fiction ou de *fantasy* peut nourrir sa quête d'idéal. Les personnages qui le fascinent lui servent de modèles. Il peut également étudier la biographie de grands inventeurs ou d'artistes, en essayant, à sa manière, de recréer leurs œuvres, afin de ressentir sa force créatrice.

À noter : bien qu'il soit capital que l'adolescent expérimente par lui-même ce qu'a vécu son héros ou son modèle. Il n'est pas suffisant de lui raconter la vie de tel personnage illustre, ni de le forcer à ap-

prendre sa biographie « par cœur ». Ceci ne présente aucun intérêt ! En revanche, le pédagogue qui encourage le jeune à revivre, à sa manière, les défis de tel personnage modèle, lui permet de conquérir une force intérieure considérable, à travers laquelle l'adolescent perçoit que tout est possible et que l'être humain est un formidable créateur. Il emmagasine alors une bonne dose d'espérance pour son avenir.

Malheureusement, de nos jours, l'économie et sa fille la publicité (« l'art du mensonge ») vont à l'inverse de ce processus et lui soumettent des héros de pacotilles, avec ces « stars » au rabais, issues de concours navrants. L'apologie de la médiocrité à la télévision, par le biais des émissions musicales, ou des *sitcoms* (séries américaines montrant la vie quotidienne de personnages au mieux inintéressants, au pire immoraux ou vulgaires), ou pire encore de la soi-disant télé-réalité – même si elles séduisent le côté rebelle ou provocateur du jeune – renforcent plus insidieusement ses schémas de rêves ou de dénigrement et de désespoir.
Heureusement, certains films ou séries présentent encore des héros dignes de ce nom, qui se battent pour des idéaux de bien, de fraternité, de rédemption, ou de paix dans le monde... À travers eux, l'adolescent trouve l'espérance (vitale !) et une motivation pour grandir et devenir un adulte.

Le besoin de liberté

Les parents doivent se mettre à la place du jeune, en se rappelant leur propre adolescence, afin de comprendre ce qu'il ressent, et ce qui lui est nécessaire à cette époque de sa vie. En vérité, il a besoin d'air, de liberté. Il se cherche. Il est quelque peu dépassé par cette puberté envahissante et il souffre de devoir s'arracher à l'enfance pour progresser inéluctablement vers l'âge adulte.

L'adolescent ressent un puissant appel de liberté qui monte en lui depuis son subconscient. Ce besoin instinctif de liberté le pousse vers toutes sortes d'extravagances.

Du fait que cette quête de liberté demeure inconsciente et non maîtrisée à cet âge, elle est compensée par un besoin de reconnaissance de ses semblables, à travers l'appartenance à une « bande ». En effet, les adolescents se rebellent contre l'autorité des parents ou de la société, ils réclament leur indépendance et se battent pour leur liberté, tout en s'habillant tous de la même manière et

en écoutant la même musique. Ce paradoxe est dû au fait que l'impulsion vers la liberté reste inconsciente et fait peur à l'adolescent : il compense par le sentiment de sécurité que lui procurent ceux qui lui ressemblent.
Il en est de même d'ailleurs pour les adultes, qui clament parfois leur besoin de liberté, tout en se conformant aux diktats de la conscience collective !
N'oublions pas que le ressenti de liberté s'oppose naturellement à la recherche de la sécurité.

L'adolescent quant à lui, doit trouver un idéal qui puisse lui donner envie de devenir adulte. Ce n'est pas le consumérisme qui le lui procurera : cet état d'esprit contre-nature le répugne profondément. Il est désespéré à l'idée de se retrouver prisonnier de cette vie sans intérêt, coincé entre des factures à payer et un métier qui ne lui plaît pas ! Il est encore conscient que ceci n'est pas la vie (alors que la plupart des adultes l'ont oublié depuis longtemps et se contentent de survivre dans un monde non adapté à leur vraie nature). L'adolescent cherche partout un reste d'aventure, un petit quelque chose à conquérir ; s'il n'y arrive pas, alors il tourne en dérision cette société qu'il rejette, et dont il essaie de se moquer par la provocation.
L'adolescent se rebelle car c'est le seul moyen, pour lui, de se prouver qu'il existe.
Un peu comme le petit enfant de 2 ans qui crie : « *Non, j'veux pas !* », l'adolescent se teint les cheveux en rouge, se drogue ou vole, pour casser le côté aseptisé du « politiquement correct » de notre société de « poules mouillées » qui l'étouffe littéralement.

Pourquoi l'adolescent agit-il ainsi ?

La raison en est qu'il court après une initiative personnelle : il veut agir différemment de ses parents, ou de ce qu'il connaît de la société.

Durant cette période, les parents se doivent de cultiver l'écoute (une belle qualité vénusienne). Il leur incombe de trouver un juste milieu entre l'autorité : « *Tu feras ce que je te dis !* », comportement abusif et dangereux, et le laxisme du parent copain : « *Tu sais, vieux, j'te comprends...* », qui est franchement ridicule. Pauvres parents, c'est un mauvais moment à passer, mais qui est passionnant si chacun le vit en ouvrant bien son cœur et en se rendant disponible pour ses enfants.

Il faut bien comprendre que c'est par lui-même que le jeune veut découvrir son idéal, ou la motivation qui lui donnera envie de vivre et de deve-

nir un adulte. Par conséquent, les parents perdront leur temps à vouloir le conseiller à tout prix sur le type d'idéal qui lui serait « profitable » !
Tout conseil ou idée venant des parents sera impitoyablement rejeté par l'adolescent.
Si ce n'était pas le cas, ce serait la pire des choses qui puisse arriver au jeune, car ce serait le reflet de sa démission et de son adhésion au conformisme parental ! En clair, votre enfant serait incapable de s'affirmer et d'exister dans ce monde. Il est nécessaire qu'il se mesure à vous et vous tire les poils du nez de temps en temps. Il n'est plus votre « bébé », mais presque un adulte ! C'est en se confrontant à vous et à la société qu'il peut grandir et définir ses propres limites.

C'est en repoussant toute forme d'autorité – et la vôtre en premier lieu – qu'il peut développer la sienne, à savoir sa capacité de se ressentir l'auteur de sa vie (définition du mot « autorité »).

En résumé, un adolescent « sauvé » est un jeune qui a découvert une passion, un idéal, en somme, quelque chose qui le fait vibrer et le motive à devenir adulte.

Les écueils de notre société pour l'adolescent

L'adolescence est une période de la vie humaine où les manquements de notre société post-moderne apparaissent dans leur aspect le plus dramatique.

À noter : le suicide est la première cause de mortalité des 15/25 ans dans la plupart des pays occidentaux (surtout en France et au Québec).

Ce navrant constat dénonce l'échec de notre éducation, une éducation pourtant si « savante » grâce à des psychologues qui n'en finissent pas de décortiquer le fonctionnement des « ados »… !
Il est clair que l'éducation proposée de nos jours aux adolescents ne leur convient pas.

Ils n'ont aucunement besoin d'ingurgiter des tonnes de connaissances « mortes » ou indigestes, mais plutôt des grands idéaux qui les transportent. Ils ont besoin de héros qui leur montrent que tout est possible, afin de leur donner envie d'affirmer leur identité, d'où le succès des films de super héros. Or, la société de consommation, ou « nouveau village planétaire » *via* Internet, ne répond pas à leurs souhaits (même si tout est fait pour faire croire le contraire à leurs parents). Ce n'est pas parce qu'un jeune pourra dépenser de l'argent pour s'acheter ses jeux vidéo favoris et parce qu'il profitera, apparemment, de cette société, qu'il sera bien dans ses « baskets » !
La technologie informatique ne nourrit pas l'adolescent intérieurement : elle poursuit le travail d'assèchement intérieur, d'appauvrissement psychique, commencé dès la petite enfance, notamment par le biais de la télé et de l'ordinateur (« *Je ne suis pas une machine, je suis un homme libre !* »).
La technologie est vide d'idéal.

Notre société, fondée sur la carrière, l'argent, la réussite sociale et l'acquisition de la « panoplie du bonheur » (le pavillon de banlieue, la voiture, le chien, les enfants, l'ordinateur, la télé, le téléphone mobile et le lecteur de Blu-ray), ne motive que les gens qui ne croient plus à rien, mais en aucun cas les jeunes !

Ce modèle de société, hérité de l'« *american way of life* » des années 50 (le mode de vie américain, sans autre idéal que produire et consommer), enracine l'individu dans l'utilitarisme et l'individualisme, et l'éloigne de sa vraie nature.
Un adulte conditionné depuis quelques décennies par ce mode de vie peut, éventuellement, s'y adapter en reniant suffisamment sa nature spirituelle et créatrice (!), mais un adolescent ne le peut pas : s'il s'éteint comme le fait l'adulte, il meurt. Parfois, malheureusement, c'est ce qui se produit : ne voyant aucune issue à cette société qui ne tient pas compte de lui, il préfère se suicider, afin de retourner d'où il vient.
Heureusement, il existe encore des adolescents qui découvrent leur vocation durant cette période et sortent victorieux de ce combat, à la fois intérieur et extérieur.

18 ans et 7 mois : « L'initiative du Je »

Au cours du premier chapitre, nous avions vu que le « Je », la partie de l'esprit humain qui s'incarne, pénétrait la pensée vers 2 ans et 3 mois (« *l'Émergence du Je* »). Puis, au cours du deuxième chapitre, nous avons bien noté que le « Je » s'introduit dans le sentiment vers 9 ans et 3 mois (« *l'Expérience du Je* »). Cette descente progressive de l'esprit se parachève vers 18 ans et 7 mois[4], lorsqu'il s'infiltre dans la volonté : c'est ce que nous appelons « *l'Initiative du Je* ».

Ce n'est qu'à la suite de cette pénétration profonde dans la personnalité que l'on peut dire que le « Je », ou esprit humain, est véritablement incarné et prêt à prendre possession de ses trois outils, que sont la pensée, le sentiment et la volonté.

Ainsi, il faut trois septaines pour que le « Je » pénètre ses différents véhicules. À chaque étape, l'être humain acquiert davantage d'individualité, se sépare de son entourage et découvre un peu mieux qui il est :

1) Aux alentours de 2 ans et 3 mois, ***« l'Émergence du Je »*** lui permet de se séparer de ses parents et de prendre conscience qu'il est un individu différent des autres et de son entourage (le souvenir apparaît).

2) Vers 9 ans et 3 mois, ***« l'Expérience du Je »*** lui fait franchir un pas supplémentaire et il éprouve ses premiers sentiments individuels. Il découvre quelque chose qu'il aime profondément et qui lui appartient en propre, mais qui le sépare aussi davantage de son entourage.

3) Enfin, vers 18 ans et 7 mois, ***« l'Initiative du Je »*** l'incite à affirmer son individualité dans le monde, grâce à un idéal ou une passion qu'il manifestera à sa manière, et dont il aura eu la pleine initiative (d'où le nom attribué à cette expérience spirituelle). Lors de ce tournant décisif de l'adolescence, le « Je » veut saisir « son » incarnation et sa destinée, même si c'est encore de manière confuse. C'est la période où, lorsque l'éducation a été correctement vécue, le jeune prend conscience d'une vocation (un idéal ou une tâche particulière à travers lequel il va pouvoir se réaliser et accomplir au mieux sa destinée).

L'idéal et la vocation

Tout d'abord, précisons ce que signifie la vocation : il s'agit, selon son étymologie, d'un « appel intérieur ».

4 Cet âge correspond en astrologie au premier retour des nœuds lunaires.

Quelle différence devons-nous faire entre l'idéal et la vocation ?

- **Un idéal est un modèle de perfection que l'on cherche à atteindre.** Il est généralement relié à une Vertu que l'on souhaite incarner au travers de sa destinée, comme par exemple la sincérité, la fraternité, la persévérance, la tempérance, la prudence, le sacrifice, etc. (Pour la présentation des douze Vertus, cf. « *Vers une Nouvelle Éthique* », Céline & Pierre Lassalle, même éditeur).
  L'idéal est un moteur de transformation de soi : nous savons que la perfection n'est pas de ce monde, mais nous cultivons un idéal que nous chérissons dans notre cœur et que nous cherchons à mettre en application dans notre vie quotidienne. Ainsi, pas après pas, nous progressons dans l'incarnation de notre idéal.
  Un idéal peut être découvert à l'adolescence, ou beaucoup plus tard, et être cultivé tout au long de son existence.

- **La vocation est plutôt un appel intérieur**, comme si une voix nous confiait une mission, une tâche parfaitement en accord avec nos possibilités, et avec les qualités et les capacités que nous devons révéler au cours de notre destinée.
  Alors que l'idéal vient de la pensée, la vocation monte de la volonté et nous pousse à prendre une initiative dans une direction précise. En général, on perçoit ou plutôt on « entend » dans son cœur ce qu'il nous faut accomplir.
  La vocation peut être reliée à un art (mais pas forcément), ou à un métier que le jeune devra apprendre durant de longues années avant de le maîtriser.

Dans les anciennes cultures, l'adolescent percevait sa vocation, puis entamait un long apprentissage, passant de maître en maître, pour finalement s'installer et exercer son métier. En effet, il faut savoir qu'entre la découverte de la vocation et sa pleine manifestation consciente, il s'écoule normalement un minimum de 9 ou 10 ans, car ce n'est que vers 27 ou 28 ans que le jeune adulte devient capable de générer les fruits de sa vocation perçue à l'adolescence.
Ainsi, par le passé, chaque adolescent découvrait toujours en lui ce qu'il était venu faire sur cette Terre.
De nos jours, c'est bien différent : on pousse le jeune à trouver une profession, grâce à une orientation abstraite et intellectuelle, ce qui fait taire

sa vocation. Ainsi, au lieu de laisser la vocation surgir du plus profond de l'individu – telle une intuition mûre pour se révéler – l'orientation actuelle masque le souhait du cœur et étouffe la quête d'idéal de l'adolescent.

Il est essentiel de bien comprendre la différence fondamentale entre la vocation et l'orientation :

- **La vocation résulte d'un choix et d'un engagement pris par l'entité humaine avant son incarnation** (pendant qu'elle demeurait encore dans le monde spirituel et qu'elle préparait sa venue sur Terre), c'est-à-dire une activité profitable à son évolution spirituelle, à son karma, etc. C'est un appel qui surgit de l'intérieur de l'être et vient du Moi supérieur (ou Âme céleste).

- **L'orientation est une direction imposée au jeune en fonction des besoins de la société**. En d'autres termes, c'est quelque chose qui arrive de l'extérieur et qui veut pénétrer en force dans le noyau de son être, sous prétexte que c'est pour son bien (nous verrons que c'est, en réalité, dans l'intérêt du pouvoir matérialiste : *« Tu me nourris en courant après l'argent et le profit égoïste, et je ne brandirai pas le spectre de l'insécurité devant toi ! »*).

En fait, l'orientation est l'opposé de la vocation et elle empêche même cette dernière d'émerger de l'inconscient de l'adolescent, à cause de la pression qu'exercent conjointement la société, les parents et les professeurs, comme ceci a déjà été souligné.

Atteindre la vingtaine sans avoir trouvé sa vocation – ou pour le moins un idéal ou une passion – est dramatique, et c'est le signe que l'éducation a échoué. Les royaumes de l'illusion et de l'insécurité matérielle sont passés par là et ont détruit les belles valeurs humaines, sans leur laisser le temps de fleurir… Toujours plus vite… toujours trop vite !

À noter : Dans une éducation naturelle où l'enfant serait respecté dans chaque septaine, il vivrait l'adolescence comme une période le préparant à devenir adulte, car il y découvrirait une vocation, une expérience lui apportant un idéal facilitant son insertion dans la société humaine.

Le spectre de l'insécurité

À travers la pression de la société qui veut fabriquer des consommateurs et non des êtres humains, et aussi celle des parents conditionnés par la télé qui souhaitent un « petit génie », et celle des professeurs qui notent et classent – cultivant ainsi l'esprit de compétition le plus tôt possible –, que se passe-t-il ? Nous aboutissons au résultat alarmant suivant : nous générons des jeunes orientés vers un utilitarisme et un individualisme désespérants.

Et au nom de quoi ?!

Au nom de la tête immortelle de l'Hydre de Lerne : l'argent, et du spectre qui se dissimule derrière elle : l'insécurité.

D'où vient le symbole de l'Hydre de Lerne ?

Il provient de l'un des douze Travaux d'Hercule[5] : il s'agit de son travail relié au signe du Cancer, celui de l'incarnation et du point de vue matérialiste. Le héros grec devait vaincre une hydre. Cet animal fabuleux, ayant un corps de chien et neuf têtes de serpent, dont l'une était immortelle, vivait dans la caverne d'un marais sombre et nauséabond. Ses têtes repoussaient en double si elles étaient coupées, à moins qu'elles ne soient brûlées.
Hercule comprit que sa seule chance de venir à bout de ce monstre était de trancher sa tête immortelle, car c'était en elle que se trouvait son formidable pouvoir régénérateur. Ce qu'il fit. Et il remporta une nouvelle victoire.

De nos jours, l'Hydre de Lerne est ressuscitée ! Ses neuf têtes sont les attributs de notre société matérialiste et utilitariste qui n'a qu'un seul et unique but : le profit égoïste. Celui-ci constitue la tête immortelle de l'hydre. Nous pouvons dire aussi que c'est tout simplement l'argent.
En effet, quels que soient les idéaux et motivations de l'individu à notre époque, lorsque l'argent vient à manquer, il s'écroule.
Symboliquement, nous pouvons remarquer que l'individu en manque d'argent se met alors à ramper et qu'il devient l'esclave du Prince de ce monde matérialiste, car il est prêt à tout pour gagner de l'argent : il perd alors sa dignité.

---

5. Hercule est le modèle préchristique du Héros, ancêtre de Perceval qui en est le modèle post-christique.

C'est le spectre de l'insécurité, considérablement développé et nourri dans notre société, qui menace constamment l'être humain contemporain.
L'hydre doit être gavée, sinon elle menace de lâcher le spectre de l'insécurité.
C'est ainsi que l'éducation prépare dès leur plus tendre enfance de bons petits soldats pour l'hydre. De bons petits qui, une fois devenus grands, seront capables de gagner beaucoup d'argent, afin de nourrir l'hydre, dans l'espoir qu'elle tiendra au loin le spectre de l'insécurité.
Ainsi, la quête de l'argent doit emplir totalement la pensée de l'individu, afin qu'il nourrisse l'hydre et qu'il ne reste rien pour des idéaux plus élevés (tels la liberté, l'amour, etc.). L'humain en arrive à mentir, voler et piller au nom de l'hydre, sans même être conscient qu'il est son esclave !

Mais que fait Perceval (le héros moderne) ? Quand arrive-t-il avec son épée, afin de trancher la tête immortelle de l'hydre et libérer les pauvres êtres humains prisonniers du monstre ?

Vivement le dernier acte et le final, où le bien l'emporte toujours… !
Pour l'instant, l'éducation est aux mains de l'hydre…

À noter : Les adolescents sont piégés par la société de consommation et par les multiples publicités les visant ; ainsi, ils harcèlent leurs parents pour obtenir que ces derniers leur achètent tel ou tel produit, ou telle ou telle « fringue » d'une marque à la mode. Il est capital que les parents ne se laissent pas faire, sinon c'est l'escalade : leurs enfants abuseront de leur « générosité » forcée et deviendront des esclaves de la surconsommation ; de plus, ils perdront tout sens des vraies valeurs (acheter un cadeau pour son anniversaire est normal ; mais, faire un cadeau chaque mois est de la faiblesse). Tenez bon !

Le tournant de « l'Initiative du Je »

Chez l'adolescent, c'est vers 18 ans et 7 mois que tout se joue dans cette troisième septaine[6].

6. Ce moment crucial correspond au premier retour des nœuds lunaires, puisque leur cycle est justement de dix-huit ans et sept mois (voir le « Plus » Astro pour davantage de détails.)

Que se passe-t-il, intérieurement, à cette période ?

En fait, il se produit une sorte d'ouverture spirituelle durant laquelle le « Je », qui est en train de parachever son processus d'incarnation, se relie naturellement à son Moi supérieur (ou Âme céleste) resté dans le monde spirituel : les deux moitiés de l'esprit humain entrent en contact pendant quelque temps.
Même si cette expérience se produit inconsciemment, elle marque profondément le jeune, et un reflet de son Moi supérieur peut émerger à la surface de sa conscience. Lorsque l'éducation est bien menée, c'est la prise de conscience de la vocation qui se dévoile, plus ou moins précisément.
Lorsque la vocation (ou, tout au moins, un idéal) se révèle, elle fournit à l'adolescent sa motivation pour continuer l'expérience terrestre.
C'est ce que j'appelle « *l'Initiative du Je* ».

En effet, dans les meilleures conditions, le « Je » perçoit les raisons de son incarnation et surtout un moyen concret pour prendre sa place sur la Terre : c'est cette vocation, qui est une part plus ou moins importante de son but de vie, qui lui apporte toute l'espérance dont il a besoin pour envisager l'avenir sereinement. Il se sent apte à devenir un adulte, car il sait ce qu'il doit faire au sein de la société dans laquelle il est né.
Si l'adolescent n'a pas perçu (ou entendu) sa vocation, le ressenti d'un idéal pourra le motiver et le mettre sur la voie d'une vocation qu'il découvrira un peu plus tard (cf. le chapitre suivant).

« *L'Initiative du Je* » peut être plus ou moins réussie :

- *L'expérience est pleinement réussie* : vers 18 ou 19 ans, l'adolescent prend conscience d'une capacité qu'il peut développer à travers une activité qui lui permettra de s'épanouir et de prendre sa place dans la société de son temps : il a découvert sa vocation, grâce à une connexion naturelle avec son Moi supérieur.

- *L'expérience est moyennement réussie* : le jeune découvre en lui une passion à travers laquelle il a envie de se révéler, ou il entame une sorte de quête à travers des lectures (comics, livres) ou autres supports ; sa passion ou sa quête d'un idéal n'est que le reflet de sa vocation, et elle exprime souvent une qualité ou une capacité qu'il aimerait cultiver, mais qu'il ne conscientise pas pleinement. Ici, la vocation est restée inconsciente, mais certains éléments en découlant ont effleuré la conscience du jeune, qui les a captés et les a traduits à sa manière.

- *L'expérience est ratée* : l'adolescent n'a aucune motivation pour devenir un adulte, et il ne voit pas comment il pourrait prendre sa place dans ce monde. Il risque alors de se laisser aller, se dénigrer et passer son temps à fuir (cette fuite pouvant aller jusqu'à la drogue, voire pire). Dans le meilleur des cas, il demeurera un « éternel ado » !

L'échec de « l'Initiative du Je » vient déjà des septaines précédentes, auxquelles s'ajoutent les problèmes inhérents à la troisième septaine. Récapitulons un peu cette mise en échec progressive :

- ***Première septaine*** : les vaccinations multiples qui durcissent le corps et gèlent la pensée ; l'ordinateur qui robotise le petit et rend sa pensée mécanique ; la télé qui tue dans l'œuf son potentiel créateur et relationnel ; les jeux vidéo qui créent une rupture dans sa personnalité en séparant sa pensée de sa volonté (d'où les crises d'épilepsie qui en sont les symptômes ; à l'excès, l'ordinateur et les jeux vidéo peuvent éteindre l'individu ou lui faire « péter les plombs » !) ; apprendre intellectuellement avant 6 ou 7 ans.

- ***Deuxième septaine*** : un enseignement scolaire froid et « mort », où l'enfant doit apprendre « par cœur » toutes sortes de connaissances qu'il ne peut vérifier ni par la pratique ni par le vécu ; des professeurs sans passion ; des parents peu soucieux de leur comportement moral ; un entourage faisant preuve d'une autorité aveugle, sans respect de l'enfant ; la télé, Internet, les jeux vidéo, encore.

- ***Troisième septaine*** : la continuité des problèmes énoncés ci-dessus (trop d'ordinateur, de télé, de jeux vidéo, un enseignement donné trop mécaniquement, etc.) ; des parents, soit trop dans le contrôle et l'autorité, soit dans le copinage à la limite du ridicule (qui s'habillent en adolescents comme leur progéniture et s'éclatent aux jeux vidéo !) ; une société sans idéaux élevés ni modèles humains de grande valeur morale ; le consumérisme et l'individualisme au service de l'hydre…

À noter : Si vous comprenez qu'un adolescent a besoin de liberté, afin de découvrir tout seul qu'il a quelque chose à faire sur cette Terre, alors vous serez un parent modèle pour lui.

Il est normal que l'adolescent se rebelle, car il cherche à se positionner, à découvrir ses limites, à savoir jusqu'où il peut aller. En agissant ainsi, il

suscite la prise de conscience de sa vocation.
Si les parents sont insécurisés à cause du comportement de leurs enfants, c'est compréhensible. Cependant, s'ils aiment leur progéniture, ils doivent s'efforcer de garder leur insécurité pour eux, et non la projeter sur leurs enfants. Le reste est une affaire de tact, de compréhension et de confiance. La vie humaine est pleine de sagesse. Tous les adolescents ne vont pas se droguer parce que c'est la mode ! La peur renforce toujours le problème.
N'oublions pas : le respect, la confiance, le soutien, l'écoute, l'ouverture… voici des qualités à cultiver pour les parents d'adolescents.

Le jeu avec la vie

Durant l'adolescence, un excellent moyen d'aider le jeune à s'exprimer et à découvrir ce qu'il porte en lui est le théâtre.
Il est vrai que, pendant cette septaine, l'art est un moyen privilégié pour tous les adolescents qui cherchent une vocation, un idéal ou un moyen d'exprimer ce qu'ils vivent au plus profond d'eux-mêmes. Il est donc fondamental que les parents encouragent leurs enfants à vivre une passion artistique.
Le dessin et la peinture, qui sont des arts reliés au corps astral (qui se développe à cet âge), sont essentiels afin de permettre à l'adolescent d'exprimer ses émotions et sentiments.
Et le théâtre quant à lui, peut apporter beaucoup, grâce aux relations qui s'établissent, notamment si les jeunes créent une pièce entre eux. L'adolescent peut, au travers de personnages qu'il aime et incarne, découvrir des facettes de lui-même, et apprendre à se dépasser, tout en vivant toutes sortes de relations avec d'autres jeunes. Le théâtre est une véritable école pour apprendre à jouer avec la vie et avec ses émotions et ses sentiments. En étant bien guidé par un metteur en scène pédagogue, les jeunes peuvent s'épanouir et prendre confiance en eux. Cette confiance rejaillira sur les autres sphères de leur existence.

Réaliser un « chef-d'œuvre »

Dans la continuité de cette idée d'expression artistique, un bon défi pour l'adolescent serait de lui proposer la réalisation d'un « chef-d'œuvre ».
L'année de ses 18 ans (celle où il vit le premier retour des nœuds lunaires) serait le moment idéal pour qu'il relève ce défi.

Il disposerait d'une année pour créer son chef-d'œuvre. Il n'y aurait aucune limite à ce chef-d'œuvre. L'adolescent devrait le choisir seul, sur la base de l'amour qu'il ressentirait pour cette réalisation, résultant d'une aspiration profonde.
Son chef-d'œuvre pourrait prendre la forme d'un tableau, une chanson composée et chantée, l'écriture d'une pièce de théâtre, la réalisation d'un court-métrage vidéo, une œuvre de menuiserie, une thèse avec diaporama sur une cause à défendre (animaux en voie de disparition, problème écologique grave, etc.), une recherche historique et/ou archéologique, etc.
Cette réalisation serait pour le jeune une opportunité de prendre conscience de sa vocation ou, tout au moins, d'un idéal cher à son cœur, pouvant l'aider à entrer dans sa future vie d'adulte.
Notez que ce principe du chef-d'œuvre a existé dans de nombreuses civilisations, et qu'il est encore pratiqué dans les écoles Waldorf, institutions créées par Rudolf Steiner (1861-1925).

Le caractère

Tout comme le tempérament est lié avec le corps éthérique, ce que nous appelons le caractère est lié au corps astral. Ainsi, le caractère apparaît et se développe avec l'incarnation de ce corps qui se produit au moment de la puberté.
Autant le tempérament repose sur le nombre quatre et montre le comportement basique de l'être humain, autant le caractère repose sur le nombre sept (il en existe sept différents) et révèle les aspirations de l'individu, à savoir dans quel domaine de vie il est le mieux à même de s'exprimer et se réaliser. Il a toujours été donné au caractère des analogies avec les sept planètes traditionnelles de l'astrologie (tout comme les quatre tempéraments sont en analogie avec les quatre éléments).

Voici les sept catégories de caractères en lien avec les sept planètes :

1) **La Lune** : représente le secteur de l'éphémère, la famille et les enfants, la reproduction, la nourriture, l'apparence, et le pouvoir féminin ou lunaire ;
2) **Mercure** : représente le secteur de la communication (livres et médias divers), la diffusion, le commerce, la médecine (le caducée d'Hermès/Mercure), etc. ;

3) **Vénus** : représente le secteur artistique, le domaine de la beauté, l'équilibre et l'harmonie (la paix), les relations ;
4) **Mars** : représente le secteur du sport, les entreprises (Mars, c'est l'art d'entreprendre), la guerre, l'industrie ;
5) **Jupiter** : représente le secteur de l'enseignement (scolaire, philosophique, religion, spiritualité), l'édition, les voyages, la direction ;
6) **Saturne** : représente le secteur des sciences, les constructeurs et les architectes ;
7) **Le Soleil** : représente l'idéal des six autres secteurs. Il est le caractère harmonieux vers lequel nous devons tous tendre. Le caractère solaire (très rare et jamais acquis d'office !) se conquiert en maîtrisant un, puis plusieurs secteurs d'existence. Le caractère solaire demeure au centre, et il est capable de maîtriser plusieurs activités dans différents domaines de vie. C'est un grand créateur, un novateur qui œuvre pour le futur, dans un sens fraternel.

Ainsi, un écrivain typique disposera d'un caractère mercurien, une artiste aura un caractère vénusien, un professeur pourra être qualifié de jupitérien, tandis qu'un scientifique sera saturnien. Un grand sportif ou un entrepreneur sera certainement marsien, tandis qu'un cuisinier de renom sera lunaire.
Enfin, un guide spirituel exprimera la synthèse du caractère solaire, car il pourra écrire et donner des conférences (Mercure), tout en créant des œuvres d'art (Vénus) ; ce sera en même temps un enseignement de mystères spirituels (Jupiter), mais avec la grande rigueur du chercheur (Saturne). De surcroît, il sera un pionnier pour entreprendre des projets nouveaux (Mars) et il pourra même apprendre aux gens à se nourrir correctement (Lune) !

Il devient maintenant aisé de comprendre pourquoi le jeune devrait découvrir sa vocation pendant son adolescence : en effet, alors que le caractère se met en place durant cette troisième septaine, l'adolescent devrait découvrir à quoi ce caractère va lui servir. Et, bien évidemment, la vocation est un moyen pour révéler et maîtriser le caractère dans les meilleures conditions.
Lorsque nous nous incarnons, il est impossible d'imaginer que nous pourrions, en quelques décennies, vivre toutes les expériences possibles sur la Terre ! Ce serait utopiste, et c'est la raison pour laquelle nous devons faire des choix avant de nous incarner… et c'est également la raison pour laquelle nous disposons de plusieurs existences terrestres !

Roméo et Juliette

Tout le monde connaît ce célèbre drame de William Shakespeare. Chacun soupire et espère vivre un « grand amour » comme celui de *Roméo et Juliette*. Le problème est que les gens qui ne connaissent pas la Biosophie s'imaginent qu'il est possible de rencontrer le « grand amour » à la manière de *Roméo et Juliette*. Bien entendu, ils ont l'espoir que leur aventure se terminera d'une façon moins dramatique que celle des héros shakespeariens ! Or, il est bon de savoir que ce fameux dramaturge anglais avait une bonne connaissance de la vie humaine et de ses rythmes.
En effet, dans *Comme il vous plaira*, Shakespeare décrit la société comme « *un théâtre où tous, les hommes et les femmes, sont de simples acteurs* ». Dans l'Acte II, scène 7, il dévoile la *« chronique étrange et mouvementée »* de l'existence humaine partagée en sept âges : le nourrisson vagissant, l'écolier qui se traîne à l'école, l'amoureux soupirant, le soldat prompt à la querelle, le juge plein de sages dictons, le vieil homme sec avec ses besicles et, enfin, le vieillard qui retombe en enfance.

Dans son drame *Roméo et Juliette*, Shakespeare présente deux adolescents (Roméo a 18 ans et Juliette 15 ans) qui tombent éperdument amoureux l'un de l'autre.
Cette sorte de « grand amour » peut être qualifiée de « symbiotique ». En effet, dans ce cas, les deux êtres perdent conscience d'eux-mêmes, afin de « fusionner » avec leur partenaire. Or, ceci n'est possible que tant que le « Je », l'esprit humain, n'est pas encore pleinement incarné. Ce n'est donc envisageable qu'à l'adolescence.

Au fil de nos trois premiers chapitres, vous avez, en effet, compris que le « Je » s'incarne progressivement dans la personnalité humaine au cours des trois septaines s'étalant de la naissance à l'arrêt de la croissance (c'est-à-dire sur une durée d'environ vingt et un ans).
Une fois le « Je » pleinement incarné, il cherche à s'individualiser et à exister par lui-même. Il répugne à disparaître dans un autre individu en s'éteignant, à cause de la symbiose.
Bien évidemment, le « Je » est prêt à faire quelques concessions lorsqu'il éprouve de l'amour pour un partenaire. Mais, ceci ne peut durer bien longtemps. Pensez à cette expression « tomber amoureux »… Elle correspond à une réalité, car lorsque nous tombons amoureux notre « Je » s'éteint quelque peu pour faire de la place à un autre « Je » : il « tombe » et entre en symbiose avec son partenaire. Cependant, le « Je » se réveille bien vite, car il ne supporte pas de s'éteindre.

Cette « chute » amoureuse ne peut durer guère plus de deux ans, en moyenne. Ensuite, le « Je » se réveille et rejette son partenaire, afin de retrouver toute sa lumière[7].

Ainsi, il ne faut pas rêver : le « grand amour » symbiotique à la *Roméo et Juliette* n'est possible qu'à l'adolescence, ou alors durant un maximum de deux ans à l'âge adulte.

En définitive, les adolescents ont droit au « grand amour » symbiotique, mais, à notre époque, et ce, même pour eux, il n'est guère durable, car le « Je » s'est beaucoup renforcé depuis la Renaissance (et encore davantage au XXe siècle).

L'adolescent peut-il vivre un amour symbiotique, où son « Je » naissant s'éteint, alors qu'il essaie de s'affirmer et de trouver une motivation à devenir un adulte ? N'y a-t-il pas là un paradoxe ?

Oui, tout à fait ! L'adolescence est complexe, mais elle prépare très bien le jeune à l'âge adulte : l'être humain est fait de contradictions et de paradoxes à associer de manière équilibrée.

Les histoires d'amour expérimentées par l'adolescent génèrent toute une gamme d'émotions fortes et de sentiments qu'il doit éprouver pour développer son corps astral : c'est une nécessité !

Penser qu'il est trop jeune, ou que c'est trop risqué pour différentes raisons, est encore la marque d'une société qui a réponse à tout, mais qui intellectualise trop et ne place pas l'humain au centre des expériences qu'il a à vivre, et demeure donc ignorante des véritables défis que la vie nous propose.

Il est normal qu'un adolescent vive des expériences amoureuses, puisque sa septaine est placée sous l'influence de Vénus, l'astre de l'amour.

C'est, là encore, une manifestation naturelle de son corps astral. L'adulte ne devrait pas émettre de jugement par rapport à cela, mais plutôt essayer de comprendre le jeune et de rester à son écoute.

À notre époque, l'adolescence s'étire dans les deux sens : les petits doivent faire semblant d'être des adolescents le plus tôt possible (d'où cette parodie de l'amour que les parents et les éducateurs les poussent à vivre), tandis que les jeunes adultes (voire les adultes plus matures) jouent encore aux adolescents avec leurs jeux vidéo, leurs rollers ou en imitant leur langage !

---

7. À ce sujet, lire de Céline & Pierre Lassalle « L'Héroïsme de l'Amour » chez le même éditeur.

BAR

Cœur de Prière

Toi l'adulte, surtout je te prie…
De ces temps venus ne fais pas fi,
Même si ne paraît point bénie
L'étrangeté de ses incompris.

Jamais ne se tiendra autre bataille
Qui ne vaille ta force sans faille,
Outre parfois l'âpreté de la joute,
Outre parfois les violentes déroutes.

Accepte ses surprises et offenses,
Clameurs de ses joies et souffrances ;
Sois la voix de l'équité,
Jeu de souplesse et fermeté.
Lâche bride et retiens,
Laisse vivre et reviens.

Sois ce phare aimant,
Dont la lumière scintillant
Offre refuge constant,
Passés orages et tourments.

N'aie crainte des torrents déferlant,
Des vives foudres et autres volcans :
Eprouve et endure,
Console et libère.

Ton expérience est toute maîtresse
Que par trop sa folie ne le blesse,
Mais que toujours vive promesse
Que Liberté en son cœur progresse.

O adulte, surtout je te prie,
Que ton engagement accompli
Soit faveur au sens à sa vie,
Et que sa voie s'illumine d'un « oui » !

Merci.

Céline ♥ Océana

Vive adol'essence

Y'avait ma vie d'avant,
Et y'a ma vie d'ado ;
Y'avait ma vie d'enfant,
Et y'a ma vie de grand.

Qui a dit de me dire ou m'interdire ?
Qui a dit d'applaudir ou me punir ?
Et que me veut ce monde,
Qui tant soudain m'inonde ?

L'autre à mes dépends n'est moi,
Mais d'autant me permet l'émoi,
Quand les attractions s'y mêlent
Et maintes passions m'emmêlent.

Secret des couleurs créant mes cadences,
Ma vie se peint osant des ambiances ;
Des plus vives aux ternes, ôtant balance,
L'arc-en-ciel s'impose et me devance.

Nombreux décors me tentent et m'attirent,
De sombres coulisses aux devants de scènes ;
De moi scénarii de vie semblent se rire,
En théâtraux visages de joies et de peines.

Ma vie est telle tout en feux,
Mais ma flamme est, elle, tout en vie,
Car toujours libre je me veux !
Ainsi me conquiers et m'accomplis...

Chaque âge a ses avantages et ses difficultés et ses défis à relever. Il est important de les identifier précisément et de ne pas tout mélanger.

À noter : Pour aider ses enfants lors de ce difficile tournant qu'est l'adolescence, rien de mieux qu'un couple de parents qui s'aiment et se respectent. L'adolescent percevra cela comme une atmosphère protectrice, un havre de paix, où il pourra revenir se réfugier après chaque expérience délicate.

Enfin, la puberté déclenche le processus de la procréation.
D'un point de vue spirituel, la procréation est naturelle ou normale durant vingt et un ans (à compter de la puberté). Cela ne signifie nullement que tout le monde doit avoir des enfants : nous n'avons pas tous cette expérience à vivre dans l'incarnation. En revanche, cela nous indique que l'être humain dispose en moyenne de trois septaines pour se reproduire, c'est-à-dire entre 14 ans et 35 ans environ. D'ailleurs, les scientifiques ont remarqué, sans pouvoir l'expliquer, qu'il se produit une brusque chute de fertilité chez la femme vers 37/38 ans[8]. C'est aussi la raison pour laquelle il est plus difficile d'avoir des enfants après cet âge. Nous verrons d'ailleurs au chapitre concernant la septaine de Mars (de 42 à 49 ans) pourquoi certaines femmes veulent à tout prix avoir un enfant à cet âge.

« Plus » Astro

La troisième septaine est celle pendant laquelle l'adolescent apprend à entrer en relation de manière intime avec l'autre : c'est une période vénusienne. Elle débute par deux oppositions (l'opposition étant un aspect relationnel) :

1) **l'opposition de la Lune progressée** qui se produit vers 13 ans et 8 mois ;
2) **l'opposition de Saturne à lui-même** aux alentours de 14 ans et 8 mois.

La Lune et Saturne sont deux astres complémentaires qui s'opposent fréquemment dans la vie humaine. Cette dualité Lune/Saturne symbolise

8. À cet âge se produit le deuxième retour des nœuds lunaires qui explique cette brusque chute de fertilité féminine.

le côté attraction/rejet des relations adolescentes. C'est un symptôme classique du corps astral naissant, qui s'étire dans tous les sens de manière extrême : un jour je t'aime et le lendemain je te hais !
Avec la **Lune**, j'ai envie d'entrer en symbiose avec l'autre, je suis attiré par ce qui est semblable à moi.
Avec **Saturne**, j'ai envie de rejeter l'autre, car je veux être différent et exprimer mon individualité naissante, et non encore pleinement définie.
Ces oppositions impliquant la Lune et Saturne soulignent des tensions de l'adolescence qui façonnent le corps astral.
Sur un autre plan, cette dualité Lune/Saturne montre l'affrontement avec la famille et avec toute forme d'autorité (la Lune symbolise la famille et Saturne l'autorité).
L'adolescent doit « se séparer » de sa famille pour se saisir et trouver sa vocation, ce qu'il veut faire sur cette Terre (Saturne représente l'individualisation, c'est-à-dire le détachement nécessaire vis-à-vis de l'entourage, afin de découvrir ce que l'on veut en dehors de l'influence des autres).
L'opposition de Saturne montre également le rejet de l'autorité qu'elle soit parentale ou étatique.
Enfin, ce tiraillement de la Lune et de Saturne apporte beaucoup de dénigrement pour l'adolescent (surtout chez les filles, généralement à cause d'une perpétuelle insatisfaction de leur physique). Ceci peut avoir des conséquences graves : boulimie (Lune) ou anorexie (Saturne), ou même tentative de suicide.

☆ Vers 17 ans et 7 ou 8 mois arrive ***le deuxième retour de la Lune noire.*** À cette époque, la rébellion s'amplifie. Elle peut prendre des allures extrêmes. N'oubliez pas que derrière toute forme de rébellion ou de colère se trouve une peur de devenir soi-même ou d'affirmer qui l'on est vraiment. Or, c'est ce que le jeune cherche à faire : comment s'affirmer et prendre sa place dans ce monde ?

☆ À cette époque, il se produit également ***l'opposition de Jupiter à lui-même***. Cet aspect, soit, prépare le retour des nœuds lunaires (qui arrive environ un an plus tard), soit, amplifie l'aspect destructeur de la Lune noire ; c'est la raison pour laquelle l'âge des 17/18 ans est dangereux pour l'adolescent qui rate sa vocation et ne trouve pas de motivation ou d'idéal pour le porter vers son futur. L'éducation actuelle et la vie matérialiste dénuée d'idéal transcendant sont terriblement responsables de cet échec.

☆ Vers 18 ans et 7 mois, c'est ***le premier retour des nœuds lunaires*** qui ouvre la porte du ciel et crée une connexion naturelle entre le « Je » et l'Âme céleste (ou Éternel Féminin). C'est cet aspect céleste qui provoque la prise de conscience vocationnelle chez le jeune qui aura bénéficié d'une éducation correcte. C'est aussi à cette époque que le « Je » pénètre enfin la volonté, parachevant sa descente dans les différents véhicules de sa personnalité.

« Plus » Ésotérisme

Au moment où le « Je » descend dans la volonté, vers 18 ans ½, il est assailli par une entité démoniaque que nous qualifions de « souratienne ». Cette entité, qui dépend de Sourat, le fameux « 666 » de l'*Apocalypse* de Jean, s'attaque à l'être humain depuis très peu de temps. En effet, ce n'est que depuis la deuxième guerre mondiale que les entités souratiennes constituent des obstacles à l'évolution de l'humanité.

En simplifiant, nous pouvons dire que ces entités ressemblent à des « vampires », c'est-à-dire qu'elles sucent l'énergie vitale de l'être humain. Il faut savoir que le sang est le support du « Je » humain. Sucer le sang signifie occultement se nourrir de la lumière du « Je » (le mythe du vampire, très à la mode depuis quelque temps, n'est pas pure invention littéraire, mais le reflet d'une réalité occulte).

Comment s'y prennent ces entités ?

Elles se lient avec le « Je » humain et pompent sa lumière, ce qui revient à dire qu'elles peuvent soustraire les expériences terrestres du « Je » pour s'en nourrir. Ainsi, ces êtres effacent l'expérience emmagasinée par le « Je » dans son incarnation.
Les efforts de l'individu son anéantis, de même que ses progrès.
Ces attaques des entités souratiennes ont des répercussions sur le corps physique de l'être humain. Étant donné que leur action se fait sentir surtout depuis les années 60/70 du XXe siècle, ceci explique la recrudescence de maladies apparues récemment (rien que dans les trente dernières années, le nombre des maladies a doublé !). De plus, les maladies que l'on classe sous le sigle de SIDA (et globalement les maladies auto-immunes) correspondent à l'influence maléfique de ces entités.

Pourquoi ?

Tout simplement parce que ces entités poussent l'Homme à l'autodestruction. La marque de ces entités dans la jeunesse actuelle est facile à repérer : dénigrement, suicide, destruction, meurtres, etc.

Quel peut être l'aspect positif de l'opposition des entités souratiennes à l'évolution de l'être humain ?

En miroir, elles nous montrent un progrès que l'être humain est en train d'accomplir. Si l'individu est capable de surmonter l'influence de ces sombres entités, alors il deviendra un grand créateur ; non pas un artiste de bas de gamme comme l'on en voit de nos jours, mais un créateur inspiré qui manifeste des impulsions spirituelles dans le monde, susceptibles de porter la civilisation humaine vers un futur radieux, un Nouveau Monde humain-divin. Et, cette créativité spirituelle, lorsqu'elle est pleinement exprimée, est capable de transformer la matière en lumière, ou le corps physique en corps de gloire (la victoire sur les entités souratiennes qui rendent le corps physique malade).

Enfin, voyons les moyens permettant d'éviter de devenir les esclaves inconscients de ces entités (ceci s'adresse à tous les âges de la vie) :

- Éviter de se renier quoi qu'il arrive, sinon l'entité souratienne peut « pomper » le « Je » et l'inciter au mal.
- Éviter de trop s'attacher au corps physique et au matériel, sinon cette entité détruit le corps de l'être humain, ou le pousse vers la destruction d'autres corps (nous en voyons les conséquences extrêmes dans le monde à travers la violence, la pédophilie et la pornographie).
- Cultiver le sens du sacré. Pratiquer une voie spirituelle pour renforcer son « Je ». Développer une créativité spirituelle (cf. *L'Aventure Héroïque* de Céline & Pierre Lassalle, même éditeur), afin de spiritualiser son corps et la matière.

Et, par-dessus tout, faites preuve d'espérance…

« Plus » Pratique

Élixirs floraux

Pour veiller sur les adolescents, le Laboratoire Deva propose son complexe N° 12, composé de : **Basilic**, **Coquelicot de Californie**, **Folle Avoine**, **Mélèze**, **Molène**, **Pommier sauvage** et **Tournesol**.

Cet ensemble d'élixirs floraux fonctionnant en synergie combat les principaux états d'âme négatifs de l'adolescence, tels que le repli sur soi, le rejet de l'autre et du monde, l'insatisfaction, l'apathie, la dépression et l'immaturité.
Ce complexe aidera l'adolescent à surmonter la crise d'identité de cette période difficile de la vie humaine. Il favorise également l'intégration de son identité sexuelle. Il facilite une affirmation de soi positive et équilibrée. Il apporte de l'enthousiasme et contribue à éclaircir ses motivations ou une vocation. Il libère le potentiel créateur de l'adolescent et lui donne la volonté de s'en sortir et de grandir. Quoi qu'il puisse se produire, il lui permet de ne pas sombrer ou de ne pas se laisser aller.
Ne pas oublier le « *Rescue remedy* » ou remède d'urgence du Dr Bach, qui donne toujours d'excellents résultats lors des crises émotionnelles vécues par les adolescents (chocs émotionnels, crise d'angoisse, peurs diverses, etc.)

Huiles essentielles

- **Ciste** (en diffusion) : pour régulariser les émotions extrêmes. Renforce la protection par rapport au milieu ambiant, favorisant ainsi la conscience de soi et la force intérieure.

- **Eucalyptus globulus** – le plus fort – ou **Eucalyptus radiata** – odeur plus agréable – (quelques gouttes à respirer sur un mouchoir en papier ou en diffusion) : lorsque l'adolescent a l'impression d'« étouffer » dans son milieu. Prévient l'agressivité. Apaise les blessures d'amour-propre. Calme l'anxiété. Libère des pensées négatives.

- **Marjolaine** (2 ou 3 gouttes en friction sur la nuque en cas de stress, ou ¼ d'heure en diffusion, ou une dizaine de gouttes préalablement mélangées à un peu d'huile d'amande douce et à introduire sous le robinet dans un bain chaud) : excellente pour apaiser en cas de perturbation émotionnelle intense, de tension ou d'anxiété. Facilite l'harmonie intérieure, la relation avec le Moi supérieur (notamment à l'âge de « l'Initiative du Je ») et l'inspiration artistique.

Vous pouvez combiner harmonieusement ces différentes huiles essentielles dans un diffuseur.

Premier Intermède

La « barrière-miroir » à 21 ans

Lorsque nous contemplons la coupe du Graal de l'incarnation en trois tranches de vie de vingt et un ans chacune, il apparaît que la deuxième (entre 21 et 42 ans) complète la première (entre 0 et 21 ans), dans le sens où ce qui est reçu dans les trois premières septaines est développé et maîtrisé dans les trois suivantes.
Il est donc possible de considérer l'âge mi-point des 21 ans en tant que « barrière-miroir » entre 0 et 42 ans (cf. dessin n° 4).
Ainsi, lorsque l'on examine la vie humaine, l'on s'aperçoit que certaines situations qui se sont produites entre 0 et 21 ans se « reproduisent » entre 21 et 42 ans aux âges-miroirs leur correspondant.
Exemples :

- 9 ans a pour âge-miroir 33 ans, car ces deux âges se situent à douze ans de part et d'autre de l'âge de 21 ans ;
- 18 ans a pour âge-miroir 24 ans, car ces deux âges se situent à trois ans de part et d'autre de l'âge de 21 ans.

Bien entendu, ce principe des âges-miroirs ne signifie pas que nous revivons exactement les mêmes événements aux âges-miroirs qui se correspondent ! En revanche, nous expérimentons le même état intérieur (même type d'émotion ou de sentiment), pour le même type de défi.

Prenons un exemple : à 9 ans, des parents ont envoyé leur enfant en colonie de vacances et il s'est senti abandonné ; puis, devenu adulte, à l'âge de 33 ans, son partenaire du moment part pour un long voyage sans lui, et il se sent également abandonné. Ce n'est pas tout à fait le même événement,

Dessin 4

La barrière-miroir des 21 ans

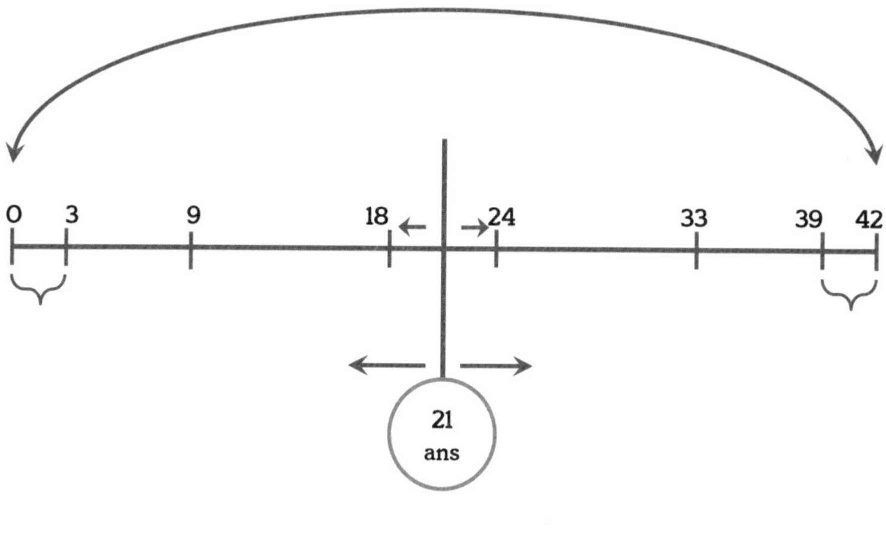

mais le sentiment d'abandon est le même. Cependant, à 33 ans il a plus de maturité et de maîtrise de lui-même et il doit parvenir à se raisonner, et à ne pas sombrer dans la tristesse et le désespoir comme il l'a fait lorsqu'il avait 9 ans. S'il y arrive, il aura guéri son traumatisme de l'enfance.
En poursuivant cette idée jusqu'au bout, nous nous apercevons que les années comprises entre 39 et 42 ans correspondent aux trois premières années de l'enfance. Ainsi, c'est entre 39 et 42 ans que nous disposons des meilleures chances de notre vie pour guérir les blessures de notre petite enfance (cf. chapitre 6).

La leçon à tirer de cette barrière-miroir est que nous avons toujours une seconde chance pour guérir nos traumatismes ou rattraper nos erreurs.

Si nous envisageons les septaines dans leur globalité, nous voyons alors que la première septaine a pour miroir la sixième, la deuxième a pour miroir la cinquième et la troisième se reflète dans la quatrième.
Ainsi, par exemple, les problèmes de l'adolescence peuvent être guéris durant la vingtaine.

La « conscience de soi »

La grande période solaire comprise entre 21 et 42 ans permet à l'être humain d'apprendre à maîtriser les outils de sa psyché (la pensée, reliée au corps mental, le sentiment, relié au corps astral, et la volonté, reliée au corps éthérique).
Le but de cette phase de vingt et un ans est d'accéder à la conscience de soi.
Elle correspond également au développement du corps mental, le corps subtil comprenant nos pensées et nos idéaux, et qui s'incarne le dernier, vers l'âge de 21 ans (généralement un peu plus tôt chez les jeunes filles).
Le « Je », ou esprit humain, se situe dans le corps mental, depuis lequel il agit sur les autres corps.

Résumons cette grande phase solaire :

- Tout d'abord, le jeune cultive la « **sensibilité** » (cf. chapitre 4), qui correspond à l'action du « Je » qui, depuis le corps mental, travaille sur le corps astral (sentiments, émotions, sensations, ressentis, caractère), afin de le raffiner.

- Ensuite, il développe le « **bon sens** » (cf. chapitre 5), qui correspond à l'action du « Je » qui, depuis le corps mental, travaille sur le corps éthérique (volonté, mémoire, temps, vitalité, habitudes, tempérament), afin de le transformer.

- Enfin, il expérimente la « **conscience de soi** » (cf. chapitre 6), qui correspond à l'action du « Je » qui, depuis le corps mental, travaille sur le corps physique.

À noter : Si la sensibilité se développe en partie de manière naturelle (mais beaucoup mieux avec quelques efforts conscients), le bon sens et la conscience de soi ne peuvent s'acquérir que par des efforts individuels et un lien plus ou moins conscient avec le monde spirituel (tout du moins, avec la conscience de l'existence d'un monde suprasensible, à savoir au-delà de notre monde physique), d'où nous provenons et où nous retournons après la mort. Dans la plupart des cas, de nos jours, la réalité du monde spirituel n'est pas conscientisée, mais nous pouvons en trouver un reflet, chez certaines personnes, dans l'intérêt pour autrui (solidarité, action désintéressée, etc.), ou l'engagement dans de grandes causes ou projets dépassant largement le « petit moi » de l'individu.

Il est important de saisir que la sensibilité, le bon sens et la conscience de soi dépendent les uns des autres. Ainsi, la sensibilité est la base de la future conscience de soi, et c'est sur sa base que se construit le bon sens, qui, lui-même, est couronné par la conscience de soi :

- **La sensibilité (21-28 ans)** se développe par réaction au monde extérieur, par l'ensemble des expériences vécues, surtout au niveau émotionnel et sentimental (cf. chapitre 4). Le « Je », grâce à la pensée, essaie d'analyser toutes ses expériences sur la base des émotions, sensations, sentiments et ressentis. Ceci forge son caractère. La sensibilité se développe assez naturellement (rappelez-vous l'évolution naturelle jusque vers 26 ans).

- **Le bon sens (28-35 ans)** se cultive grâce à une gymnastique intérieur-extérieur (prise de hauteur ou recul face au monde et aux situations vécues), c'est-à-dire une interprétation du monde extérieur et des expériences vécues à l'aide de la pensée, afin que l'individu acquière du discernement, et découvre ce qui est bien ou non pour lui en toute situation (cf. chapitre 5). Le « Je » maîtrise encore mieux sa pensée, et celle-ci devient un outil pour comprendre le monde, autrui et lui-même. C'est la période « percevalesque », où l'art de se poser les bonnes questions apparaît (surtout si la deuxième septaine a été réussie). L'individu apprend également à tirer des leçons de ses expériences.

- **La conscience de soi (35-42 ans)**, s'appuie quant à elle sur la sensibilité et le bon sens, et elle se révèle lorsque l'individu arrive à agir dans le monde et à s'y reconnaître, grâce à l'alignement (réalisé par le« Je ») entre la psyché (pensée, sentiment et volonté) et l'Âme céleste (ou Moi supérieur). Ainsi, l'être humain prend conscience de lui-même en tant qu'être spirituel incarné, et ayant quelque chose (une mission, un but de vie) à réaliser sur cette Terre. (La prise de conscience est plus ou moins forte et profonde selon les individus et la qualité de la conscience de soi – cf. chapitre 6.) La conscience de soi ne se développant pas naturellement, elle représente un défi difficile pour l'humanité qui doit l'acquérir à notre époque. Ceci explique les nombreux problèmes de notre temps, qui résultent d'un refus de l'être humain de faire des efforts pour devenir pleinement adulte et responsable… et donc conscient de soi !

Durant ces trois septaines entre 21 et 42 ans, l'être humain a l'opportunité de développer sa pensée sur trois niveaux :

1) **Le « mental sensible »** : S'il ne fait aucun effort pour cultiver et améliorer sa pensée, elle restera pauvre et tout juste capable d'interpréter les informations fournies par ses sens. L'individu disposera alors d'un âge mental d'environ 25/26 ans, et il sera au stade du « mental sensible ». Pour lui, l'essentiel résidera dans les sensations qu'il pourra éprouver, ainsi que les émotions fortes (sexualité, sports de l'extrême, etc.) Il ne sera guère raffiné et ne se posera pas trop de questions, afin de ne pas « se prendre la tête ». Il sera matérialiste et ne s'intéressera qu'à ce qui est physique ou visible. Ses centres d'attraction seront sa famille et son travail. En cas d'épreuve, le « mental sensible » panique et se montre très démonstratif, car il est très émotif. S'il est plus ouvert, il s'orientera vers la religion ou vers une conception « spirituelle » de la vie, à condition que ceci concerne l'amélioration de son quotidien (nourriture, santé, massage, voyages, etc.).

2) **Le « mental psychique »** : S'il fait quelques efforts entre 21 et 35 ans, s'il prend du recul face aux événements, étudie, se remet en question, s'intéresse à la connaissance, alors sa pensée progressera jusqu'à un degré supérieur au précédent. Mais, s'il ne pense ni aux autres ni au monde et s'il ne croit qu'au monde physique, il se trouvera au stade du « mental psychique ». Cet individu sera de type intellectuel, qui aime profiter de la vie tout en se posant des questions ; mais généralement, il ne mettra pas en action ses belles idées. Il est très abstrait, coupé du monde extérieur et de la nature. Il demeure tellement dans sa tête, sur son nuage, qu'il ne se sent impliqué dans aucun événement. Il pourra mentalement se rebeller contre la société, mais ne fera rien pour qu'elle change. Face à l'épreuve, il aura tendance à fuir ou ignorer le problème. Il joue à l'autruche, car le monde extérieur lui fait peur. Ce type de personne peut s'intéresser à la psychologie et ses dérivés, ainsi qu'au mouvement « nouvel âge ». Il s'approche parfois de la spiritualité, mais son aspect concret lui fait peur : il préfère l'intellectualiser ou la rejeter. Il est capable de manifester des buts (contrairement au type précédent qui est trop passif), mais ceux-ci restent égoïstes. Au stade du « mental psychique », l'on ne fait jamais rien pour les autres (sauf pour sa famille et ses amis, c'est-à-dire uniquement pour sa sphère d'influence), ni quoi que ce soit qui nous dépasse, qui soit plus grand que nous.

3) **Le « mental spirituel » ou « mental conscient »** : S'il fait des efforts pour comprendre la vie et ses mystères, s'il cherche à résoudre ses problèmes et questions existentiels, s'il étudie et s'intéresse à une connaissance particulière, dans le but de la mettre en pratique et d'apporter quelque chose de meilleur dans le monde ou dans sa communauté, alors il évoluera vers la conscience de soi et la vraie maturité. Il se positionnera au stade du « mental spirituel ou conscient ». Non seulement il pensera, comme le type précédent, mais, de surcroît, il agira et concrétisera son idéal, afin d'apporter quelque chose de bon dans le monde. C'est quelqu'un qui s'intéresse aux autres (en dehors de sa famille ou de ses amis), qui a des buts humanitaires qui le dépassent et le poussent à se transcender. Il veut rendre service à la communauté dans laquelle il vit. Dans certains cas, il fera aussi partie d'une voie spirituelle, où il épanouira sa créativité et son être intérieur, toujours dans le but de contribuer à l'amélioration de la culture humaine et de la société dans son ensemble. Confronté à une épreuve, ce type de personne réfléchit, essaie de comprendre pourquoi elle lui arrive et tire des leçons de son expérience, afin de grandir en sagesse. En résumé, il essaie toujours de s'améliorer et il accepte la remise en question.

Les trois Septaines solaires De la conscience de soi : de 21 à 42 ans

Chapitre 4

Quatrième septaine : de 21 à 28 ans

La sensibilité

☆ ***Aperçu général*** *: durant cette septaine, le jeune individu va découvrir le monde et la relation. Dans cette première septaine de « la conscience de soi », il cherche à se connaître en explorant toute la richesse de sa nature sentimentale (émotions, sensations, ressentis...) dans la plus grande variété d'expériences et de relations. L'enjeu est de raffiner au maximum sa sensibilité pour construire en soi l'homme ou la femme « de cœur », base essentielle pour un sain développement dans sa vie d'adulte (qui ne débutera, en réalité, qu'aux abords de la trentaine.) C'est également la tranche d'âge où il est possible de guérir sa troisième septaine (14-21 ans).*

☆ ***Début et fin*** *: Cette septaine commence avec l'arrêt de la croissance (qui survient plus tôt chez les filles que chez les garçons) entre 17/18 et 21/22 ans, et se termine entre 26 et 28 ans selon les personnes (là aussi, plus tôt chez les femmes que chez les hommes).*

☆ ***Âges clés*** *: 23/24 ans et 26/27 ans.*

Le début de la grande période solaire

Cette quatrième septaine est la première des trois septaines de la grande période solaire s'étendant de 21 à 42 ans.
D'un certain point de vue, nous pourrions parler d'une grande période solaire de vingt et un ans. Cependant, la réalité des faits et de l'évolution humaine nous révèle qu'il y a bien trois septaines très distinctes, même si nous leur trouvons facilement un « air de famille ».
Ainsi, nous découvrons que, durant ces trois septaines, se développe un processus essentiel pour l'être humain : **l'élaboration de la conscience de soi.**

La conscience de soi, qui est le but de l'humanité de notre époque, se prépare dès la quatrième septaine (21-28 ans), grâce à la naissance de la première couche : **la sensibilité.** J'attribue à cette septaine une sous-dominante vénusienne, pour établir un lien avec la troisième, l'adolescence.
Ensuite, lors de la cinquième septaine (28-35 ans), c'est la deuxième couche qui se façonne : **le bon sens**. Je lui attribue la sous-dominante mercurienne, pour établir un lien avec la deuxième, l'enfance.
Enfin, lors de la sixième septaine (35-42 ans), apparaît (ou pas) la troisième couche : **la conscience de soi**. Je lui attribue la sous-dominante saturnienne, pour établir un lien avec la première, la petite enfance (Saturne est l'opposé complémentaire de la Lune).

Avant de voir en détail ce que réserve la quatrième septaine, je vous propose de mieux comprendre ce que j'entends par « conscience de soi ».

Quel est le but de la conscience de soi ?

Il s'agit d'être capable d'agir dans le monde, tout en étant pleinement conscient de ce que l'on agit et pourquoi on l'agit.
Cela signifie que nous avons réalisé, en tant que « Je » ou esprit, un alignement entre nos outils (pensée, sentiment et volonté) et le monde spirituel (ou le Moi supérieur ou encore Âme céleste). Lorsqu'un individu est capable d'agir ainsi, il est très concentré et attentif dans son acte, et conscient de son but en l'agissant. De plus, son action le dépasse, c'est-à-dire qu'il y entre forcément une part désintéressée (pour le plus grand bien de tous, et non pour son seul profit).
Enfin, lors d'un tel acte, l'individu prend conscience que, dans ce qu'il a créé (au sens large), se reflète une part de lui-même, à savoir une part de la substance spirituelle dont il est constitué. Il expérimente une sorte de « re-

tour », comme si sa « créativité » lui tendait un miroir de lui-même (« *Dans cette créativité se trouve une part de mon essence spirituelle : telle qualité ou vertu, telle capacité, etc.* »).

À notre époque, l'idéal serait que chaque être humain expérimente la conscience de soi, au moins une fois dans sa vie. Si vous y arrivez, alors vous pourrez vous dire que vous avez réussi le but de votre venue sur la Terre ! En effet, si vous êtes capable d'agir en conscience et avec désintéressement (but de la conscience de soi), vous jouez votre rôle au sein de l'humanité, et vous contribuez ainsi à son évolution, et à la création de son futur.
Et c'est à l'âge de la conscience de soi, c'est-à-dire entre 35 et 42 ans que cela commence à devenir possible pour chaque être humain… à condition de bien avoir développé la sensibilité et le bon sens, au cours des septaines précédentes !

Le début de la septaine de la sensibilité

La septaine couvrant la première période solaire, se place également sous l'influence de Vénus (lien avec la septaine précédente, celle de l'adolescence).
Vers 21/22 ans, le jeune se trouve au carrefour de deux influences majeures (cf. « *Plus* » *Astro*) : l'une le pousse vers l'originalité, la liberté, la nouveauté, le changement (effet encore plus accentué chez les jeunes hommes !) ; l'autre le pousse vers la stabilité, la structuration de sa vie, le conformisme et la fondation d'une famille, la recherche de sécurité extérieure (effet encore plus accentué chez les jeunes femmes !).

Qui va gagner ?

Difficile à dire : le tempérament, le caractère et les influences venant de l'adolescence, voire de la totalité de l'enfance, peuvent jouer des rôles déterminants à cette période.
Le jeune va se sentir tirailler entre ces deux tendances que sont la liberté ou la conformité :

- *Voler de ses propres ailes*, ce qui demande davantage d'efforts et de prises de risques, ainsi que – probablement – des critiques négatives de son entourage familial,

ou

- *Rentrer dans le rang*, devenir conforme, ce qui demande juste de se laisser aller, de s'éteindre, et de faire comme « tout-le-monde »… Comme c'est rassurant de se fondre dans le moule !

Il existe, bien évidemment, des avantages et des pièges dans les deux tendances, même si la première est plus valorisante ou plus humaine que la seconde, qui quant à elle sent la poule mouillée !

Comprenez bien que l'entrée dans cette septaine (vers 21/22 ans pour les jeunes hommes et 18/19 ans pour les jeunes filles, et qui devrait marquer la fin des études !) souligne le début de l'adultat.
En effet, nous pourrions appeler les trois septaines solaires (de 21 à 42 ans) : **les septaines de conquête de l'adultat.**

Ainsi, un jeune qui entre dans la septaine de la sensibilité ne peut plus être considéré comme un « enfant »… sinon, ce serait ridicule !
D'un point de vue spirituel, l'être humain qui atteint l'âge de 21 ans est considéré comme un individu qui pénètre dans l'âge adulte. Bien sûr, l'adultat se conquiert tout au long de la vingtaine et même de la trentaine… mais, à partir de 21 ans, il n'y a plus d'enfant !

À noter : la famille dans laquelle nous naissons est notre « famille instinctive » (car sa constitution repose sur l'instinct sexuel ou de reproduction, et l'instinct grégaire). Dans cette famille, nous demeurons un enfant jusqu'à ce que nous entrions dans la quatrième septaine (en moyenne vers 21 ans) ; à partir de là, nous devenons un apprenti adulte, et nous ne pouvons plus être l'enfant de qui que ce soit ! En revanche, nous allons créer notre propre famille, que nous pouvons appeler la « famille psychologique » (car la grande période solaire est celle où nous apprenons à maîtriser notre psyché) : elle est constituée de nos amis proches, ainsi que de notre compagnon ou compagne, et nos enfants, si nous en avons. Ainsi, vers l'âge de 21 ans, nous quittons notre famille instinctive pour créer notre famille psychologique. De ce fait, nous ne sommes plus un enfant, et nos « parents » ont terminé leur rôle. Il est infantile et névrotique de vouloir continuer son rôle de parent et/ou d'enfant au-delà de cette période, jusque vers 30 ans (ou davantage !), comme nous le voyons malheureusement de plus en plus dans nos sociétés. D'ailleurs, certains psychologues et sociologues tirent la sonnette d'alarme en voyant, notamment dans les pays francophones, de jeunes adultes continuant de vivre chez leurs « parents » à 25, 30 ou 35 ans ! De cette façon, le jeune adulte n'a aucune responsabilité et il continue de s'éclater et de se rebeller comme un adolescent, tandis que le « parent » peut continuer de dorloter son

« petit » !!! Aucune chance par conséquent de s'engager sur le chemin de la conscience de soi ! Sans qu'il n'y paraisse, cette situation est dramatiquement dangereuse pour l'évolution humaine...

Former sa sensibilité

L'essentiel de cette septaine, qui couvre la quasi-totalité de la vingtaine, est de former sa sensibilité.

Qu'est-ce que la sensibilité ?

Généralement, il est dit d'une personne qu'elle est « sensible » lorsqu'elle réagit facilement aux émotions ou sentiments d'autrui. C'est presque un synonyme de « sentimental ». Lorsque la personne éprouve trop d'émotions ou de sentiments, l'on dit même qu'elle est hypersensible, ou qu'elle fait dans la sensiblerie.
En réalité, de par son étymologie, la sensibilité signifie « ce qui peut être perçu », et en même temps « la qualité de perception ». Ceci nous met sur la voie, car **la sensibilité est une qualité raffinée de perception des gens et des situations.**
Dans cette idée, un individu sensible est quelqu'un dont le « radar » est très aiguisé, raffiné, pénétrant, perspicace, ou encore délicat et subtil. Ceci veut dire qu'il ressent de manière précise et variée tout ce qu'il expérimente. Grâce à cette sensibilité développée, il « capte » très bien les ambiances, ressent l'état intérieur d'autrui, et peut même cultiver des dons artistiques, ou de guérison.
Et contrairement à ce que nous avons vu plus haut, cet individu n'est pas émotionnel ni exagérément sentimental, mais il maîtrise cette sphère « astrale » ou sensitive, grâce à une pensée forte et fluide.

Comment peut-on réaliser cette merveille ?

En fait, c'est grâce à la descente du corps mental (et donc du « Je » qui le comprend), vers l'âge de 21 ans (un peu plus tôt chez les jeunes filles), que l'esprit humain peut utiliser davantage consciemment sa pensée, et ainsi entamer la maîtrise de son corps astral, le corps du sentiment, des émotions, des sensations, du caractère, etc.
La sensibilité est le résultat du travail de la pensée, du « Je », sur le corps astral.

Bien sûr, si le jeune utilise beaucoup sa pensée, afin de comprendre tout ce qu'il ressent, il aura une belle sensibilité.
En revanche, s'il rechigne à dynamiser sa pensée pour interpréter ses émotions et ses sentiments, il aura une sensibilité de dinosaure ! En somme, au lieu de disposer d'une sensibilité raffinée, il n'aura qu'une sensibilité pauvre : il ne saura dire que « *j'aime* » ou « *j'aime pas* » (« *c'est kiffant !* » ou « *ça craint !* ») quand on lui demandera ce qu'il vit intérieurement. Sa vie se déroulera en noir et blanc, ou plutôt en niveaux de gris !
C'est le contraire pour le jeune qui aura considérablement développé sa pensée, afin de saisir tous les mystères de ce qu'il vit intérieurement : il aura une vie riche en milliards de couleurs !
Le raffinement du corps astral ou de toute la dimension émotionnelle-sentimentale par la pensée, est un travail essentiel, car c'est sur lui que va se bâtir le bon sens (deuxième couche de la conscience de soi) lors de la septaine suivante.

Il faut bien comprendre que, si votre sensibilité est « nulle », ou en niveaux de gris, vous ne pourrez pas développer correctement votre bon sens, ni encore moins acquérir la conscience de soi dans la deuxième moitié de la trentaine ou de la quarantaine. En effet, ceci revient à construire les fondations d'une maison sur du sable : peu importe que vous bâtissiez de bons murs et un superbe toit ! La maison ne sera pas solide…
Comme quoi… il est vraiment facile de ficher sa vie en l'air, n'est-ce pas ?!
C'est simple : il suffit d'écouter ce que l'on vous dit à la télé !

Les jeunes de la vingtaine doivent raffiner leurs émotions et sentiments, afin d'être capables d'entrer en relation avec autrui de la manière la plus riche possible. Une grande sensibilité octroie une belle palette relationnelle, qui favorise les relations de toutes sortes. Lorsqu'un jeune sait exprimer ce qu'il vit intérieurement, cela lui permet, non seulement, de se faire comprendre par autrui, mais aussi d'apporter à ses relations une profondeur, une intimité, dont ceux qui n'auront pas réalisé ce travail de raffinement seront bien incapables.
Afin de faciliter ce travail intérieur, il est essentiel que les jeunes vivent des expériences riches et variées.
Bien sûr, un jeune qui sera artiste aura un avantage, car il disposera d'un formidable outil pour exprimer ce qu'il ressent (à condition qu'il sache pratiquer son art, sans trop se laisser influencer par les « il faut que » de l'art moderne !).
Un jeune qui aimera voyager ou pratiquer un sport pourra, lui aussi, vivre toutes sortes d'expériences enrichissantes, qui seront des supports pour raffiner sa sensibilité.

D'ailleurs, une pratique sportive, tout comme à l'adolescence, peut aider le jeune à se maîtriser… et aussi à vivre toutes sortes de relations (notamment dans les sports d'équipe, où la solidarité peut s'avérer importante pour l'avenir).

L'importance de « se prendre la tête »

Quelle est la grande différence entre l'adolescence et la vingtaine ?

Ces septaines se placent toutes les deux sous l'influence de Vénus et du corps astral… mais lors de la deuxième (21-28 ans), l'individu dispose d'une pensée qui peut se renforcer et s'individualiser, et ainsi permettre de raffiner le corps astral.

En effet, nous avons vu que l'adolescence est un véritable champ de bataille, à cause de l'irruption du corps astral. Ce corps apporte avec lui toutes les émotions, sentiments, sensations, ressentis, ainsi que le caractère… mais à l'état brut ! Et tout ceci est très difficile à maîtriser, voire impossible, car ce n'est pas encore le moment.

Ensuite, l'arrivée du corps mental vers 21 ans, apporte avec lui l'outil de la pensée, qui a pour principale fonction la maîtrise du corps astral et de tout ce qu'il recèle.

C'est ici que réside la grande différence avec l'adolescence !

Tout ce qui était à l'état « brut » durant l'adolescence peut être raffiné et maîtrisé durant la période située entre 21 et 28 ans !

La sensibilité se construit en rapport avec tout ce que le jeune ressent. Le monde entre en lui, mais c'est différent de l'adolescence, car il dispose maintenant de l'outil pensée qui peut analyser, interpréter, comprendre, trier, discerner, apprécier, saisir, classer, etc., tout ce qu'il vit intérieurement.

C'est ici le plus grand choix que le jeune doit faire :

- soit il choisit de cultiver sa pensée pour comprendre sa vie ;
- soit il se laisse aller à toutes les influences trompeuses de la société, profite de la vie, et surtout ne se prend pas la tête !

En vérité, la pensée devrait devenir l'outil le plus précieux du jeune, car c'est elle, et seulement elle, qui peut l'aider à se maîtriser, et à jouer aisément avec ses autres outils : **refuser d'utiliser sa pensée, pour faire comme « tout-le-monde » est suicidaire !**

Il est donc essentiel de « se prendre la tête » !...

Voulez-vous un autre argument en faveur de la pensée ?

Alors, le voici : Pourquoi croyez-vous que les médias incitent les jeunes à ne pas trop penser (ou de manière abstraite et automatique), en cherchant à les influencer à coup de statistiques ou de sondages, et par l'intermédiaire d'émissions de télé (les infos du soir étant une panoplie de manipulation mentale !) ?
Parce que les gens qui ont une pensée faible sont beaucoup plus facilement manipulables !

Sans pensée, point d'idéal, et sans idéal pas de force !

De plus, quelqu'un qui ne pense pas par lui-même (ou très peu), ne peut développer son libre arbitre, ni faire de vrais choix… sans compter qu'il ne peut devenir un créateur ou un inventeur.
Tôt ou tard, les jeunes qui ne pensent pas par eux-mêmes rentreront dans le rang, deviendront conformes, et ficheront la paix à ceux qui nous dirigent… !
Alors, ne vous laissez pas faire !
Vous avez le droit de devenir vous-même !

Exercices pour former la sensibilité

Tout d'abord, notez que les exercices ci-après ne s'adressent qu'aux jeunes de la vingtaine. Il ne sert à rien de les pratiquer si vous n'êtes pas dans cette tranche d'âge. Si vous avez raté cette septaine et que vous avez l'impression d'avoir une sensibilité pauvre, rendez-vous à la septième septaine (42-49 ans), car c'est durant cette tranche d'âge que vous avez les meilleures chances de la guérir. Mais, la guérison en question dépendra tout de même de l'état basique de votre sensibilité.
Enfin, quel que soit votre âge, sachez que la méditation et le travail sur soi, pratiqués dans une vraie voie spirituelle, permettent d'améliorer la sensibilité à n'importe quel âge (sauf au-delà de cinquante ans).
Voici quelques idées d'exercices :
L'art : choisissez un art (peinture ou musique, par exemple), puis entrez en relation avec des expressions diverses de l'art en question. Soyez à l'écoute de ce que chaque expression de cet art vous fait vivre intérieurement. Il est

préférable de pratiquer cet exercice à deux ou à plusieurs, afin de partager vos impressions et ressentis.

Exemple 1 : vous choisissez la musique, et vous en écoutez différentes sortes, sans tenir compte de vos goûts : classique, jazz, rock, rap, techno, dance, hard rock, heavy metal, etc. Lorsque vous écoutez une musique, vous acceptez d'y être vulnérable, afin de ressentir l'effet qu'elle a sur vous, en profondeur. Laissez la musique vous pénétrer, tout en restant observateur de ce qu'elle vous fait ressentir. Le but n'est pas que l'expérience soit « agréable », mais qu'elle vous fasse ressentir tout une gamme d'émotions et de sentiments. Ensuite, vous pourrez évaluer si telle musique est en accord avec votre sensibilité ou non, et pourquoi. Faites cet exercice à plusieurs, c'est plus amusant (!), et partagez vos expériences musicales avec vos amis.

Exemple 2 : vous choisissez la peinture, et vous contemplez toutes sortes de tableaux de différentes époques et styles (Classique, Renaissance, Préraphaélites, impressionnisme, cubisme, réalisme, abstrait, art moderne, etc.). Ne choisissez pas selon vos goûts, visez large et varié. Le but est toujours de générer différents ressentis en vous… puis de les partager avec vos amis.

L'art (encore) : initiez-vous à la poésie ! Essayez de raconter en vers ce que vous ressentez (peut-être avez-vous déjà commencé à l'adolescence !). Mettez votre pensée sur vos émotions, vos sentiments, vos souffrances, au travers de poèmes qui vous aideront à sortir de vous-même ce que vous vivez, afin de mieux en prendre conscience. Créez-vous un cahier de poésie. Cela vous aidera à structurer votre pensée, et à la garder souple.

La Nature : promenez-vous dans la nature, puis arrêtez-vous dans un endroit qui vous touche, et contemplez le paysage en demeurant à l'écoute de toutes les impressions qu'il vous procure, que vous partagez ensuite avec vos amis (toujours en décrivant vos ressentis avec le plus de nuances possibles). Le but n'est pas de décrire le paysage objectivement, mais subjectivement, c'est-à-dire selon ce qu'il fait réagir en vous, ou selon les émotions et sentiments qu'il génère (en positif ou en négatif). Oubliez vos connaissances botaniques, si vous en avez, ainsi que vos préjugés, et décrivez les impressions que les fleurs, les arbres, ou encore l'état global de ce paysage, ont sur vous. Puis, partagez le plus précisément possible ce que vous avez vécu avec vos amis. N'oubliez pas que le partage de vos vécus intérieurs est essentiel, et fait partie intégrante de ce type d'exercice.

La beauté : essayez de percevoir la beauté des choses et des êtres. Observez une personne en plaçant votre conscience dans votre cœur, et découvrez chez elle une belle expression. Trouvez ce qui est beau, pas uniquement dans son physique, mais aussi dans ses gestes ou ses mouvements, ou dans ce qui émane d'elle, lorsqu'elle parle, par exemple… Puis, essayez d'expliquer, de manière précise, ce que vous avez perçu chez cette personne (grâce, innocence, authenticité, force, paix, rayonnement, douceur, etc.), car la beauté traduit toujours une qualité qui vient d'en haut et que le cœur exprime :

La beauté est de la sagesse manifestée.

La relation : entraînez-vous de la manière suivante, par rapport à tous les gens que vous rencontrez dans une journée (même durant quelques secondes) : lorsqu'une personne s'approche de vous, soit pour vous parler ou même simplement pour croiser votre chemin, en une fraction de seconde, essayez de « capter » avec votre cœur, votre ressenti, quelque chose d'elle, en vous posant la question : « *Qui est-elle ?* ». L'important dans cet exercice est d'identifier ce que vous ressentez face à elle, en tant que première impression, en laissant votre être intérieur résonner et vous inspirer. Avec un peu d'expérience, cela vous aidera à percevoir si telle personne est bonne pour vous ou non. De plus, cet exercice développe la présence d'esprit.

Les voyages : créez-vous un carnet de sensibilité (il peut être utilisé en dehors des voyages, pour d'autres domaines de vie et pour d'autres exercices), et notez-y toutes les expériences intérieures que vos voyages vous font ressentir. Soyez le plus précis possible par rapport à ce que vous avez vécu pour chaque situation (ce qui vous a émerveillé ou perturbé ; ce qui vous « rappelle » quelque chose ; vos impressions diverses, etc.). Ensuite, demandez-vous pourquoi avez-vous ressenti telle ou telle émotion ou sentiment. À votre âge, voyager uniquement pour voir des monuments ou profiter des avantages d'un club ou d'un palace au bord de la mer serait navrant ! Il est essentiel de voyager à condition que ce soit pour rencontrer vraiment des gens nouveaux et différents et pour éprouver toutes sortes d'émotions et vivre toutes sortes d'aventures qui vous propulsent en dehors de votre petite vie quotidienne !

À noter : j'ai également proposé un exercice très complet, pour les jeunes de cette septaine, dans les annexes de mon ouvrage « Les Mystères de la Dame à la Licorne » (même éditeur). Ne vous en privez pas !

La vision de la vie

Nous avons déjà vu que le corps éthérique est porteur du tempérament, et le corps astral du caractère.

Le corps mental qui « descend » vers 21 ans est-il porteur de certaines facultés de l'être humain ?

Oui.
En effet, le corps mental est le porteur de la « vision de la vie ».
Autant les tempéraments sont au nombre de quatre, et les caractères au nombre de sept, autant les visions de la vie (ou les points de vue sur l'existence, ou encore les conceptions du monde) sont au nombre de douze.

Qu'est-ce que cette « vision de la vie » qui habite le corps mental de l'être humain ?

Le nombre douze est celui du corps mental et de l'espace (le nombre sept étant celui du corps astral et du temps), et il est en analogie avec les douze signes du Zodiaque (qui sont en réalité douze groupes d'entités spirituelles). En général, selon la période de l'année durant laquelle nous sommes nés (certains diraient selon le signe astrologique où se situe notre Soleil), nous avons un certain point de vue sur le monde et la vie sur la Terre.

Voyons ces douze conceptions du monde, ou visions de la vie :

- Bélier : **Idéalisme**. Cette vision de la vie part du principe que tout est subordonné à la pensée, que tout ce qui existe vient d'une idée ou d'un Idéal. Les gens marqués par cette vision de la vie sont en quête d'un grand idéal et font preuve de moralité. De nos jours, alors que notre société a tout fait pour « tuer » les idéaux, ces gens passent pour des utopistes.

- Taureau : **Rationalisme**. Cette vision de la vie considère que tout ce qui existe a une raison d'être, et que tout ce qui existe peut donc être saisi par la raison, qui demeure la source de toute connaissance. Le rationaliste essaie de maîtriser le monde avec sa raison, de manière pratique. Ces gens sont souvent proches des matérialistes, et moins moraux que les idéalistes.

- Gémeaux : **Mathématisme**. Cette vision de la vie nous fait croire que ce n'est que grâce aux mathématiques que nous obtiendrons une connaissance réelle du monde. Le mathématiste pense que tout peut se mesurer, se peser, se calculer. Les nombres peuvent tout expliquer. Cette vision de la vie est très répandue à notre époque, avec son cortège de statistiques et de sondages.

- Cancer : **Matérialisme**. Cette vision de la vie affirme que seule la matière existe réellement et que l'esprit en est une manifestation. Ce point de vue est très répandu parmi les scientifiques actuels. Le matérialiste ne s'intéresse qu'à ce qui est généré par le matériel, et principalement les impressions sensorielles. Une version plus « dure » de ce point de vue est l'Utilitarisme : un individu utilitariste ne s'intéresse, dans ce qui est matériel, qu'à ce qui est utile, ce qui réduit considérablement son champ de vision par rapport au matérialiste ! Pour un utilitariste, l'utilité représente la plus grande valeur, aussi bien dans le domaine des connaissances que dans celui de l'action.

- Lion : **Sensualisme**. Cette vision de la vie affirme que tout ce que nous connaissons vient de nos sens et de nos sensations. Il pousse l'idée de l'importance des impressions sensorielles plus loin que le matérialiste : ce sont les sens qui nous révèlent les différentes parties du monde. Souvent les gens marqués par ce point de vue sont des jouisseurs, des sensuels, assez proches des matérialistes.

- Vierge : **Phénoménalisme**. Cette vision de la vie prône que tout est phénomène et peut devenir source d'expérience. C'est la pensée appliquée à la matière, afin d'en tirer une expérience particulière. Le phénoménaliste est plus détaché que le sensualiste, et ne veut pas interpréter le monde selon ce qu'il ressent : il laisse le monde le pénétrer et se révéler à lui.

- Balance : **Réalisme**. Cette vision de la vie incite l'être à demeurer indépendant de la connaissance de son sujet. C'est un point de vue qui cherche à ne tenir compte que de ce qui est réel, dans une mesure où il existe une part égale entre ce qui est visible ou matériel et ce qui demeure invisible ou spirituel. Le réaliste recherche l'équilibre. Pour lui, la réalité est le résultat d'une union entre l'idée et la substance matérielle : il associe le haut et le bas.

- Scorpion : **Dynamisme** ou **Énergétisme**. Cette vision de la vie considère que l'énergie est la source de tout ce qui existe. Il cherche les forces à l'œuvre au-delà du voile de l'apparence. Il est plus concret que les points de vue qui le précèdent. Il s'intéresse à ce que les forces invisibles produisent de visible.

- Sagittaire : **Monadisme**. Cette vision de la vie affirme que tout ce qui existe est constitué primitivement d'une monade, c'est-à-dire d'une unité indivisible douée de perception, de désir et de volonté. La monade est bien évidemment une entité, et celle qui produit les forces que le monadiste étudie. Derrière toute énergie ou force existe un être, plus ou moins puissant et plus ou moins conscient.

- Capricorne : **Spiritualisme**. Cette vision de la vie considère que l'esprit est une réalité indépendante de la matière et la source de tout ce qui existe. Alors que le pneumatiste voit l'esprit partout et que le monadiste voit des êtres individuels partout, le spiritualiste englobe ces deux conceptions et les élève à la perfection, en étant capable de concevoir les différents mondes et les différentes entités spirituelles à l'œuvre dans l'invisible.

- Verseau : **Pneumatisme**. Cette vision de la vie met l'esprit en avant (« *pneuma* » signifie « esprit » en grec), et pour lui tout est pénétré d'esprit. Mais sa vision est moins précise que le spiritualiste, et il demeure plus abstrait. Il a tendance à être panthéiste.

- Poissons : **Psychisme**. Cette vision de la vie donne son importance à la psyché et non à l'esprit ; elle voit le contenant de l'esprit auquel elle donne la priorité. Pour le psychiste, l'essentiel est que la pensée soit « travaillée » par la psyché.

Vous avez certainement remarqué que chaque point de vue est incomplet et qu'il reflète une partie de la vérité (même si le point de vue spiritualiste est le plus proche de la vérité, et celui qui est le plus vaste).

L'idéal est d'être capable de cultiver au moins quatre points de vue sur la réalité. Le mieux est de développer en soi les quatre points de vue cardinaux : Bélier, Cancer, Balance et Capricorne, à savoir le point de vue Idéaliste qui est complété par le point de vue Réaliste lui faisant face, ainsi que par le point de vue Spiritualiste, complété par le point de vue Matérialiste. La synergie de ces quatre principales conceptions du monde favorise une compréhension totale de la vie et de la réalité, en évitant la vision étriquée du

« seul » point de vue, que la plupart des gens défendent avec bec et ongles ! En effet, l'axe de l'Idéalisme et du Réalisme représente une polarité d'équilibre entre l'idée et la matière, ou encore entre soi et le monde (ou autrui), ou enfin entre l'intérieur et l'extérieur. Quant à l'axe du Spiritualisme et du Matérialisme, il représente l'association qui doit être accomplie entre le céleste et le terrestre, afin d'éviter, soit de « planer », soit de « ramper », lorsqu'il y a un excès de l'un de ces deux points de vue.
Ainsi, l'individu qui associe ces quatre visions de la vie crée une sorte de double équilibre en lui, dans son rapport à autrui et au monde (et à la réalité), lui permettant d'obtenir une vision juste et riche (ou complète) de la réalité.

Voyons un exemple d'association de ces quatre visions de la vie dans la réalisation d'un projet créatif :

- Grâce au point de vue spiritualiste (Capricorne), je suis inspiré et j'ai trouvé quel projet réaliser.
- Grâce à ma conception idéaliste (Bélier), je vais penser mon projet de manière précise, je vais le construire en moi.
- Grâce à ma vision réaliste de la vie (Balance), je vais confronter l'idée de mon projet à la réalité du monde, et aux possibilités concrètes de sa réalisation.
- Grâce à mon point de vue matérialiste « modéré » (Cancer), je vais manifester mon projet, pour le plus grand bien de tous.

(Pour ceux qui voudraient en savoir plus sur ce sujet, je vous recommande l'ouvrage de Maurice Le Guerrannic, *La Pensée Cosmique et les Philosophes Grecs,* éditions Triskel, Bâle, Suisse.)

Guérir son adolescence

Comme nous l'avons vu lors du « premier intermède », l'âge de 21 ans est une sorte de « barrière-miroir » positionnée au milieu, entre l'adolescence et la jeunesse (la vingtaine).
Cela signifie que tout âge entre 22 et 28 ans dispose de son « reflet » dans l'adolescence (entre 14 et 20 ans).
Ainsi, l'âge de 24 ans, qui se situe trois ans après la barrière-miroir de 21 ans, aura son âge-miroir à 18 ans (trois ans avant la barrière-miroir) !

Afin de retrouver facilement les âges-miroirs, il faut savoir que l'addition des deux âges doit toujours être égale à 42 ! Ainsi, dans l'exemple ci-dessus, nous avons bien 18 + 24 = 42 !
Même si, globalement, la septaine de 21 à 28 ans dispose des atouts pour guérir l'ensemble de l'adolescence, il est préférable d'utiliser le principe des âges-miroirs pour préciser ce travail de guérison.
En effet, il est très probable que, si vous avez entre 22 et 28 ans, vous vous souvenez de votre adolescence, qui est très proche de vous dans le temps.
Alors, si vous avez 25 ans (par exemple), vous savez que vous pouvez guérir l'âge-miroir de 17 ans (à condition d'avoir vécu à cet âge une situation qui demande une guérison !).
Étant donné que vous vivez la septaine adéquate pour guérir votre adolescence, le travail est aisé : il vous suffit de déterminer les moments de votre adolescence qui nécessitent le plus une guérison, ou un rééquilibrage si vous préférez (le mot guérison n'est pas employé ici dans le sens d'une maladie à guérir), puis d'y faire attention dans les âges-miroirs que vous allez traverser.
Vous vivrez certainement des situations qui, bien que différentes de celles de votre adolescence, provoqueront en vous les mêmes ressentis, ou émotions et sentiments. À vous d'en prendre conscience lorsque vous vous en apercevrez, afin de les vivre avec davantage de conscience, et d'y mettre votre pensée pour apporter un rééquilibrage.
Par exemple, quelqu'un vous a fait du mal affectivement lorsque vous aviez 16 ans, vous en avez été beaucoup peiné, et vous avez réagi de manière extrême. Durant l'âge-miroir de 26 ans, vous expérimentez une rupture sentimentale délicate… mais vous choisissez d'y appliquer votre pensée, vous faites des efforts et vous parvenez à ne pas en faire un drame, vous vous raisonnez car vous savez bien que cela arrive, et que vous trouverez un autre compagnon ou compagne par la suite. Ainsi, le moment critique de vos 16 ans a été guéri.

L'amour vertueux

Avez-vous entendu parler de « l'amour courtois » ?

Vous savez bien : l'amour entre un Chevalier et sa Dame !
Au Moyen Âge, ceci s'appelait la *fin'amor…*
Aujourd'hui, nous avons l'amour vertueux (cf. *L'Héroïsme de l'Amour* de Céline & Pierre Lassalle, même éditeur), qui en est la version adaptée aux hommes et aux femmes de notre temps.

Il permet de faire la différence entre la sexualité, le sentiment et l'amour. En effet, généralement, les « grands spécialistes » des relations amoureuses confondent les trois !!!
Au minimum, vous verrez que dans tous les livres psychologiques traitant de la relation amoureuse, l'amour est, au minimum, confondu avec le sentiment.
Or, dans le fonctionnement de l'être humain actuel, nous avons trois niveaux relationnels bien distincts :

- *La sexualité* qui provient de l'instinct sexuel ou de reproduction, et dont le seul but, c'est-à-dire celui que Dame Nature cherche à atteindre à travers vous, est celui de la perpétuation de l'espèce humaine !

- *Le sentiment* qui est l'outil permettant à l'être humain d'entrer en relation avec ses semblables. Grâce à ce moyen, il éprouve toutes sortes d'émotions, de sentiments, de ressentis et de sensations. Mais, bien que cette gamme soit vaste, l'amour n'y figure pas. Pourquoi ? Tout simplement parce que l'amour, le vrai, n'habite pas encore en l'être humain !

- *L'amour*, le vrai, se situe en dehors de l'être humain (pour l'instant, car dans le futur il en sera autrement). Il vit au cœur de l'Âme céleste ou Moi supérieur de l'être humain, c'est-à-dire sa partie divine demeurant dans le monde spirituel. Bien évidemment, si l'on veut ressentir l'amour en soi, il est nécessaire qu'il s'établisse un lien conscient entre soi et notre Âme céleste, qui est notre source d'amour. Lorsque c'est le cas, un flot d'amour descend jusque dans le cœur de l'individu, puis coule jusque dans ses mains, et se répand autour de lui : c'est l'expérience de l'amour !

Pour accéder à notre source d'amour, nous avons impérativement besoin de notre pensée : c'est grâce à elle que nous pouvons nous relier consciemment à notre Âme céleste (Moi supérieur). D'où l'extrême importance de cultiver sa pensée, pas seulement pour développer le bon sens, le discernement et le libre arbitre, mais également pour accéder à sa source d'amour et la faire couler sur le monde. Afin de mieux comprendre l'aspect ésotérique et spirituel de ce qui précède, vous pouvez lire « Le Mystère de l'Amour » dans le « Plus » Ésotérisme (lecteurs n'ayant aucune connaissance spirituelle, ou déjà très « énervés » à ce stade de leur lecture, s'abstenir !).

L'âge-clé de 23/24 ans

Vers 23/24 ans, nous trouvons un âge-clé qui correspond au retour de Jupiter (cf. « *Plus* » Astro). Cet âge est, de surcroît, un âge-miroir des 18/19 ans de *« l'Initiative du Je »*.

Il montre que le corps mental commence à se structurer et à fonctionner d'une manière plus autonome. Si vous souhaitez bien développer votre pensée, cet âge est essentiel pour vous en occuper. Faites travailler votre pensée comme si vous faisiez de la musculation ! Lisez des ouvrages traitant de connaissances élevées et qui vous demandent des efforts de compréhensions. Faites du rangement, du classement, du tri, dans différents domaines de votre vie. Déterminez ce qui a de la valeur à vos yeux, et ce qui en a moins.

C'est vraiment à partir de cet âge qu'il va falloir accepter de vous « prendre la tête », afin qu'elle soit bien pleine ou… pleine de bien !

De plus, ce travail vous rendra moins influençable par la société consumériste. Vous avez déjà vu à quel point la société de consommation est devenue l'ennemie de l'éducation et du développement de l'être humain. Alors ne demeurez pas naïf !

Individualisez-vous, et ne vous laissez pas faire !

Ce que tout le monde pense… n'est pas forcément vrai ! D'ailleurs, la plupart du temps, ce que « tout-le-monde » pense n'est qu'un ramassis de conditionnements dû à la manipulation de la société, par le biais des médias !

Soyez prudent dans votre utilisation de la télé et d'Internet. Même si ces outils peuvent vous servir de loisirs, voire dans votre travail, ils ne doivent en aucun cas prendre la place des vraies relations, et ne doivent surtout pas vous influencer au point que vous soyez persuadé que ce que vous avez entendu à la télé ou vu sur Internet est vrai ! Sinon, ce serait la meilleure preuve que vous êtes un grand naïf !

Internet n'a jamais eu pour but de vous donner accès à la vérité, mais plutôt de permettre aux êtres humains de se défouler !

Bien sûr, à votre âge vous êtes friand de technologie… Pourquoi pas, à condition de la maîtriser et de la considérer avec du recul !

Ce n'est pas la technologie qui doit diriger votre vie, et former vos opinions…

C'est vous seul qui devez apprendre à maîtriser votre destinée, et faire l'effort de penser par vous-même, de manière originale et individualisée.

Si les premières années de cette septaine sont quelque peu dangereuses, car vous risquez de vous laisser influencer par la société et les médias, à

partir de 24 ans vous devriez vous sentir plus fort, afin de faire face à cette manipulation de la « pensée unique ».
Prenez de la hauteur et pensez par vous-même ! Ceci vous évitera les pièges de l'alcool ou de la drogue qui vous attendent en embuscade, et qui, eux aussi, sont largement « encouragés » par la société de consommation (les drogues « douces » ont même été officialisées dans certains pays occidentaux !).
La fuite et la dépendance n'ont jamais permis à qui que ce soit de devenir lui-même ! Ne vous laissez pas faire : il est important que vous deveniez vous-même !
L'autre aspect intéressant de cette période des 23/24 ans est son côté miroir avec l'âge de « *l'Initiative du Je* ». En somme, vous disposez d'une « seconde chance » pour « capter » votre vocation, ou tout au moins une partie de celle-ci.
En développant votre pensée – l'outil majeur pour entrer en relation avec le monde spirituel d'où vient cet « appel » qu'est la vocation – vous vous octroyez une nouvelle chance : celle d'entendre ce que vous êtes venu faire sur cette Terre !
Et même si ce n'est que partiel, ce sera déjà un début, et un moyen de gagner une certaine confiance en vous. Vous vous ressentirez plus fort, et deviendrez moins influençable.
Bien évidemment, en renforçant votre pensée, vous purifiez votre corps astral, et vous apprenez, petit à petit, à le maîtriser.

L'âge-clé de 26/27 ans

Cet âge qui arrive vers la fin de la septaine marque le début d'une période essentielle de la vie, et qui dure environ quatre ans : elle occupe donc à la fois la fin de cette septaine et le début de la suivante… mais, plus important, elle marque une phase de la vie où le jeune doit ressentir l'adultat en profondeur.
Il est capital de se rappeler que cet âge souligne la fin de l'évolution naturelle. En d'autres termes, à partir de cet âge plus personne n'évolue naturellement.
C'est ce qui fait dire à la plupart des gens qu'il est impossible d'évoluer ou de changer ou de se transformer : « *Je suis comme ça, c'est ma nature, et je ne peux rien y changer !* ».

Ceci ressemble fort à une fatalité contre laquelle l'individu ne peut rien faire... Est-ce réellement ainsi ? Non, heureusement ! Cependant, il ne faut pas se voiler la face : l'évolution naturelle de l'être humain s'arrête vers 26 ans.

Ensuite, malgré cette réalité (qui n'est pas une invention de l'auteur, mais simplement le fonctionnement spirituel de l'être humain de notre époque), il demeure deux moyens de poursuivre son évolution... ou plutôt de passer d'une évolution naturelle qui s'est arrêtée, à une évolution dépendant du libre arbitre humain !
Encore une fois, ne nous voilons pas la face : très peu de gens utilisent leur libre arbitre ! Je veux dire « véritablement » !
La plupart des gens n'utilisent leur libre arbitre que pour faire des choix banals (où partir en vacances, quelles sortes de chaussures ou chemises enfiler, déménager ou non, etc.) ; de plus, ils ne se rendent pas compte qu'ils sont « manipulés » dans leurs soi-disant « choix » (cf. la publicité, les médias et la « pensée unique », etc.).
Je n'entrerai pas dans les détails du développement du libre arbitre dans le cadre de cet ouvrage, mais je puis révéler ceci : **utiliser son libre arbitre réellement permet d'évoluer réellement.**

Pour ce faire, il existe deux moyens :

- **La voie spirituelle**. Si vous entrez dans une véritable voie spirituelle, et que vous la pratiquez de manière authentique, ceci vous permettra d'utiliser réellement votre libre arbitre, et d'effectuer de vrais changements dans votre vie, au point que les gens qui croyaient bien vous connaître seront surpris ! C'est le meilleur moyen pour développer son libre arbitre et pour réaliser une évolution tout au long de sa vie.

- **L'héroïsme**. Ce que j'appelle l'héroïsme, dans ce contexte, est le fait de se prendre de passion pour un grand projet qui vous dépasse totalement. Ensuite, vous vous engagez à fond dans votre projet (invention, créativité originale, structure nouvelle, etc.), et vous apportez dans le monde quelque chose de nouveau qui ne profite pas qu'à vous, mais à la société humaine (exemple : une maison d'un nouveau style, respectant la Nature). La réalisation de votre projet vous demandera une véritable transcendance, un profond dépassement de soi, au point que même vos proches ne vous reconnaîtront plus après l'aboutissement de cet exploit ! Bien sûr, ceci vous demandera de « sortir du troupeau » et de la « pensée unique » ! (Pour en savoir plus : cf. *L'Aven-*

ture Héroïque, Céline & Pierre Lassalle, sur les secrets des lois de la manifestation, afin de réaliser n'importe quel projet).

Dans ces deux cas, vous utilisez votre libre arbitre en lâchant le vieux monde des automatismes, des habitudes, des garanties, de la sécurité, du passé et du conformisme… pour entrer dans une nouvelle dimension, celle de la véritable créativité, de l'héroïsme, de la transcendance, de la fraternité, de l'espérance, du futur et de la nouveauté pour le plus grand bien de tous. D'une petite vie ordinaire, conforme et banale, vous passez à une vie extraordinaire, hors-norme et passionnante !
C'est aussi une sorte de « rite de passage », où vous lâchez définitivement le monde de l'adolescence ou de la jeunesse, pour entrer dans l'adultat, afin d'apporter le meilleur de vous-même dans cette société humaine, qui a bien besoin que chacun d'entre nous donne sans compter pour œuvrer à son futur !
Ce sont ces prémisses d'adultat que le jeune ressent vers 26/27 ans, et qui ne feront que s'amplifier jusqu'à l'âge de 30 ans.

Lucidaëlle
04.12

Cœur de Prière

O toi, l'adulte et parent, je te prie…
Entends mes conseils et ultimes vœux,
Car ici le terme accompli se veut
De tes missions envers nos petits.

Sera sien l'unique chemin,
Qui point n'est tant le tien.

D'autant plus libres seront ses pas,
Que, guère plus, ta voix n'y poindra.

Et sans fin son horizon s'accroît,
Du sommet de ses lucides choix…

Le jeu des âges agit, clair et semé,
Et sa vie, tout en sagesse imprimée,
Trouve force aux mains de Destinée,
Afin d'au mieux son Esprit révéler.

Que ne te blesse ni te reste aucun regret,
Mais seule confiance en secret affirmée.
Par ton devoir acquis, voici mûre évidence :
Renouveau tien prête vie à son espéré.

Sur sa scène fus l'acteur
En sus même, éducateur ;
Aussi te puis-je remercier
Pour tous ses sourires libérés,
Et maintes qualités authentifiées.

Que sa Lumière advienne,
Que sa Lumière soit sienne !

Merci.

Céline ♥ Océana

Chœur de Lumière

La vie, c'est certain, me met au défi...
Parfois je peine et surprends nostalgie,
S'agrippant à moi, usurpant mes nuits,
Rappelant l'enfant en mauvais replis.

La vie, c'est certain, me met au défi...
M'avance d'abord sans pas assagis,
M'élance et m'enflamme autant que me fuis,
M'échappe d'envie puis reviens au nid.

La vie, c'est certain, me met au défi...
Croisé le chemin aux voies définies,
La paix se pose car ma lumière luit :
En choix conquérants mon Esprit jaillit.

La vie, c'est certain, Je mets au défi...
Aux cimes l'accès je somme permis,
Par vœu d'Idéal et d'absolu compris,
Je joue à vouloir l'infini construit.

La vie, c'est certain, Je mets au défi...
Créant de mes maux nouveaux ressentis,
J'éclaire avec art mes cieux obscurcis,
Guidant ma pensée en clarté saisie.

La vie, c'est certain, Je mets au défi...
En cercles de vrai, liaisons j'élis,
Osant l'aventure de vertus sertie,
J'énonce l'Amour bel art en ma vie.

La vie, c'est certain, Je mets au défi...
Par tout effort me libère et fleuris,
M'enracine d'yeux et cœur sans souci ;
Au commencement, désormais je suis !

Merci la Vie.

Céline ♥ Océana

« Plus » Astro

Voyons les aspects astrologiques marquants de cette septaine.
Nous avons, tout d'abord, les deux fameux aspects du début de la septaine, qui s'opposent et se complètent à la fois, soulignant d'emblée un tiraillement entre le besoin de liberté-originalité et celui de sécurité-conformisme, car c'est en recherchant l'équilibre que le jeune affinera sa sensibilité :

☆ ***Le carré d'Uranus*** aux alentours de 20/21 ans : période instable où l'on ressent une forte aspiration à la liberté, un besoin d'indépendance, de conquêtes, de nouveauté, d'originalité, et de découverte de son individualité unique.

☆ ***Le carré de Saturne*** aux alentours de 22 ans agit à l'opposé d'Uranus, en essayant de structurer cette effervescence. Cet aspect apporte un besoin de sécurité, de stabilité (sentimentale ou professionnelle), mais peut entraîner aussi dans le piège du conformisme, par peur du futur, des responsabilités… bref, la peur de devenir adulte !

☆ ***Le retour de Jupiter*** vers 23/24 ans apporte une soif d'aventures, de voyages, d'expansion en tout domaine, et aussi une quête d'absolu, du sens de la vie, de spiritualité. Très bon moment pour ressentir son idéal ou trouver sa vocation, si ce n'est déjà fait.

☆ ***Le retour de la Lune noire*** vers 26 ans et 3 mois marque le début de la période 26/30 ans, où le jeune se sent livré à lui-même afin de devenir un adulte responsable. Nous allons voir dans le « plus Ésotérisme » que ce processus de maturité est déclenché par notre Ange-guide qui nous « lâche ». Ce premier aspect est délicat, car il pousse la personne à se rebeller inconsciemment contre la maturité, et à se faire prendre en charge affectivement comme un enfant (inconsciemment, on cherche une personne qui prenne la place de notre Ange pour nous porter). Ici l'effet de la Lune noire exalte les sentiments et les désirs, nourrit un comportement égoïste et infantile par peur des responsabilités d'adulte, donne envie de retourner dans le passé… Ou simplement de s'éclater, juste pour voir qu'on peut le faire. Pas kiffant !

☆ ***Le premier retour de la Lune progressée*** à 27 ans et 3 ou 4 mois est un aspect important qui montre que l'être humain est « achevé » au niveau de ses différents corps (physique, éthérique, astral et mental), et qu'il peut maintenant se développer par lui-même. En effet, la période de l'évolution « naturelle » s'est achevée vers 26 ans. C'est un aspect qui pousse à l'autonomie, grâce au développement de la pensée et du bon sens, pour faire ses propres choix (voir septaine suivante). Si la personne refuse cet effort d'ici la trentaine (premier retour de Saturne), elle risque de demeurer infantile et irresponsable, et de se placer sous l'autorité de personnes qui décideront pour elle, et contre lesquelles elle se rebellera régulièrement.

☆ ***Le trigone d'Uranus*** aux alentours de 27 ans : ouverture au futur, à la nouveauté, aide à se détacher du passé et des comportements enfantins. Cet aspect crée un lien avec la septaine suivante, car il symbolise l'ouverture d'esprit, l'élévation de la pensée vers un questionnement plus essentiel, afin que le jeune s'individualise plus en profondeur. Favorise la quête du : « *Qui suis-je ?* ». Excellente période pour se détacher un peu de la *matrice*, c'est-à-dire la société consumériste de la « pensée unique », qui emprisonne l'individu, ou pour le moins, le limite énormément dans sa créativité et sa liberté. Eh oui, nous vivons dans une société qui privilégie nettement la sécurité au détriment de la liberté !

« Plus » Ésotérisme

Entre 26 et 30 ans, nous franchissons un seuil délicat et capital de notre existence : le passage de la jeunesse à l'âge adulte. Notre « Je » dispose maintenant de tous ses outils pour cheminer sur la Terre par lui-même. La longue phase de descente dans l'incarnation est terminée. Les différents corps sont tous là. En avant toute !

À l'arrière-plan de ce travail titanesque, dans le monde éthérique, œuvre l'être spirituel qui nous est le plus proche : notre Ange-guide. Notre Ange gardien est un être d'un niveau de conscience plus élevé que nous, qui nous accompagne dans la vie comme dans la mort (ou vie dans le monde spirituel), au fil de nos incarnations (pour en savoir plus, cf. *Parler le Langage des Anges,* Céline & Pierre Lassalle, même éditeur). Notre Ange est très présent pendant toute la grande phase d'élaboration de nos différents corps (entre 0 et 27/28 ans), et les enfants ressentent sa présence, et parfois même le voient jusque vers 8-10 ans !

Or, à partir de 27/28 ans, l'Ange est libéré de son travail d'aide à la formation de nos différents corps (précisément au retour de la Lune progressée vers 27 ans et 3 ou 4 mois). Il va alors prendre du recul par rapport à nous, de façon à nous laisser la liberté de faire nos choix et de nous diriger seul. Il ne nous abandonne pas, restant toujours vigilant, mais il ne nous protège plus vraiment, nous laissant davantage nous débrouiller, comme des adultes que nous sommes devenus (normalement !).

Pendant toute la grande phase solaire, jusqu'à 42 ans, il demeure en retrait, afin de ne pas interférer avec notre libre-arbitre. Il veillera simplement à ce que notre destinée se présente à nous, comme c'était prévu avant de nous incarner. Ce n'est que par un travail spirituel que l'on pourra se relier à lui durant cette phase (essentiellement grâce à la méditation). Après 42 ans, il se rapprochera à nouveau, afin de tenter de nous inspirer dans notre créativité, si nous en avons une, et si nous sommes disposés à nous mettre à son écoute.

Entre 26 et 30 ans, nous ressentons de plus en plus (consciemment ou non) que nous sommes livrés à nous-mêmes, que les situations positives ne se produisent plus aussi facilement qu'avant. De même, certains dons peuvent s'affaiblir voire disparaître. Nous devons faire davantage d'efforts pour obtenir la même chose qu'avant. La « chance » semble nous avoir quittés (en fait, c'est l'Ange qui a pris un peu de recul !).

Il est temps de prendre notre vie en main !
Certains jeunes se sentent stimulés par ce passage délicat, et d'autres se laissent aller à l'insécurité et au conformisme… ou à la quête de la prise en charge par un compagnon ou une compagne…

« Le Mystère de l'Amour »

À Noter : Les vérités universelles ci-dessous sur le comportement et la création de l'être humain nécessitent au minimum, pour être appréciées, comprises et jugées correctement, l'étude des connaissances ésotériques de base présentées dans le livre de Pierre Lassalle intitulé La Vie Spirituelle (même éditeur).

Vers le milieu de l'Époque Lémurienne (périodes des Gémeaux et du Taureau ; époque Jurassique, environ cent quatre-vingts millions d'années en temps

scientifique !) se produisit la séparation des sexes avec une profonde transformation de l'être humain (ou plutôt du proto-humain qu'il était en ce temps-là !). Nous connaissons des « amis » célestes qui ont bien travaillé à cette époque, et auxquels nous voudrions rendre hommage.
En effet, les Archanges Isis et Osiris s'étaient vus investis d'une haute mission sur l'Ancienne Lune (l'État précédant celui de la Terre), car ils avaient atteint la plus haute Sagesse (ils étaient alors des Anges, et ils développaient leur Âme Esprit ou Âme de Sagesse). De hautes instances divines leur avaient demandé de se préparer à créer les corps humains du futur, grâce à leur haute Sagesse.
Lorsque ce fut le moment, sur l'État de la Terre à l'Époque Lémurienne, ils étaient fin prêts, et étaient devenus des Archanges, développant leur Âme Christ ou Âme d'Amour et de Beauté. Ils sont d'ailleurs souvent appelés dans la littérature ésotérique « Esprits de Vénus ».
Ils œuvrèrent à la séparation des sexes selon leurs capacités, avec d'autres entités spirituelles de différents niveaux hiérarchiques.
En effet, afin d'avoir un tableau complet de ce qui se passait en ce temps-là, voici quelques précisions occultes :

Yahvé (l'Eloha lunaire généralement considéré en tant que « Dieu » dans l'Ancien Testament ; en fait, il est l'un des « dieux » qui créèrent l'État de la Terre, mais c'est une entité spirituelle et non Dieu Lui-même) engendre le « Je » humain, une parcelle, une étincelle ou rayon de l'Âme céleste, et il crée la forme et la structure d'un vêtement pour lui (le futur corps mental).

Des entités spirituelles de la classe des Archées vont octroyer l'autonomie ou l'indépendance à ce futur corps mental, afin qu'il devienne… ce qu'il doit devenir, c'est-à-dire un corps capable de former des pensées et de se distinguer du corps astral.
Des Archanges (oui, nos amis Isis et Osiris) vont apporter à ce futur corps mental la capacité créatrice.

Pendant ce temps, lors de la séparation des sexes, toute l'énergie qui était utilisée auparavant pour l'autoreproduction, alors que l'humain était encore androgyne, est partagée en deux : une moitié demeurant « en bas » pour la reproduction désormais sexuée ; l'autre moitié s'élevant, pour servir de « carburant » à la faculté de pensée (et pour créer le cerveau, dans un premier temps). Cela eut pour effet de « couper » le corps astral en deux : sa partie inférieure correspondant à celle qui s'associera au corps éthérique pour la reproduction sexuée ; et sa partie supérieure (raffinée par la

suite) servant de substance pour le futur corps mental (les Orientaux appellent d'ailleurs le corps mental « kama-manas », c'est-à-dire désir-pensée, comme un mélange astral-mental).
Ainsi, le corps mental est conçu avec une part provenant d'en haut (« Je » et sa substance causale extraits de l'Âme Esprit, ou la partie Âme de Sagesse de l'esprit humain), et une part provenant d'en bas (corps astral « supérieur »).
Revenons à nos « Esprits de Vénus » et amis célestes Isis et Osiris : lors de cette séparation des sexes, où le corps astral a été « coupé » en deux, ils ont agi à la fois sur le corps astral « inférieur » – qui est devenu le corps astral tel que nous le connaissons – et sur le corps astral « supérieur », qui par suite de raffinement est devenu le corps mental.

Dans le corps astral (l'inférieur), ils ont déposé leur amour, mais l'être humain de cette époque était incapable de l'exprimer : cet « amour » est donc devenu une sorte de sentiment primitif ou d'attraction naturelle entre l'homme et la femme.
Mais, pendant ce temps, des esprits ténébreux (lucifériens) de la sphère spirituelle de Mars ont placé dans la même partie du corps astral l'égoïsme (envie de se différencier), qui devint ensuite le désir et la passion.
Dans le corps mental naissant, les « Esprits de Vénus », en établissant la capacité de créer avec les pensées, ont ajouté le germe de l'amour (ce sont des esprits de Vénus, c'est-à-dire des entités spirituelles qui développaient en eux l'Amour Divin, ce qui n'est donc pas étonnant : ils donnent ce qu'ils sont !).
Cependant, ce germe ne pouvait éclore qu'à partir du moment où l'essence de l'Âme Christ (ou Âme d'Amour chez l'être humain) pouvait descendre en incarnation, ou tout au moins se relier au « Je » incarné.
Or, pendant toute la période préchristique ce n'était que l'aspect Sagesse ou Âme Esprit qui pouvait être incarnée par l'Initié.
Mais, l'Incarnation du Christ, principe de l'Amour pur au niveau Divin, changea cela. **Depuis Sa Venue, l'Âme Christ peut descendre en incarnation**.
C'est d'ailleurs le grand Initié Mani (IIIe siècle après J-C.), qui devint Perceval au IXe siècle, qui fut le premier être humain à vivre avec une Âme Christ ou Âme d'Amour sur la Terre !

De nos jours, chez l'aspirant, le germe de l'amour dans son corps mental, déposé par notre amie céleste Isis-Sophia, peut se réveiller sous l'impulsion de l'Âme Christ ou Âme d'Amour, qui est plus proche de l'être humain, grâce à la Venue du Christ (et encore plus depuis Sa Parousie, Sa Présence en essence dans le monde éthérique, qui a débuté au XXe siècle.

Pour en savoir plus sur la Parousie du Christ, *Christosophie* de Pierre Lassalle, même éditeur).
Ainsi, il devient possible pour l'être humain de vivre l'Amour vertueux (notez que les Vertus sont des entités spirituelles, et les protectrices de l'Âme Christ humaine !).
Pour y arriver, il suffit à l'aspirant de « penser l'Amour », éveillant ainsi le germe d'amour qui est dans son corps mental, ce qui le relie à son Âme Christ (même à un tout petit niveau), et lui permet de ressentir l'Amour descendre jusque dans son cœur. Bien évidemment, il doit éviter absolument de « tomber amoureux », c'est-à-dire de laisser choir sa conscience dans son corps astral, où le mauvais Mars (laissé par les esprits lucifériens) l'attend pour lui faire confondre l'amour avec la sexualité (et dont le seul but, dans le meilleur des cas, est la reproduction de l'espèce ! Même si l'être humain « civilisé » croit qu'il le fait pour le plaisir !).
Si l'aspirant fait l'effort de maintenir sa conscience au niveau mental, il découvrira le germe de Vénus dans son corps mental, et grâce à la force d'amour de son Âme céleste, qui descendra dans son cœur, il transformera le mauvais Mars luciférien (rebelle et revendicateur) en bon Mars vertueux et héroïque. Vénus et Mars pourront alors s'unir dans la joie !
(Extrait de *L'Héroïsme de l'Amour*, déjà cité).

« Plus » Pratique

Élixirs floraux

Découvrons quelques élixirs floraux qui peuvent aider les jeunes de la vingtaine.

- Pour leur apporter équilibre et harmonie, face aux extrêmes émotionnels qu'ils traversent : **Impatiens** (Bach) favorise la patience et la compréhension. Il apaise les tensions intérieures et réduit la susceptibilité. Il ramène le calme intérieur. **Lavande** (Deva) apaise les tensions nerveuses en cas de sur-stimulation et d'extrêmes émotionnels. Il calme l'activité mentale et ramène l'équilibre. Il harmonise la trop grande sensibilité des jeunes. **Ipomée** (Deva) permet de rétablir la stabilité dont le jeune a besoin pour se construire correctement. Il tonifie l'organisme.

- Pour aider face à la peur de l'avenir et l'insécurité : **Mimulus** (Bach) est un remède qui combat de nombreuses peurs dont celle du futur ou de l'inconnu. Il permet d'aborder les défis de la vie avec courage, calme et confiance en soi. Il apporte une meilleure compréhension des autres et une bonne dose d'humour.

- Pour favoriser la relation, la communication et l'ouverture à autrui : **Water Violet** (Bach) favorise l'ouverture aux autres et fait sortir de sa réserve. **Chélidoine** (Deva) facilite la communication et la réceptivité. Il aide à s'exprimer. **Lotus** (Deva) favorise l'ouverture du cœur et l'humilité. **Tilleul** (Deva) permet de développer la réceptivité à l'amour. Il encourage la communication dans le respect de l'autre. Pour tous ceux qui se sentent seuls ou qui ont un sentiment d'abandon.

Huiles essentielles

Pour accompagner cette septaine « vénusienne », voici des huiles essentielles reliées au sentiment, très douces, équilibrantes et réharmonisantes. Elles sont toutes propices à embaumer notre atmosphère psychique des qualités du cœur, à l'aide d'un diffuseur, et peuvent être agréablement associées.

- **Le bois de rose** équilibre le système nerveux et régule les émotions.
- **La camomille** ainsi que **la marjolaine** apportent le calme et rétablissent la paix dans le cœur, régulent les excès d'émotivité et facilitent les échanges relationnels. Elles soutiennent également l'inspiration artistique.
- **Le géranium**, très odorant, ouvre le cœur, stimule la joie de vivre et la bonne humeur, facilite les échanges relationnels et la communication.

Chapitre 5

Cinquième septaine : de 28 à 35 ans

Le questionnement

☆ ***Aperçu général** : La cinquième septaine est celle du tournant de la vie où l'être humain se trouve au maximum de son incarnation ou de sa descente dans la matière. Il est au « midi » de sa vie, au point le plus éloigné de sa mère patrie (le monde spirituel d'où il provient). Cette septaine est celle du questionnement où l'individu doit apprendre à répondre à ses propres questions, et où il doit redéfinir l'idée qu'il se fait de la connaissance. C'est également la tranche d'âge où il est possible de guérir sa deuxième septaine (de 7 à 14 ans).*

☆ ***Début et fin** : Cette cinquième septaine se déroule entre 28 et 35 ans (elle commence, généralement, un an ou deux plus tôt pour les filles).*

☆ ***Âges clés** : 28 ans, 29/30 ans, 33 ans.*

Un nouveau défi

Cette septaine centrale est celle du questionnement et du bon sens.
Elle est sous l'influence du Soleil, comme la septaine précédente, mais avec une sous-influence de Mercure.
Aux alentours de 28 ans, le jeune entre dans la cinquième septaine à l'occasion d'un aspect astrologique déterminant[9] (celui-ci est dans la continuité des autres aspects présentés au chapitre précédent).
Il est arrivé à la maturité physique et ses quatre corps sont maintenant incarnés complètement (le corps physique à la naissance, le corps éthérique à l'arrivée de la dentition définitive vers 6/7 ans, le corps astral à la puberté vers 13/14 ans et le corps mental à l'arrêt de la croissance vers 18 à 21 ans).
L'esprit en lui, le « Je », apprend à manier ses différents outils que sont la pensée, le sentiment et la volonté.
Le quatrième défi, de toute la grande période solaire (entre 21 et 42 ans), est celui de l'esprit ou de « *l'Éveil du Je* ».
Ce défi pour l'esprit humain est de se saisir lui-même, afin de découvrir ce qu'il est venu faire sur cette Terre.

28 à 30 ans : « l'Éveil du Je »

Ce défi se déroule entre 28 et 30 ans. Durant ces deux années, le jeune expérimentera des périodes de solitude au cours desquelles il remettra sa vie en question. S'il fait preuve de courage, il percevra davantage au fond de lui ce qu'il veut vraiment et quelles sont les valeurs pour lesquelles il est prêt à se battre.
Il sera capable de faire un tri entre l'éphémère et l'éternel, entre ce qui est essentiel et ce qui est sans importance.
Il acquerra des rudiments de maturité et ressentira plus de gravité face à la vie.
Deux autres aspects astrologiques très importants[10] apporteront à la fois une plus grande ouverture d'esprit et aussi plus d'introspection.
« *L'Éveil du Je* » suscite des changements dans la vie du trentenaire : il peut changer de partenaire, de travail, d'idéal, de centres d'intérêt. En bref, toute son existence peut se transformer en l'espace d'un an ou deux !
Ceci est souvent nécessaire pour qu'il puisse se sentir en accord avec ce qu'il vit, par souci d'honnêteté ou d'authenticité.
Le pire, durant cette période, c'est lorsque le jeune se renie, croyant que

---

9. Une inversion des nœuds lunaires comme celle qui se produit à 9 ans et 3 ou 4 mois.

10. Le retour de Saturne à 29 ans ½ environ et l'opposition de Jupiter au même âge.

ce qu'il a perçu au fond de lui n'est pas possible, ou qu'il sera critiqué, ou encore incapable d'affirmer son idéal et ses points de vue à son entourage. Ce passage demande beaucoup de courage au jeune, qui a perdu le soutien de son Ange et qui doit montrer de quoi il est capable, seul face au monde. C'est en se forgeant sa propre pensée qu'il y parviendra.

Une question de bon sens

Alors que dans la septaine de 21 à 28 ans le jeune développe sa pensée par réaction au monde extérieur – ce qui raffine son corps astral et crée sa sensibilité – dans la septaine présente, il apprend à analyser tout ce qu'il perçoit du monde extérieur, en se créant une vie intérieure grâce à sa pensée. **Nous pouvons dire que sa pensée « prend du recul » entre 28 et 35 ans.** Alors que dans la septaine précédente sa pensée était encore (trop !) souvent mélangée avec son sentiment, durant cette nouvelle phase, le trentenaire a la possibilité de la renforcer, afin qu'elle devienne totalement indépendante de ses impressions sensorielles : de là découlera ce que nous appelons le « bon sens ».
À cet âge, la pensée ne se contente plus de se laisser imprégner et façonner par le monde extérieur : elle se forme intérieurement, en elle-même, afin d'exister en dehors des impressions du monde extérieur.
C'est ce que signifie le « bon sens ». Ce dernier se construit sur ce va-et-vient entre le monde extérieur et la vie intérieure de la pensée.
Ainsi, durant la quatrième septaine, la pensée se forme par réaction au monde extérieur, grâce au sentiment (émotions, sensations, sentiments, ressentis, impressions diverses.)
En revanche, pendant la cinquième septaine, la pensée doit poursuivre sa structuration, mais cette fois en elle-même, plutôt que par réaction au monde extérieur. De fait, la pensée du trentenaire doit davantage s'intérioriser et se détacher du monde, y être moins réactive : petit à petit, elle doit « tenir dans le vide » par elle-même, afin d'être de moins en moins influençable par le monde extérieur.
C'est aussi la capacité de se relier à tout ce que l'on vit, de l'analyser et d'en tirer des leçons.
Les expériences du monde extérieur qui pouvaient combler le jeune de la vingtaine, ne sont plus suffisantes pour le trentenaire : celui-ci cherche à se construire intérieurement, en opposant au monde extérieur sa propre individualité, qui est née une dizaine d'années plus tôt.
Le bon sens est la capacité à recevoir en soi les impressions du monde ex-

térieur pour s'en faire sa propre idée, grâce à sa pensée détachée. Ainsi, durant cette tranche d'âge, le jeune édifie sa propre vision du monde.

Les questions existentielles

Cette cinquième septaine est celle de la quête de la vérité. Le trentenaire doit se poser des questions existentielles : *Qui suis-je ? D'où viens-je ? Où vais-je ? Qu'ai-je à faire sur cette Terre ?*

Il s'aperçoit alors, plus ou moins vite, que ni la science ni la religion ne peut répondre de manière satisfaisante à ses questions, qui demandent une réponse individuelle, née d'un éveil de l'esprit, et qu'une réponse « prémâchée » ne peut combler.

Le bon sens dont il est question le pousse également à trouver un sens à sa vie. Inconsciemment, il ressent que sa plongée dans la matière, suite à son incarnation progressive, l'a coupé de quelque chose d'essentiel. Mais, il a oublié ce dont il s'agit. Alors, il cherche…

Le bon sens demande d'associer la tête (ou la raison) avec le cœur (ou le ressenti). C'est du juste équilibre entre les deux que naissent un jugement sain, ainsi que le discernement, qui permettent de toujours savoir ce qui est vrai ou faux, de même que ce qui est bien ou non pour soi.

Il est bon de comprendre que cette septaine se bâtit sur la précédente – qui est également une tranche d'âge solaire – et que le but en est la conscience de soi, ou l'accomplissement de l'individualité. Ceci sera pleinement atteint lors de la septaine suivante.

Rappelons en effet que c'est au sein de la grande phase solaire de vingt et un ans que le « Je », l'individualité humaine, se construit (depuis le corps mental), et apprend à maîtriser ses « outils » que sont la pensée, le sentiment et la volonté.

Entre 21 et 28 ans, la pensée essayait de travailler sur le sentiment, ce qui produisait la sensibilité (la pensée n'arrivait pas toujours à prendre du recul face au monde extérieur ; c'était son premier stade de développement).

Ici, entre 28 et 35 ans, la pensée doit prendre le dessus face au sentiment, et par rapport à tout ce qui provient du monde extérieur (c'est le deuxième stade du développement de la pensée) :

Dans une situation difficile, la pensée s'extrait du sentiment ou des émotions, prend de la hauteur (ou profondeur), et donne un sens à ce qui est vécu ; l'in-

dividu se détache de l'impact émotionnel qu'il reçoit du monde extérieur, pour mieux discerner ce qu'il doit comprendre de cette situation ou de ce défi. Il comprend le « drame » qu'il est en train d'expérimenter, c'est-à-dire qu'il le « prend en lui » (dans sa vie intérieure), il l'analyse, le fait résonner dans son cœur, et il prend une décision avec sa pensée, grâce à son discernement.
Ensuite, il s'exerce à tirer des leçons de ses expériences, afin de les assimiler correctement, sans aucun regret ni ressentiment. Il apprend que l'essentiel dans toute expérience est la leçon que l'on en tire, c'est-à-dire ce que l'on va assimiler et conserver comme force positive et évolutive. Peu importe que l'événement ait été agréable ou désagréable, l'important est ce que nous en avons pensé : ceci revient à un gros travail intérieur d'individualisation, afin de devenir soi-même, et non le voisin ou « tout-le-monde » ! (cf. *Le Nouveau Tarot de l'Individualisation*, même auteur, même éditeur).

C'est le travail majeur qui doit être réalisé dans cette septaine. Si le trentenaire le refuse, en épousant les conditionnements de notre société post-moderne (« *Il ne faut surtout pas se prendre la tête !* »), alors il ne cultivera pas le bon sens en lui. Or, ce dernier ne se développe pas sans un minimum d'effort : souvenez-vous que l'évolution « naturelle » s'est arrêtée vers la fin de la septaine précédente ! De ce fait, s'il existe entre 28 et 35 ans un intéressant potentiel à acquérir pour le jeune trentenaire, il faut bien comprendre qu'il n'y réussira qu'à travers quelques efforts intérieurs.

Le rapport à l'autorité et le pouvoir solaire

Si le bon sens reste faible, qu'en résultera-t-il ?

L'individu cherchera toujours une autorité extérieure pour prendre des décisions à sa place. Il ne saura jamais quoi faire par lui-même. En toutes circonstances, il aura besoin de l'avis éclairé d'un « spécialiste » (avez-vous remarqué à quel point nous vivons dans une société de « spécialistes » ?), qui lui retirera son pouvoir décisionnel. Il se sentira alors impuissant, démuni, idiot, indigne face à sa destinée.
Bien sûr, il se plaindra constamment qu'il rencontre toujours des gens jouissant d'une autorité sur lui, alors qu'il la réclamera inconsciemment !
Sachez que le mot « autorité » signifie « être l'auteur de sa destinée », c'est-à-dire maîtriser son existence, ou encore prendre soi-même toutes les décisions qui concernent sa vie. Toute personne qui prend ses décisions

seule, et qui n'est pas dépendante de qui que ce soit, fait figure d'autorité face à autrui. (Bien évidemment, il ne faut pas confondre ceux qui sont réellement les auteurs de leur destinée, avec des personnes qui sont mises en position d'autorité par élections, magouilles, goût du pouvoir ou influences diverses, et qui abusent de ce pouvoir !).

À chaque fois que nous nous trouvons face à quelqu'un qui nous paraît posséder une autorité sur nous, cela signifie que nous cherchons la prise en charge ou l'appui de cette personne, afin qu'elle pense à notre place, ou résolve un problème pour nous.
Le cas typique est celui de ces femmes qui aiment passer pour « faibles », et qui attirent et séduisent l'homme fort et intelligent qui les protégera et pensera à leur place (« *Ah, qu'est-ce que t'es fort et intelligent, toi, tu sais ?!* »).

Plutôt que de nous plaindre de l'autorité d'autrui sur nous, nous devrions nous demander pourquoi, dans tel domaine, nous refusons de prendre nos propres décisions et d'en assumer les conséquences. En d'autres termes : pourquoi avons-nous besoin d'un « bouc émissaire » ?

C'est vraiment le défi de cette cinquième septaine : apprendre à devenir l'auteur de sa destinée.
Ni nos parents (qui ont vraiment achevé leur rôle à cette époque), ni la société (qui ne peut les remplacer sous peine d'aliénation), ni notre partenaire (qui est dans la même situation que nous) ne peuvent diriger notre destinée à notre place.

Il est temps de développer notre pouvoir solaire !

Il repose sur la pensée unie au cœur, afin de rayonner qui nous sommes dans le monde : c'est notre devoir d'être humain.

Le piège de cette septaine est de se couler dans le moule imposé par la société de consommation (travail, enfants, vacances, etc.), et de démissionner de sa vie. Dans ce cas, l'individu ne dépassera jamais l'âge mental de 26 ans (environ) : en somme, il restera « prisonnier » de la quatrième septaine toute son existence et ne progressera plus au-delà de l'évolution naturelle.
Observez et notez à quel point notre société est élaborée pour les gens de cet âge ! Les jeunes de la vingtaine sont toujours montrés comme des modèles à imiter (beauté, jeunesse, réussite, « starisation », etc.). La société de consom-

mation utilise les jeunes comme référence absolue. Le mode de vie (travail-loisirs) est établi pour les jeunes de la vingtaine : la publicité fait rêver la planète entière avec ce conditionnement ! Les adolescents doivent paraître plus vieux et se comporter comme des jeunes de la vingtaine, tandis que les adultes doivent paraître toujours plus jeunes. Le culte du « jeunisme » a envahi la planète : il n'existe plus d'enfants, ni d'adultes, et encore moins de vieux (oh, l'horrible mot que plus personne n'ose prononcer !). Il n'y a plus que des jeunes : des très jeunes aux moins jeunes, et d'autres… plus tout à fait jeunes !
Nous vivons dans le royaume de l'hypocrisie et de l'illusion de l'apparence. Et, pour les trentenaires, c'est le piège fatal... Oseront-ils mûrir et devenir pleinement adultes ? Voyons, vous n'y pensez pas ! Les trentenaires doivent se comporter comme les plus jeunes et mener une vie insouciante (des séries télés à succès leur montrent que les préoccupations des trentenaires sont les mêmes que ceux de la vingtaine : le sexe, le mariage, les enfants et la réussite sociale !).
Dans ce cas, le bon sens ne sera bien entendu pas développé. Et le pouvoir solaire non plus !

Qu'est-ce que le pouvoir solaire ?

Le pouvoir solaire, c'est simplement le pouvoir de notre cœur, de notre identité qui acquiert sa maturité, et souhaite rayonner qui elle est dans le monde.
Ceux qui refusent de se connaître et rayonner qui ils sont, en acceptant les efforts et les défis proposés, demeurent des « esclaves » du consumérisme et des « poules mouillées ». Ils se reconnaissent au fait qu'ils ont toujours des problèmes d'autorité : avec leur famille, leurs amis, leur patron, ou les figures classiques de l'autorité (police, etc.).
Avoir constamment des problèmes d'autorité, c'est-à-dire rencontrer régulièrement des gens « méchants » qui veulent nous « bouffer », et nous retrouver constamment « victimes » de ces vilains bourreaux, signifie simplement que nous avons refusé de grandir, de développer notre pouvoir solaire, et que nous nous complaisons dans un comportement pitoyable de « poule mouillée » !
Il ne faut surtout pas terminer cette septaine dans cet état, sinon cela signifie que vous l'avez ratée !

La crise de « l'Éveil du Je »

Comme nous l'avons vu au précédent chapitre dans le « *Plus* » *Ésotérisme*, entre 26 et 29 ans, l'Ange gardien s'éloigne du jeune pour lui permettre de se prendre en charge tout seul et de devenir davantage maître de sa destinée (qui,

auparavant, était placée sous la garde de l'Ange). Ceci veut dire que, jusqu'à cet âge, l'Ange s'occupe de notre destinée : il nous « porte » en quelque sorte, et nous rend ainsi la vie plus facile. (Pour tout savoir sur l'Ange gardien, cf. *Parler le Langage des Anges,* Céline & Pierre Lassalle, même éditeur.)
Il arrive souvent que des jeunes révèlent un talent exceptionnel dans tel ou tel domaine, ce talent leur apportant gloire et réussite ; puis, aux alentours de trente ans, ils commencent à perdre leur élan, deviennent moins créatifs ou inspirés, puis finissent par rentrer dans le rang des anonymes (ceci est illustré par nombre de sportifs de haut niveau, d'artistes prodiges, d'acteurs ou actrices célèbres, ou de jeunes génies). Cette « chute » est due à l'éloignement de l'Ange gardien qui ne les porte plus, alors la vie devient plus difficile, et le génie ou la « star » d'hier retourne dans la foule des inconnus.

Vers 28 ou 30 ans, l'individu devient adulte aussi bien physiquement (les derniers os du squelette – ceux du coccyx – arrivent à maturité), que psychiquement (l'Ange lâche son protégé et prend du recul).
Le trentenaire doit donc faire des efforts supplémentaires pour atteindre ses buts. En aura-t-il le courage ? C'est durant cette tranche d'âge que se fait la différence entre ceux qui restent dans le rang ou y retournent, et ceux qui feront suffisamment d'efforts pour se propulser hors de la masse (pas seulement dans le sens d'une réussite matérielle, qui est de peu d'intérêt pour l'évolution d'un être humain, mais davantage dans le sens d'un développement mental et spirituel).

Et quel est l'élément qui permettra cette différence ?

C'est la pensée : une pensée consciente et dirigée vers des buts choisis.
À notre époque, les mots « effort » et « pensée » sont de plus en plus mal vus ; cependant, il faut savoir ce que l'on veut : soit, rester un consommateur toute sa vie, soit, découvrir le sens de sa vie et en devenir le héros ou l'héroïne.
Que choisissez-vous ? Avec un peu de bon sens, vous choisirez celui de votre destinée...

À noter : Le « Je » s'éveille vers 28-30 ans pour se découvrir « adulte » dans cette incarnation. Cependant, ce que j'appelle « l'Éveil du Je » comprend plusieurs étapes et niveaux de conscience (cf. « Plus » Ésotérisme).

Le « phénomène miroir »

Ce que j'appelle le « phénomène miroir » est tout d'abord l'une des lois naturelles de l'existence : c'est un principe cosmique, qui veut que rien de ce qui nous arrive ne soit un hasard.

Le hasard est simplement un mot commode
pour masquer notre ignorance !

Chaque événement auquel nous sommes confrontés correspond à l'un des aspects de notre destinée ; et il manifeste les choix que nous avons faits avant de nous incarner. **Ainsi, la vie est une sorte de grand miroir, dans lequel se reflète notre destinée.**
En ayant le goût du mystère et de l'aventure, il est possible d'essayer de comprendre les messages que la vie nous tend au travers de toutes les situations, défis, voire épreuves de notre existence.
Accepter le miroir de la vie, c'est accepter de grandir et de s'améliorer. C'est concevoir qu'à l'arrière-plan de l'existence demeure une sagesse qui, bien qu'invisible, n'en est pas moins présente et agissante pour le plus grand bien de l'humanité.

Mais, le « phénomène miroir » représente aussi une méthode de travail sur soi[11], qui a pour but de nous aider à comprendre les leçons de la vie. Lorsque survient dans notre vie une épreuve ou un défi, cette méthode nous permet d'y voir plus clair, de disposer d'un moyen grâce auquel nous relier à la situation, pour entamer un processus de compréhension de ce que nous vivons.

Le principe du phénomène miroir est simple et peut s'énoncer en trois « règles » :

1) Toute relation ou situation que j'expérimente (que je la juge agréable ou désagréable) est le reflet de qualités ou de défauts que je porte en moi (subconsciemment).

2) Tout ce qui m'émerveille chez autrui, ou dans une situation, est le reflet d'une qualité ou d'une capacité (subconsciente) qu'il est temps pour moi de développer.

11. Le phénomène miroir est présenté dans plusieurs livres de Pierre Lassalle : *Le Nouveau Tarot de l'Individualisation, L'Héroïsme de l'Amour, le Tarot des Héros, Astrologie et Relations Humaines*. L'auteur a découvert cette méthode alors qu'il vivait justement cette cinquième septaine.

3) Tout ce qui m'énerve ou m'agresse chez autrui, ou dans une situation, est le reflet d'un défaut ou d'une culpabilité (subconsciente) qu'il est temps pour moi de voir en face et de transformer.

Nous avons une destinée et rien de ce qui nous arrive n'est un hasard. Bien entendu, destinée ne veut pas dire déterminisme, comme ceci est fréquemment mal compris !
Nous avons une destinée tracée dans ses grandes lignes, et dont l'Ange est le gardien, mais nous conservons notre libre arbitre quant à la manière d'expérimenter notre destinée à notre guise.
Au vu des multiples rencontres et opportunités d'une existence, il est facile d'imaginer qu'à partir d'une destinée, tout reste possible !

En partant de cette réalité, tout ce que nous vivons est bien relié à nous : une situation, aussi dramatique soit-elle, n'est donc pas une calamité, mais plutôt un défi à relever, une expérience dont nous pouvons tirer des leçons pour grandir, nous améliorer, et évoluer au sein même de notre destinée.

Les grandes épreuves de la vie doivent être accueillies avec courage et dépassées avec espérance.

Le questionnement « percevalesque »

Le jeune adulte qui entre dans cette septaine a vécu jusqu'ici une existence globalement conditionnée par son éducation, la science et les médias. Il sait beaucoup de choses et, pourtant, il est ignorant et naïf ! Tout ce qu'il croit savoir lui a été inculqué par d'autres ; mais il n'a encore rien appris par lui-même (ou si peu). Il est crédule : il croit ce que la science ou les médias disent de l'être humain (par exemple, qu'il descend du singe, alors que jamais la moindre preuve n'a confirmé cette hypothèse !). Il veut croire au système dans lequel il vit (même si, depuis son adolescence, il ressent que ce système n'est pas vraiment humain), car il préférerait choisir la voie de la facilité.
Pourtant, au fond de lui, une voix crie : « *Mensonge !* »
Cette voix, qui est celle de l'esprit en quête de vérité, veut des réponses à ses questions existentielles.
Alors, le trentenaire courageux cherche à comprendre et il remet en question sa vie, ainsi que le système.
Notez que s'il ne le fait pas à 30 ans (peut-être à cause d'un trop fort condi-

tionnement et/ou d'un trop grand attachement à sa famille ou au système), il le fera à 40 ans, mais avec davantage de difficultés (cf. la septaine de mars, de 42 à 49 ans.)

Le principe de base pour apprendre à se poser des questions est de faire la différence entre les bonnes questions et les fausses questions.
En général, les bonnes questions sont basées sur le « *Pourquoi ?* », tandis que les mauvaises s'établissent sur le « *Comment ?* »
En effet, une question commençant par « *Comment* » ne peut jamais résoudre un problème, ni en découvrir la cause : elle ne peut qu'apporter une solution temporaire, mais elle ne dévoile pas la source du problème.
En somme, lorsque l'on est face à un problème dont on souhaite se défaire, il ne faut pas se demander : « *Comment vais-je faire pour me débarrasser de ce problème ?* » Mais plutôt : « *Pourquoi est-ce que je me retrouve face à ce problème ?* » ou « *Quelle leçon ai-je à comprendre dans cette situation ?* »
En résumé :
Avec le « *Comment* », nous essayons de faire disparaître le problème en le dissimulant derrière une solution provisoire. Nous nous attaquons uniquement aux conséquences du problème.
En revanche, avec le « *Pourquoi* », nous recherchons la cause du problème, afin de nous en débarrasser définitivement.
Nous ne pouvons nous dégager d'un problème qu'en remontant à sa source, et qu'en en arrachant sa racine.
Bien sûr, la question du « *Pourquoi* » demande beaucoup plus de courage, car il nous faut voir en face où nous avons commis une erreur. Elle implique le sens des responsabilités.
En revanche, la question du « *Comment* » satisfait tout le monde, car peu importe qui est responsable du problème, l'essentiel est de l'oublier le plus vite possible !

En lisant ou en écoutant les médias, vous pouvez mener vous-même votre petite enquête, et vous vous apercevrez très vite que les questions qu'ils posent sont presque uniquement à base de « *Comment* ». Et, c'est la raison pour laquelle nous ne trouvons jamais de solutions définitives aux grands problèmes qui existent actuellement dans le monde !

Découvrir le sens d'une situation, d'une épreuve ou d'un défi, demande toujours d'aller à la cause profonde, grâce au « *Pourquoi* ».
Qui suis-je ? D'où viens-je ? Où vais-je ? Qu'ai-je à faire sur cette Terre ? : ce sont des questions « *Pourquoi* », car elles sont existentielles ou spirituelles.
En revanche, si nous cultivons un état d'esprit trop matérialiste, ces ques-

tions deviennent : *Comment faire valoir mon individualité ? Comment retrouver mes ancêtres (généalogie) ? Comment réussir ma vie (ou devenir célèbre et gagner plein d'argent) ?* Ces questions ne sont pas existentielles.

Afin de mieux comprendre le principe du questionnement, dans son sens pleinement spirituel, nous pouvons nous inspirer de l'histoire de Perceval, héros de la quête du Graal et précurseur de l'homme qui pense par lui-même[12].
En effet, le trentenaire d'aujourd'hui est un jeune homme ou une jeune femme qui ressemble beaucoup à Perceval.
Toute l'histoire de Perceval tourne autour de questions posées ou non, et qui ont des conséquences très importantes sur la vie des principaux personnages.
Pourquoi donner une telle importance à des questions ? Pourquoi suffit-il à Perceval de poser la bonne question pour que son oncle Amfortas, le roi pêcheur, soit immédiatement guéri ?

Le Graal : une quête moderne du sens de la vie

La quête du Graal représente la méthode d'évolution moderne de l'être humain : les romans du Graal tracent les grandes lignes, de manière voilée, de l'évolution spirituelle occidentale.

Or, cette évolution spirituelle moderne repose sur une transformation de la pensée, car c'est grâce à elle que nous pouvons retrouver notre lien avec le monde spirituel, le monde d'où nous venons, mais que nous avons oublié.

Le message du Graal est celui d'une guérison obtenue grâce à une nouvelle forme de pensée.

Et, pour se développer, cette pensée a besoin d'un questionnement, à savoir, une expérimentation de connaissances élevées, qui purifient et transforment l'être en profondeur.

12. Sur Perceval et le Graal, voir les ouvrages de Pierre Lassalle *Le Sentier du Graal* et *Le Graal et l'Éternel Féminin* ainsi que son thriller ésotérique de science-fiction *Cyberespace*.

Or, ce travail de questionnement est parfaitement en correspondance avec cette cinquième septaine (que nous appelons parfois la septaine « percevalesque »).
Le Perceval moderne prend du recul par rapport aux médias, et à toutes les soi-disant vérités prémâchées, véhiculées dans notre société.
Il veut découvrir par lui-même ce qui est vrai ou faux. Il se pose des questions et mène son enquête.
Il se sent poussé à redéfinir son rapport à la connaissance.
C'est un champion du « *Pourquoi ?* », et c'est ainsi qu'il peut trouver des solutions dans les différentes sphères de son existence. Il passe pour un individu disposant d'une pensée incroyablement claire et d'un formidable bon sens.

Guérir sa deuxième septaine

Nous allons découvrir maintenant de quelle façon il est possible de guérir la deuxième septaine grâce à la cinquième.
Rappelons-nous que la cinquième septaine est en miroir avec la seconde (selon le principe de la « barrière-miroir » de l'âge de 21 ans, cf. Premier Intermède).

Dans le chapitre sur l'apprenti-sage (7-14 ans), nous avons expliqué que l'enfant découvre la connaissance à travers ses professeurs. À cet âge-là, l'enfant intègre une certaine vision de la connaissance et de la lecture ; s'il rencontre au moins un professeur qui sait lui donner le goût de l'étude, de la recherche de la vérité, de la lecture, alors, dans la trentaine, il sera capable de développer une bonne pensée, et il aimera lire et étudier, afin d'accéder à telle ou telle compréhension de la vie. Il pourra devenir autonome dans sa recherche de connaissances et dans la manière de les intégrer et de les retransmettre.

Si sa deuxième septaine s'est mal déroulée, si aucun professeur n'a su lui transmettre le goût de l'étude ou l'amour de la connaissance, alors, à 30 ans, il détestera lire et étudier, et il se sentira incapable d'apprendre et d'accéder à la connaissance par lui-même. Il restera naïf et ignorant.
Ce sera un handicap considérable pour développer le bon sens.
En résumé, entre 7 et 14 ans, l'enfant découvre la connaissance par l'intermédiaire de ses professeurs ; la manière dont ceux-ci le feront entrer en relation avec cette connaissance influencera pour longtemps le comportement de l'enfant vis-à-vis d'elle (ou de l'étude).
Entre 28 et 35 ans, il est important que l'individu redéfinisse son rapport à la connaissance (l'étude, la lecture, etc.), en s'individualisant.
Bien sûr, à notre époque, avec l'ordinateur et l'Internet, les jeunes ne sont

plus encouragés à découvrir ou à étudier : s'ils veulent des réponses, ils vont les chercher sur Internet ! Cependant, les réponses qu'ils obtiennent sont très souvent fausses, ou pour le moins superficielles et incomplètes (c'est vraiment du très bas de gamme !)
De plus, il ne s'agit plus de connaissance mais d'information.

Quelle est la différence entre l'information et la connaissance ?

L'information est acquise par l'intermédiaire d'un média (ou un quelconque intermédiaire), tandis que la connaissance est le résultat de notre propre recherche et nos efforts de pensée, c'est-à-dire un accès direct, sans intermédiaire médiatique, avec la vérité ou une sagesse particulière.

Si vous avez 30 ans ou plus, posez-vous les questions suivantes :

- Est-ce que j'aime lire ?
- Est-ce facile pour moi d'étudier ?
- Est-ce que je ressens l'amour de la connaissance ou de la quête de la vérité (ou d'une vérité qui me tient à cœur) ?
- Est-ce que j'aime découvrir ce qui est vrai ou faux (ou ce qui est bien ou mal) en toutes circonstances (à travers mes lectures ou encore face à une situation) ?
- Est-ce que j'aime tirer des leçons de mes expériences, afin de comprendre pourquoi elles me sont arrivées ?
- Est-ce que j'ai un modèle (un grand être profondément moral et spirituel que j'admire), qui me motive à me dépasser ?
- Suis-je capable de m'affirmer, de manière juste, sans m'imposer ?

Si vous répondez « oui » à toutes ces questions, nul doute que vous avez vécu une belle deuxième septaine, et que cela vous aidera, ou vous a aidé (selon votre âge) à passer cette cinquième septaine.
Si vous avez répondu « non » aux questions ci-dessus, et que vous avez moins de 30 ans, alors tout est encore possible !

Comme nous l'avons vu lors de la présentation de la grande période solaire de 21 à 42 ans, chaque septaine solaire peut guérir ou ré-harmoniser l'une des trois premières septaines.

Celle de 28 à 35 ans peut rééquilibrer la deuxième septaine (7-14 ans). Par conséquent, pendant la cinquième septaine l'individu se trouve confronté à des défis semblables à ceux de la deuxième. Bien évidemment, ceci ne se déroule pas de la même manière...
Par exemple : **pour ce qui touche à la connaissance, l'étude, la lecture, l'adulte doit maintenant tout réapprendre par ses propres efforts.**
Si ses professeurs – à cause d'une manière abstraite et automatique d'enseigner – l'ont dégoûté de l'étude et de la lecture, il devra faire l'effort de se remettre à lire en faisant ses propres choix, et d'étudier une connaissance qui l'intéresse, afin d'effacer les mauvais souvenirs gravés depuis son enfance. **Il doit essayer de se refaire une « virginité » par rapport à la connaissance.** Il va ainsi se rééquilibrer intérieurement et rendre sa pensée plus forte et plus souple.

Nous avons déjà vu plus haut le même principe concernant l'autorité : si, en tant qu'enfant, nous avons eu la chance de rencontrer au moins une personne qui exprimait une autorité bienveillante vis-à-vis de nous, alors, vers la trentaine, nous serons capables de devenir auteurs de notre destinée, et de prendre seuls nos décisions concernant notre avenir.
Dans le cas contraire, nous serons toujours dépendants d'autrui et nous passerons notre temps à nous plaindre de l'autorité que les autres (ou l'état) exercent sur nous. Si nous sommes faibles par rapport à l'autorité, nous pouvons également guérir cette soumission dans la trentaine, en nous entraînant à prendre des décisions sans demander l'avis d'autrui, même si cela nous fait peur.

Nous avons toujours une seconde chance : ne la laissons pas passer !
En général, le rééquilibrage d'une septaine par une autre se produit grâce à nos efforts (ici, le travail de la pensée durant la cinquième septaine).
Nous serons mis naturellement dans des conditions favorables à la remise en harmonie d'une septaine passée :

- Soit nous n'en prendrons pas conscience et nous réagirons comme par le passé. Il n'y aura donc pas de rééquilibrage.

- Soit nous verrons l'opportunité, mais nous ne la saisirons pas, par manque de courage. Il n'y aura donc pas de rééquilibrage non plus dans ce cas.

- Soit nous verrons ce qui nous est demandé et nous fournirons l'effort permettant la guérison du passé. Le rééquilibrage est alors effectif.

Si nous avons échoué à guérir notre deuxième septaine au cours de la cinquième, nous verrons dans quelle mesure nous aurons encore une dernière chance (partielle) lors de la huitième septaine (cf. chapitre 8).

Conseils pratiques pour cultiver le bon sens

La pratique du phénomène miroir :

Nous vous proposons de revenir sur le « phénomène miroir », afin de vous en expliquer l'application pratique, qui constitue un excellent moyen de développer le bon sens, ainsi que le discernement.
Comme nous l'avons vu plus haut, le phénomène miroir repose sur trois règles simples.
Voyons ce qu'elles signifient en situation :

La première règle consiste à accepter ce que nous renvoie la situation à laquelle nous sommes confrontés. En fait, chaque épreuve de la vie est porteuse d'un message pour nous ; si nous savons le décoder, nous grandirons et deviendrons meilleurs. Sinon, nous passerons notre temps à nous plaindre des malheurs que la vie nous a imposés, et nous finirons notre existence aigris !
Le phénomène miroir est une sorte de « jeu pour adultes » : nous apprenons à dénicher les indices de chaque épreuve et événement de notre existence, afin de découvrir ce qu'ils nous renvoient, au-delà de nos réactions primaires et émotionnelles.
Après avoir pris du recul et être sortis de nos émotions, nous prenons de la hauteur et nous nous interrogeons sur la signification profonde du défi qui nous est proposé.
En travaillant sur le phénomène miroir, nous cultivons notre bon sens.
Si vous avez du bon sens, alors cette méthode vous paraîtra lumineuse ! Si vous manquez de bon sens, alors elle ne vous plaira pas !

Les deux autres règles présentent les deux sortes de « miroirs » possibles :

- **Une personne ou une situation vous émerveille ou vous passionne au plus haut point : cela signifie qu'une qualité ou une capacité est en train de se réveiller en vous.**
  Alors, il est temps d'en prendre conscience et de la cultiver. La rencontre avec cette personne ou cette situation est un signe : c'est le

signe que vous êtes prêt à vous engager dans une nouvelle aventure. Prenons un exemple : généralement, lorsque l'on entame une relation amoureuse ou amicale avec quelqu'un, il y a une qualité ou une capacité qui nous émerveille chez cette personne. Imaginons que vous êtes impressionné par le courage de votre partenaire ; vous pensez donc qu'il ou elle dispose de beaucoup plus de courage que vous. En réalité, cette rencontre est un message vous indiquant : « *Tu viens de rencontrer cette personne, car il est temps de développer tout le courage qui est dans ton cœur. Toi aussi tu disposes de cette dose de courage, mais elle n'est pas encore révélée chez toi. Si tu travailles fort, alors tu feras bientôt preuve de davantage de courage.* » Ensuite, vous avez le choix : travailler sur vous pour révéler cette qualité, ou ne pas y travailler et l'oublier.

- **Lorsqu'une personne ou une situation vous énerve au plus haut point, cela signifie qu'il est temps de vous préoccuper d'un défaut ou d'une culpabilité qui vient de se réveiller dans votre subconscient.**
Là aussi c'est un signe, un avertissement, même si c'est moins sympathique que dans le cas précédent. Il faut vous armer de courage et mettre la lumière sur le travail de transformation que vous devez accomplir : « *Quel est le défaut que me renvoie cette personne ?* », par exemple.
Prenons un exemple : vous venez d'entamer une relation avec une personne, et celle-ci vous énerve car vous trouvez qu'elle manque de respect vis-à-vis de vous et d'autrui. Ce miroir désagréable est un avertissement signifiant : « *Cette personne t'énerve, car elle réveille en toi quelque chose de pas très beau, auquel tu dois t'intéresser, afin de te débarrasser de ce défaut.* »
Bien sûr, ce n'est pas facile de reconnaître que l'on porte en soi le défaut que l'on voit chez l'autre. Pourtant, si ce n'était pas le cas, le défaut de cette personne ne nous toucherait pas ! On ne peut être touché que par quelque chose que l'on porte en soi (dans son subconscient).
Rappelons-nous ce que disait le Christ : *« On voit la paille dans l'œil de son voisin, mais on ne voit pas la poutre qui est dans le sien ! »*

La pratique du phénomène miroir permet de comprendre tout ce qui se passe dans notre existence !
Nous pouvons l'utiliser tout au long de notre vie. Mais c'est durant la cinquième septaine que nous pouvons en acquérir les bases, car cette méthode correspond parfaitement au développement du bon sens (et donc d'un jugement sain).

Lucidaëlle
04.12

En Quête

La vie se voulant ton amie dévoilée,
T'invite à saisir du Chevalier l'épée,
Apprêter ta garde et l'ennemi guetter.

Aurai-je au bouclier bon nom à dédier ?
Pourrai-je la lance juste et ferme manier ?
Forces à mon drapeau voudront-elles danser ?

La quête est en ton être initialisée ;
Croisant haut le fer face aux naïvetés,
Les illusions tombent sur ton identité.

Quelle terre désormais m'enrichit de vrai ?
Où vit le sujet de mon cœur esseulé ?
Puis-je en Destinée mon mystère épouser ?

Seul, en berceau de pourquoi, nais Chevalier,
Et ton chemin vital peut s'envisager,
Si toujours avances en esprit raisonné.

Puis-je ici sur Terre tout de moi libérer ?
Puis-je apprendre et connaître, et me rencontrer ?
Puis-je apprendre à connaître et Dieu rencontrer ?

Ton cœur est ressource de vie espérée,
Où tes quêtes et réponses aiment à s'unifier,
Et sacre l'Alliance du soleil retrouvé.

Pouvoir solaire

Soleil, je suis de ta nature ;
Soleil, tu es mon aventure.

Ta lumière est si divin éclat !
Tu es...
Appel à raison et libres choix.

Ta chaleur est si divin brasier !
Tu es...
Appel à l'amour en cœur sacré.

Ta puissance est si universelle !
Tu es...
Appel au don et vœux fraternels.

Soleil, je suis de ta nature ;
Soleil, tu es mon aventure.

Ta suprématie est si bienveillante !
Tu es...
Chemin d'une juste inclusion confiante

Ta vie est si joyeuse guérison !
Tu es...
Chemin de l'entière libération.

Ton mystère est si merveilleux aimant !
Tu es...
Chemin de perpétuel transcendant.

Soleil, je suis de ta nature ;
Soleil, tu es mon aventure.

Ma vie est par ton modèle toute à créer ;
Je suis...
Apprenti conscient d'en mon cœur te porter.

Ma force est par ton modèle toute à gagner ;
Je suis...
Apprenti conscient d'en mon cœur la forger.

Ma vérité est par ton modèle toute à cerner ;
Je suis...
Apprenti conscient d'en mon cœur t'éclairer.

Tel un soleil je suis,
Et mon pouvoir saisis,
Que le meilleur de lui
Identifie ma vie.

Céline ♥ Océana

« Plus » Astro

La cinquième septaine débute avec plusieurs aspects, qui sont dans la continuité de ceux présentés au chapitre précédent.
La période 26-30 ans est l'une des plus importantes de la vie humaine et l'astrologie le confirme avec de nombreux aspects. Ces quatre années soulignent le passage à l'âge adulte, aussi bien physiquement que psychiquement.

☆ La cinquième septaine s'ouvre sur une ***inversion des nœuds lunaires*** aux alentours de 28 ans. Cet aspect met l'individu face à son nœud sud (comme lors de ses 9 ans et 3 mois), et lui offre l'opportunité de prendre conscience de qualités ou capacités qui ne demandent qu'à s'éveiller. Cette inversion peut provoquer des rencontres importantes pour le jeune adulte. Dans une carte du ciel, les nœuds lunaires représentant l'axe de la destinée, cela souligne que l'Ange ayant lâché son protégé, ce dernier doit apprendre à conduire sa destinée par lui-même.

☆ Vers 29 ans ½ se produit ***l'opposition de Jupiter***, qui incite à un rapport nouveau vis-à-vis de la connaissance, comme nous l'avons déjà vu. De plus, cet aspect vient compléter celui du **retour de Saturne,** qui se produit au même âge. Notez que c'est l'une des deux seules fois où Jupiter et Saturne ont un aspect majeur en même temps (l'autre fois se situe pendant la septaine de Saturne – cf. chapitre 9).

☆ ***Le retour de Saturne,*** qui a également lieu vers 29 ans ½ (un astrologue doit toujours vérifier quand se produit votre retour de Saturne, car il peut se présenter près d'un an plus tôt que la moyenne, et la durée de son influence peut s'échelonner entre trois mois et un an, selon s'il y a un seul ou trois passages sur le Saturne natal). Le retour de Saturne est l'aspect le plus important de la période entre 26 et 30 ans. Il marque nettement l'entrée dans l'âge adulte, qui est celui des responsabilités (l'une des qualités de Saturne). Cet épisode saturnien est généralement vécu comme une phase d'introspection, de solitude, de prise de recul face à la vie, et de remise en question des principaux domaines de l'existence. Les questions existentielles apparaissent normalement à cet âge.

Le jeune adulte souhaite bâtir du solide et du durable. Il veut approfondir ses relations et ses motivations à agir et vivre. C'est le moment de la vie où l'on quitte le nid douillet et protecteur de l'enfance, afin d'apprendre à se porter seul face au monde. Un retour de Saturne réussi nous fait mûrir considérablement et nous renforce intérieurement. On sait un peu mieux ce que l'on est venu faire sur cette Terre. On fait le vœu de se consacrer à l'essentiel.

« Plus » Ésotérisme

Nous avons vu que le jeune adulte expérimente ce que nous appelons « *l'Éveil du Je* » entre 28 et 30 ans.
Cette expérience spirituelle se déroule en plusieurs phases. Il s'agit d'un éveil progressif de l'esprit humain :
D'une part, le retrait de l'Ange, provoque un « choc » psychologique et spirituel, qui déclenche une période d'éveil. Petit à petit, le jeune homme ou la jeune femme perçoit de nouvelles forces intérieures.
Si l'individu joue le jeu, il va mûrir intérieurement et se sentir capable de faire face aux défis de la vie. Il se sentira plus à l'aise avec sa dimension intérieure.
Bien sûr, ses progrès se feront au *prorata* de ses efforts (surtout ceux de la pensée).
Cependant, l'éveil de l'esprit continuera sa révélation à chaque période où il se produira, soit, un aspect de Saturne, soit, un retour ou une inversion des nœuds lunaires. À chaque fois, l'individu se sentira poussé pour ouvrir davantage son esprit, mais tout progrès dépendra de ses efforts propres.

Enfin, ce que nous appelons « l'Éveil du Je » correspond également à une expérience spirituelle d'un haut niveau de conscience, lors de laquelle l'aspirant expérimente une profonde liberté, issue d'une solitude intérieure extrême. Dans ce vide absolu de la solitude, il se saisit en tant qu'esprit libre et étincelle d'amour pur dans l'univers.

« L'âge du Christ »

Lors de la Présentation de cet ouvrage, nous vous indiquions que le fond de la Coupe du Graal de l'incarnation qui se forme entre la naissance et

63 ans, est atteint entre 30 et 33 ans : ces années constituent **la « période christique »**, c'est-à-dire l'âge où le Christ S'est incarné dans un corps humain.
Pour nous, le Christ est Dieu le Fils (n'ayant rien à voir avec aucune religion en particulier, puisqu'Il est la Source de toute religion ou courant spirituel), qui est descendu au centre de Sa Création en s'incarnant dans l'homme Jésus, lors de l'épisode du Baptême dans le Jourdain, octroyé par Jean le Baptiste à Jésus, le 6 janvier de l'an 31. Le Christ est resté incarné durant deux années et demi environ dans le corps de Jésus. Ce dernier avait alors entre 30 et 33 ans et il devint le Représentant de toute l'humanité communiant avec Dieu.
Cet âge n'est pas banal, puisqu'il représente la courte période durant laquelle l'être humain est le plus profondément enfoncé dans la matière.
Cette période, appelée parfois le « midi de la vie », représente la période christique par excellence.

En fait, le fond de la Coupe du Graal de l'incarnation symbolise les trois années que le Christ a passées sur la Terre, moment capital de l'histoire de l'humanité, où l'Homme a rencontré Dieu. C'est un paradoxe de considérer que cet âge est celui où nous sommes incarnés le plus profondément, tandis que nous vivons l'âge christique, c'est-à-dire le moment où la rencontre avec Dieu est possible.
Cette période est en effet propice pour une rencontre avec Dieu. Cette rencontre se produit toujours pendant que nous sommes dans la trentaine, et profondément enfoncés dans la matière, au point le plus éloigné de notre vraie patrie, le monde spirituel dont nous sommes issus.
En général, entre 30 et 33 ans, voire jusqu'à 35/37 ans, nous avons l'opportunité d'un contact avec le monde spirituel. Cette expérience s'appelle la « rencontre avec le Père ».
Cette rencontre peut être vécue à toutes sortes de niveaux de conscience. Il peut s'agir d'un rêve marquant qui nous remet en contact avec cette dimension divine, cachée aux yeux humains. Ceci peut être vécu aussi comme un puissant ressenti lors d'une rencontre capitale avec un autre être humain, qui peut jouer, consciemment ou non, un rôle de « père » pour soi. Il peut s'agir également d'une véritable expérience spirituelle (intérieure), pouvant se produire à différents niveaux de conscience.
Bien souvent, cette expérience amènera l'individu à entamer une recherche philosophique, ésotérique ou spirituelle, et lui fera rencontrer des personnes importantes pour l'évolution de sa destinée.
Cette expérience n'est possible qu'une fois dans la vie et uniquement à cet âge.

À noter : Cette septaine est la plus propice pour débuter une démarche spirituelle, car elle favorise toute étude ou travail intérieur. Souvenons-nous que l'aptitude à étudier et à se réaliser spirituellement se joue déjà dans la deuxième septaine, car c'est l'aptitude à connaître et à s'ouvrir à un enseignement et à l'amour de la connaissance, qui s'apprend entre 7 et 14 ans.
L'âge de 33 ans est en miroir avec celui de 9 ans (chacun de ces âges se situent à douze ans d'écart de la barrière-miroir des 21 ans). Rappelons-nous qu'à l'âge de 9 ans et 3-4 mois, l'enfant vit « l'Expérience du Je » (inversion des nœuds lunaires) et la pénétration de l'entité ahrimanienne (le « loup ») dans son corps éthérique. Ceci le coupe, généralement, du monde spirituel et il perd le contact conscient avec son Ange. Or, à 33 ans, le jeune adulte se trouve face à l'opportunité de se reconnecter avec le monde spirituel. ***Ainsi, la « chute » dans la matière entamée vers 9 ans peut s'arrêter vers 33 ans, et une remontée vers la Lumière peut alors débuter.*** *C'est la raison pour laquelle entamer une voie spirituelle à cet âge est hautement bénéfique pour l'individu !*

« Plus » Pratique

Élixirs floraux

- L'élixir floral **Angélique** est recommandé et intéressant pour la période de « l'Éveil du Je ». Il soutient l'individu en cas de crise et de sentiment d'abandon, voire de solitude (notamment due au fait que l'Ange lâche le jeune adulte). Cet élixir renforce la confiance en la vie et en soi, et redonne espérance en l'avenir.
- Pour le développement d'un mental clair, l'élixir de **Citronnier** éclaircit la pensée et favorise le raisonnement et la réflexion. Il apporte le calme. Il vivifie l'organisme.
- L'élixir de **Figuier** complète le précédent en clarifiant la pensée lorsqu'elle est confuse, facilitant ainsi la maîtrise de soi. Il donne de l'assurance et une bonne mémoire.
- Le **Lotus** est un puissant élixir, qui amplifie tous les autres en synergie et aide à travailler les problèmes de cette septaine (notamment

l'orgueil). Il favorise l'humilité et l'ouverture du cœur, permettant l'union de la raison (ou de la tête) et du cœur.

Huiles essentielles

Dans cette septaine où nous sommes incarnés au maximum, et où nous devons nous questionner sur notre vie et sur le monde, nous conseillons des huiles essentielles qui aident à s'élever, à prendre du recul vis-à-vis des événements extérieurs. Toutes ces huiles sont à diffuser dans l'atmosphère et peuvent être associées les unes aux autres.

- **Le Cèdre** apporte de la profondeur, stimule la conscience, élève l'esprit, renforce le « Je ».
- **Le Cyprès** favorise l'introspection et l'élévation de la pensée.
- **L'Encens** et le **Santal** sont remarquables pour dégager la pensée des préoccupations matérielles et la tourner vers des questionnements plus essentiels (éveiller le « Je »). Elles apportent aussi la paix et la sérénité lorsque l'on est trop stressé.
- 1 goutte de **Menthe poivrée** mélangée, dans un diffuseur, aux huiles essentielles ci-dessus, stimule l'esprit lorsque l'on a tendance à se laisser aller. Elle dynamise toute activité reliée à la pensée.

Chapitre 6

Sixième septaine : de 35 à 42 ans

L'Individualisation

☆ ***Aperçu général** : cette septaine couronne la grande phase solaire de « la conscience de soi », et apporte une maîtrise de la personnalité : on y apprend à agir conformément à ce que l'on pense et ce que l'on aime. Il en résulte, d'une part, le ressenti de son autonomie et de sa force intérieure et, d'autre part, un plus grand sens des responsabilités, qui signent la véritable maturité. C'est au cœur de cette période que se situe le grand tournant de la vie avec la possibilité de s'orienter vers son but de vie, et de commencer à manifester sa spécificité. C'est également la tranche d'âge où il est possible de guérir sa première septaine (de la naissance à 7 ans).*

☆ ***Début et fin** : Cette sixième septaine se déroule de 35 à 42 ans, tant pour les femmes que pour les hommes.*

☆ ***Âges clés :** 37 ans et 3/4 mois ; 39 ans et 9 mois.*

La conscience de soi

L'acquisition de la conscience de soi est un long processus qui se déploie tout au long des trois septaines solaires, c'est-à-dire durant toute la vingtaine et toute la trentaine. Mais, pour en obtenir une vision complète, il faudrait considérer que la conscience de soi se développe, étape par étape, tout au long des quarante premières années de la vie. En effet, les premiers rudiments de conscience de soi apparaissent lorsque le petit dit « Je » pour la première fois en parlant de lui-même, vers l'âge de 2 ans et trois mois. C'est la première fois de son existence où il prend conscience qu'il est un être distinct de son entourage.
Bien évidemment, à ce stade, la conscience de soi est « minuscule » par rapport à celle de l'adulte, mais c'est tout de même à cet âge qu'elle débute.

Le déploiement de la conscience de soi durant la vingtaine et la trentaine se réalise ainsi :

- Entre 21 et 28 ans, le jeune commence à renforcer sa pensée, ce qui signifie que l'esprit (le « Je » en soi, depuis son corps mental ou corps de l'individualité) apprend à utiliser ses outils en raffinant son corps astral. Et c'est ce travail sur son corps astral qui permet à l'esprit de former sa sensibilité, et ainsi d'acquérir une base solide pour la future et complète conscience de soi. En agissant ainsi, il transforme son corps astral et son adolescence.

- Entre 28 et 35 ans, le jeune maîtrise mieux sa pensée, cultive le discernement et le bon sens, en tirant des leçons de sa vie. L'esprit s'intériorise davantage dans sa pensée, et ainsi il travaille sur son corps éthérique (corps de la vitalité, de la mémoire, du tempérament, etc.). Et c'est ce travail sur son corps éthérique qui lui permet d'acquérir une nouvelle étape dans la conscience de soi, que j'appelle le bon sens. En travaillant ainsi, il transforme son corps éthérique et son enfance.

- Entre 35 et 42 ans, l'adulte devient capable de maîtriser ses trois outils essentiels que sont la pensée (pour comprendre, tirer des leçons, analyser, synthétiser, classer, discerner, apprendre, etc.), le sentiment (pour entrer en relation, ressentir, vivre des émotions, sensations et sentiments) et la volonté (pour agir). L'esprit apprend à manifester ce qu'il pense et ressent juste. En agissant ainsi, il travaille sur son corps physique et transforme sa petite enfance.

Ce processus de la conscience de soi explique, notamment, ces correspondances entre les septaines : entre celle de l'adolescence et sa suivante (celle de la vingtaine, de 21 à 28 ans) ; entre celle de l'enfance et la septaine de 28 à 35 ans ; entre celle de la petite enfance et la septaine de 35 à 42 ans.

Le but de la conscience de soi dans la sixième septaine (35-42 ans) est l'action consciente. Cela signifie que l'individu, en tant qu'esprit, doit être capable d'agir ce qu'il a pensé et ressenti comme étant juste pour lui et pour le monde.
Ce n'est pas facile, dans le sens où nous sommes éduqués pour agir vite, donc bien trop souvent de manière automatique.
En effet, on nous apprend à répéter des gestes de façon à ce qu'ils soient mémorisés parfaitement, afin de pouvoir ensuite les exécuter à toute vitesse.

Mais pourquoi nous demande-t-on d'agir toujours plus vite ?

Il est certain que, plus nous agissons vite et moins nous pouvons demeurer conscients de ce que nous faisons. Dans ce cas, seul l'action automatique peut nous permettre de mener notre action à bien.
Mais, quand on sait qu'à notre époque il est essentiel que l'être humain acquière la conscience de soi (c'est le défi principal de notre temps !), alors il est certain qu'agir vite nous en empêche !
Par conséquent, il nous faut ralentir, afin d'agir en conscience.

Concentration et direction

Sur quoi repose cette conscience de soi qu'il nous faut acquérir entre 35 et 42 ans ?

Elle repose sur la concentration et sur la direction.
En effet, dans un premier temps, il est capital de cultiver la concentration. Nous pouvons nous y entraîner grâce à toutes sortes d'exercices. Le principe est toujours le même, quel que soit l'exercice de concentration : nous devons fixer notre attention sur un objet et ne plus nous en éloigner, le plus longtemps possible.
Vous pouvez vous asseoir devant la flamme d'une bougie et la fixer : essayez de ne plus penser qu'à elle, le plus longtemps que vous le pourrez.
Vous pouvez également arracher un petit bout de papier, et le placer devant vous. Puis, ne pensez plus qu'à lui, en essayant que vos pensées soient toujours et uniquement en rapport avec cet insignifiant petit bout de papier.

Mais, vous pouvez également vous concentrer sur quelque chose de minutieux (artisanat, créativité artistique ou non, etc.) qui vous demande toute votre attention, pendant quelques minutes, au moins.
Le principal, dans les exercices de concentration, est de ne jamais laisser votre pensée dériver et s'en aller…

En général, lorsque nous agissons à toute vitesse, d'après des automatismes et des réflexes, nous agissons en pensant à autre chose. Nous ne sommes pas concentrés… d'où les risques d'erreurs, voire d'accidents.
Lorsque nous agissons avec concentration, nos gestes sont bien plus lents et attentifs, et nous ne pensons qu'à ce que nous faisons. Dans ce cas, il n'y a jamais ni erreur ni accident ! Sans compter que, bien que notre action soit plus lente (pour le regard extérieur), c'est comme si nous allions aussi vite, sinon plus vite que ceux qui fonctionnent sur pilotage automatique ! Ceci vient du fait que tous nos gestes sont efficients. Nous ne perdons pas de temps, nous avons toujours le geste juste, etc.

Pour ma part, j'ai remarqué que nous pouvons, en moyenne, agir trois fois plus vite en étant concentré, plutôt qu'en agissant « à toute allure », mais en faisant des erreurs et en perdant beaucoup de temps par des gestes et actes inutiles !
Il est donc essentiel de savoir se concentrer.

Mais, d'un point de vue intérieur ou spirituel, que signifie « se concentrer » ?

Se concentrer consiste à faire monter sa volonté dans sa pensée.
Vous pouvez considérer que votre volonté est comme un moteur, une force, un carburant, une sorte de puissant feu, se trouvant dans le bas de votre corps (abdomen) et que vos membres peuvent utiliser pour agir. C'est cette force de la volonté qu'il faut faire monter dans la pensée, afin de fixer votre pensée sur une « cible », c'est-à-dire votre but, pour qu'elle ne bouge plus : c'est la phase de concentration.
Ensuite, vous ne pouvez pas, simplement, demeurer « immobile » sur un but particulier, puisqu'il faut *agir* consciemment.
Alors, il vous faut, une fois votre pensée concentrée, et grâce à sa force nouvellement acquise, faire descendre cette image de votre but, et la donner à votre volonté : cette descente de votre image du but jusque dans votre volonté est ce que j'appelle : la phase de direction.
En effet, l'image créée dans votre pensée par concentration va maintenant

descendre dans votre volonté pour lui donner une direction, afin que votre volonté n'agisse pas automatiquement, mais bien uniquement dans le sens du but que vous lui donnez.
Ainsi, la pensée descend dans votre volonté pour diriger sa puissance vers la manifestation de votre but.
L'ensemble du processus qui permet l'action juste est donc constitué de deux parties :

- la première est *la concentration* : elle consiste en une montée de la force de la volonté dans la pensée, pour la fixer sur un but précis ;
- la deuxième est *la direction* : elle consiste en une descente de la pensée (avec son image du but) dans la volonté, pour lui offrir une direction d'action.

L'Aventure Héroïque : un nouvel état d'esprit

Existe-t-il une méthode qui vous permettrait d'accéder à la conscience de soi, et par conséquent de réaliser pleinement le but des trois septaines solaires (entre 21 et 42 ans) ?

Oui ! Elle s'appelle « l'Aventure Héroïque » (cf. l'ouvrage du même titre, déjà cité).
L'Aventure Héroïque est une méthode universelle qui est fondée sur le fonctionnement spirituel de l'être humain contemporain et qui s'élabore d'après une sagesse ou connaissance profonde de ce dernier (son potentiel, ses diverses capacités, la manière dont il peut se révéler, les obstacles qu'il ne peut éviter, les victoires essentielles qu'il doit obtenir, les dépassements de soi à accomplir : en bref, la sagesse de sa destinée !)
Imaginons que vous soyez capable de connaître ce fonctionnement spirituel de l'être humain, vous sauriez inévitablement comment atteindre tous vos buts ou réaliser tous vos projets, car vous seriez pleinement conscient de tous les pièges de la nature humaine, comment les surmonter, et comment faire preuve de toutes les qualités et capacités humaines.

Avant de vous donner les grandes lignes de « la » méthode, il est nécessaire de présenter l'état d'esprit avec lequel elle se doit d'être pratiquée.

En effet, que vous connaissiez une excellente méthode pour atteindre tel ou tel but (par exemple, vous êtes un sportif de haut niveau et vous savez très bien vous entraîner), ne suffit pas à aboutir réellement à ce but (si vous vous entraînez avec ardeur, mais que vous vous croyez incapable de gagner, alors votre « excellente méthode » ne vous servira à rien !).

Quel est l'état d'esprit à acquérir pour pratiquer l'Aventure Héroïque ?

Tout d'abord, vous devez avoir l'intime conviction que jusqu'à présent vous avez vécu dans le monde ordinaire, en être humain « ordinaire » ; ceci n'est pas péjoratif en soi, c'est une simple constatation ; nous sommes éduqués pour être des messieurs ou mesdames « tout-le-monde », c'est-à-dire des gens « normaux », avec toute la monotonie et le conformisme se cachant derrière le mot « normal » !
Les médias ont été inventés pour manipuler les masses et leur inculquer une sorte de savoir-vivre au rabais, cette fameuse « normalité » qui est la référence… ce « prêt-à-penser » qu'avale l'individu « normal », sans jamais se poser de questions !
C'est un grand lavage de cerveau que les médias et la société, et ceux qui nous dirigent, exercent sur l'individu moyen. Et ce dernier va-t-il se révolter ? Non, certainement pas,… tant qu'on lui apporte un peu de nourriture (travail), de la sécurité (assurances et divers systèmes emprisonnant), et des loisirs pour occuper son temps (et l'empêcher de penser) !
Ne nous excitons pas : ceci n'est même pas une conspiration ! Pas besoin des petits hommes verts ou gris pour manipuler l'être humain ! Il se laisse tellement faire… Il est tellement naïf !
Cependant, personne n'est obligé de rester naïf toute sa vie !

Pris entre un travail banal, voire sans intérêt, et des loisirs abêtissants, notre individu « normal » passe son temps à survivre, en rêvant à ce que sa vie pourrait devenir s'il avait un peu de courage…
Bien évidemment, si vous lui parlez d'Aventure Héroïque, cela le fera sourire… Il pensera que c'est vous le grand naïf, car il est bien connu que l'héroïsme c'est juste un rêve… d'ailleurs tous ses médias favoris le répètent régulièrement !
Pourtant, le grand naïf c'est bien lui !
L'individu « normal » est un gouffre de crédulité, dans lequel il se noie constamment, s'empêchant de se révéler et de saisir toutes les opportunités qui passent – pourtant – à portée de ses mains.
Comprendre que nous vivons dans un monde ordinaire, où nous sommes

constamment manipulés par la publicité, les sondages, les statistiques et en définitive les médias, est le premier pas pour sortir de l'esclavage de cette normalité. Certains se diront que la normalité n'est pas si mauvaise… Pourtant, elle signe la mort de toute forme d'originalité et de créativité ! Rien d'étonnant à ce que les jeunes se révoltent contre cet état d'esprit inhumain !

Ce qui est anormal n'est pas d'être « normal »,
Mais de trouver normal de le rester !

À l'opposé de ce constat, que chacun peut établir avec un peu de sincérité, il existe l'état d'esprit héroïque…

En quoi consiste l'état d'esprit héroïque ?

A contrario du monde ordinaire, il existe un monde extraordinaire, que nous appelons en langage héroïque « le monde de l'aventure ».
Au lieu de subir, de se soumettre (la soumission signifie être « sous sa mission » !), et d'avaler tout le processus de lavage de cerveau des médias, le futur héros se pose des questions.
En effet, se poser des questions, c'est le début de la liberté !
Normalement, notre futur héros a commencé à se poser de bonnes questions dans la septaine précédente (ou même avant… Espérons-le !).
Ainsi, le futur héros apprend à penser par lui-même. Sur chaque sujet qui l'intéresse, il se forge sa propre opinion : Dieu lui a offert la pensée, alors il pense !
Ainsi, il s'individualise, s'autonomise, se différencie et apprend à se connaître.
« *Au secours !*, crient les poules mouillées. *Mais, c'est effroyable, s'il continue il va sortir du troupeau !!!* » Eh oui, c'est le but !
Le futur héros veut « sortir du troupeau » : il veut s'extraire du monde ordinaire et de la normalité, afin de devenir lui-même.
Il s'agit effectivement d'une extraction ! – « *Ici, Michaël, je suis dans une situation délicate et je demande une extraction. Aidez-moi à m'extirper de la matrice !* »

Il est capital de se révéler, de s'individualiser (cf. *Le Nouveau Tarot de l'Individualisation*, déjà cité), afin de faire ses choix seul, en adulte mature et responsable. C'est le travail que réalise un futur héros. Il veut donner du sens à sa vie.

Vous êtes un individu unique : libérez-vous !

Mais pour ce faire, il sait qu'il doit combattre ses rêves !
Eh oui, nous rêvons tous ! Le rêve n'est pas négatif en soi, à condition que nous le manifestions. **Tout rêve qui ne fait que demeurer enfoui dans notre tête finit par nous empoisonner.**
Le rêve doit être confronté à la réalité : soit nous avons le courage de le manifester, et alors c'était un « bon rêve » ; soit nous ne pouvons pas le manifester (pour cause d'immoralité ou d'impossibilité flagrante), et alors c'est un « mauvais rêve » ou un fantasme, dont il faut nous débarrasser au plus vite, sinon il sera source de frustrations et empoisonnera notre vie intérieure. C'est comme s'il pourrissait dans notre tête !...
Le futur héros fait le tri entre ses rêves ou fantasmes qu'il doit impérativement abandonner, et ses idéaux qui méritent son attention et ses efforts.

Le rêve ou le fantasme affaiblit l'être humain
et le rend immoral.
L'idéal renforce l'être humain et le rend plus vertueux.

Contrairement au penseur matérialiste, le futur héros, qui dispose d'une pensée vivante, sait que l'évolution existe et que son futur sera meilleur et plus grand que son présent. Il sait aussi qu'il lui faut préparer son futur dès aujourd'hui. Enfin, il sait également qu'il chemine à la rencontre de son futur.
En effet, le futur n'est pas « là-bas » ou « au loin », nous fuyant puisque nous reproduisons constamment notre passé ! Non !
Le futur vient à notre rencontre ! Il existe déjà… Et c'est à nous de décider si nous voulons aller à sa rencontre, ou si nous préférons l'ignorer en reproduisant sans cesse notre passé.

Si le futur héros se transcende en devenant un héros, alors il collabore à la mutation de la société et à l'évolution de la race humaine !
C'est le grand but : chaque apprenti héros doit savoir que la mission basique de tout être humain consiste à contribuer à l'évolution de l'humanité, chacun avec ses moyens. Et, nous sommes tous ici pour ce faire !

L'Aventure Héroïque : une méthode en 3 Actes et 12 étapes :

L'Aventure Héroïque, c'est un peu comme une pièce de théâtre ou un film de cinéma : nous y retrouvons un déroulement, des moments-clés, avec des Actes et certaines étapes « obligatoires ».
En fait, toute Aventure Héroïque est composée de 3 Actes, qui se subdivisent en 12 étapes.
Voici le détail de ces 3 Actes et les 12 étapes :

Acte 1 : L'Engagement

Première étape : L'Appel de l'Aventure (découverte de sa mission)
Deuxième étape : Le Refus de l'Appel (ou du changement) et la Réponse
Troisième étape : L'Entraînement et l'Engagement (et la mythologie individuelle)

Acte 2 : Le Cœur de l'Aventure et ses défis

Quatrième étape : Le Miroir négatif (l'épreuve du seuil)
Cinquième étape : La Providence et ses bienfaits
Sixième étape : La Solitude et ses tentations affectives
Septième étape : La Fraternité
Huitième étape : La Victoire

Acte 3 : Le Retour ou le Don de soi

Neuvième étape : La Transformation ultime
Dixième étape : Le Don à sa communauté
Onzième étape : La Créativité guérisseuse
Douzième étape : Le Bâtisseur du futur

1) **L'Acte 1 : une ouverture à la vraie nouveauté**

L'Acte 1 commence par « l'Appel de l'Aventure », c'est-à-dire par un événement ou un puissant vécu intérieur, qui montre à l'individu qu'il a quelque chose d'important, et de nouveau, à réaliser pour s'aligner sur ce qu'il est venu vivre sur cette Terre, et que cela va lui demander des changements dans sa vie.
L'important à comprendre sur l'Acte 1, c'est le passage qu'il nous faut effectuer entre le monde ordinaire et le monde extraordinaire, ou monde de l'aventure.

En somme, lorsque nous vivons un « Appel » à vivre une aventure, une « Mission », nous expérimentons immanquablement une « chute » : nous passons d'un état d'innocence à un état d'orphelin. Nous expérimentons forcément la fin d'une forme de naïveté, et ceci induit aussi que l'ego (le faux moi en nous) va forcément y perdre quelques plumes !

En premier lieu, dépoussiérons le concept de « vie ordinaire » :
En effet, la « vie ordinaire » d'une personne qui a passé toute sa vie sans jamais se poser de questions existentielles, ou celle d'une personne qui défend l'écologie, mange « bio » et s'intéresse à la psychologie, voire à une certaine forme de spiritualité, peut différer grandement. Pourtant, d'un point de vue héroïque, ce ne sont que des « vies ordinaires »,… sauf que l'une des deux est plus sophistiquée ou plus subtile, ou encore plus « riche » que l'autre.
Malgré tout, les différences que nous pourrions trouver entre ces deux « vies ordinaires » seraient finalement très « ordinaires ».
En réalité, votre « vie ordinaire » est en rapport avec tout ce que vous connaissez. Ou si vous préférez, votre « vie ordinaire » est le résultat de toutes vos croyances, limites, conditionnements, connaissances, rêves : en somme, tout ce qui fait ce que vous êtes jusqu'à aujourd'hui.
Par conséquent, vous n'avez pas forcément la même « vie ordinaire » que votre voisin. Peut-être même que vous serez parfaitement d'accord pour dire que votre voisin mène une vie tout à fait ordinaire… alors qu'il n'en est pas de même pour vous ! Oups !
En réalité, si nous sommes aptes à nous élever à un niveau héroïque ou spirituel, nous nous apercevrons que chacune de ces deux personnes a une vie tout aussi « ordinaire » que son voisin, sauf qu'il existe des différences dans le mode de vie extérieur, dû au niveau social, à l'intelligence, etc., qui peut faire croire le contraire.

Soyons bien clairs : soit vous avez un mode de vie héroïque, soit vous avez un mode de vie « ordinaire ».
Si vous vivez selon les standards de notre société matérialiste (travail pour gagner de l'argent afin de nourrir votre famille, vie familiale classique, loisirs et vacances pour compenser la monotonie du travail, informations sur ce qui se passe dans le monde grâce aux médias, jeux vidéo en famille, etc.), alors votre vie est ordinaire, quoi que vous en pensiez. Et pour bien commencer dans l'Aventure Héroïque, mieux vaut ne pas se voiler la face et être sincère avec soi-même !...

En vérité, entrer dans le monde extraordinaire de l'aventure signifie que vous allez entreprendre quelque chose de nouveau, à savoir quelque chose que vous n'aviez jamais fait auparavant. C'est simple, mais difficile à comprendre vraiment, et, encore plus, à appliquer !
En général, lorsque les gens entendent cela, ils vous répondent qu'ils vont faire quelque chose de nouveau... dans leur travail actuel !!! Non, ceci n'est pas nouveau ! *« Personne ne met du vin nouveau dans de vieilles outres »*, a dit le Christ ! Et combien Il a raison.

Mais, souvent, les gens « ordinaires » ne peuvent même pas concevoir de réaliser quelque chose de réellement NOUVEAU !
Aujourd'hui, le mot « nouveau » est certainement l'un des plus utilisés dans notre société... mais ce n'est pas parce que nous écrivons ce mot partout, ni que nous le crions sur tous les toits, que nous faisons vraiment dans la nouveauté.
Généralement, ce que les gens ordinaires appellent « nouveau » correspond au fait d'ajouter un « petit quelque chose » à ce qu'ils connaissent déjà : mais ceci s'appelle du recyclage ! Ce n'est pas de la vraie nouveauté !
Nous sommes dans une société championne du recyclage et de l'imitation. Mais, il n'y a ni nouveauté ni créativité dans le fait d'imiter, ou même de recycler ce qui existe déjà (c'est-à-dire y apporter de petits ajouts).

La vraie nouveauté implique une réelle créativité qui ne soit pas imitative, mais issue d'un esprit créatif.
Il ne faut pas confondre la créativité, impliquant toujours la nouveauté, avec la récupération ou la réutilisation de quelque chose d'ancien, ou qui préexistait totalement (c'est-à-dire du recyclage !).

En résumé : entrer dans le monde extraordinaire de l'aventure signifie toujours réaliser quelque chose de nouveau, que nous n'avons jamais fait jusqu'à présent : c'est ici que réside le vrai défi, et c'est le fait de le relever qui nous fera grandir et évoluer. Sinon, ce n'est pas de l'Aventure Héroïque, c'est juste « faire semblant », et c'est donc insincère (certains préféreront « mensonger » ?!).

L'Aventure Héroïque, ne consiste pas simplement à apporter un peu de « piment » à sa routine quotidienne, car ceci est à la portée de n'importe qui ! Et justement, la véritable Aventure Héroïque n'est pas à la portée de « tout le monde » !
Ainsi, entrer dans le monde de l'aventure consiste à lâcher votre routine, à lâcher le connu, pour pénétrer dans un monde inconnu (bien sûr, il ne s'agit pas de changer complètement de vie, mais il y aura forcément un change-

ment dans une partie de votre vie, et la découverte de quelque chose de totalement nouveau, bien souvent que vous n'auriez même jamais imaginé auparavant ! C'est donc très loin de la routine et du connu !).

L'Aventure Héroïque commence au moment où vous sortez de ce que vous connaissez. Si vous n'êtes pas capable de quitter ce que vous connaissez, vous ne vivrez jamais l'Aventure Héroïque : vous resterez dans le Refus de l'Aventure Héroïque.
Bien entendu, le changement en question ne doit pas être un changement uniquement matériel, du style : « *Je déménage, je change de travail et je reproduis à la perfection tout ce que je connaissais avant.* »
Il ne s'agit pas d'un changement extérieur, ce que les gens ordinaires savent très bien faire, mais quand vous regardez à la loupe, vous voyez que pas une seule poussière, pas un seul fil, rien n'a changé en réalité. Ils ont certes changé de lieu de vie, de travail, de compagnon ou de compagne, mais ils en reprennent un ou une qui ressemble étonnamment à celui ou celle d'avant. De même, dans leur maison, toute la décoration est parfaitement identique et leur travail reste dans le même secteur. Ils retrouvent les mêmes styles d'amis. Ils recréent les mêmes genres d'habitudes, d'automatismes, etc.

Vu de l'extérieur, quelqu'un dira : « *Waouh ! C'est génial ce que t'as fait ! Extraordinaire, t'as changé complètement de vie ! Quel courage !* » .
Mais, en réalité, d'un point de vue héroïque, la personne n'a absolument rien changé. C'est ce que l'on appelle un « copier-coller » ! Aucun changement n'est réel.

L'Appel de l'aventure entraîne forcément un vrai changement, plus ou moins important dans votre vie, selon la Mission qui vous a été confiée.
S'il n'y a pas ce changement, c'est que vous êtes dans le Refus du changement ou le « Refus de l'Appel » : il n'y a donc pas d'Aventure Héroïque !
C'est ce que nous appelons le passage de « l'état d'innocence ou de naïveté » à « l'état d'orphelin ou d'orpheline » : vous lâchez un certain état paradisiaque (empli par vos rêves), qui était votre vie ordinaire, vos habitudes, bien au chaud dans votre entourage.
Tout à coup, vous vous apercevez que vous n'êtes pas comme « tout-le-monde » et cela vous fait peur ! Vous avez l'impression que vous allez perdre votre entourage, qu'ils vont vous croire « fou » ! Vous vous sentez incompris, même parmi vos amis !
Vous êtes devenus un « orphelin », du point de vue héroïque, et vous êtes en train de découvrir votre unicité.

L'Appel de l'aventure se produit : qu'allez-vous répondre ? Si vous répondez « Oui ! », à ce moment-là, vous avez dépassé le Refus de l'Appel ou le Refus du changement. Vous avez dit « oui » à la vie et à l'aventure, et « non » au reniement de soi et à la culpabilité !
Et ce n'est qu'à partir de là, quand vous avez répondu présent, c'est-à-dire que vous acceptez de changer réellement certaines choses dans votre vie, que vous acceptez de casser réellement vos habitudes, de relever les défis et de changer vos automatismes, ce n'est que là, que vous pouvez vraiment commencer à vous « entraîner », afin de vous préparer à remplir votre Mission de futur héros ou héroïne.

Le but de l'Aventure Héroïque est de découvrir de nouvelles forces en soi, de progresser, d'évoluer, de se transformer, de donner le meilleur de soi.

On ne termine jamais une Aventure Héroïque dans le même état ni avec le même niveau de conscience qu'à son départ.
Puis, petit à petit, en nous entraînant, nous allons progresser vers l'Engagement : un Engagement en pleine connaissance de cause… car nous ne pouvons nous engager véritablement qu'en connaissant bien notre but (ou notre Mission), ainsi que les forces dont nous aurons besoin pour l'atteindre, ainsi que les défauts qui pourraient se mettre en travers de notre chemin…

2) L'Acte 2 : le combat vers la Victoire

Alors, nous allons vraiment commencer notre Mission et forcément nous allons devoir faire face à des « Miroirs Négatifs » (obstacles, défis, épreuves, personnes s'opposant à nous, etc.) qui correspondent – d'une certaine manière – à l'opposé de ce que nous voulons développer, de ce que nous voulons révéler.
C'est cette confrontation qui va nous permettre de grandir : grâce à elle, nous allons pouvoir nous dépasser, nous transcender, et transformer certains aspects négatifs de nous-mêmes (défauts, limites, croyances négatives, faiblesses morales, etc.).
C'est maintenant, grâce à cet Acte 2, que nous allons pouvoir faire nos preuves, c'est-à-dire découvrir quelles sont les forces réelles sur lesquelles nous pouvons compter dans l'adversité.

C'est l'Acte 2 qui forge le héros et le révèle à lui-même.

L'Acte 2 permet au futur héros d'accomplir des choses dont il ne se serait pas senti capable peu de temps auparavant. Il découvre en lui de nouvelles forces et apprend à se transcender sur le terrain.

Il a alors besoin d'humour : avez-vous déjà vu un héros sans humour ? Oui ?! Alors, ce n'était pas un héros !
Si vous expérimentez des dépassements de soi ou des transcendances et que vous résistez aux tentations diverses, alors vous atteindrez la fin de l'Acte 2 qui se manifestera par une grande Victoire… sur vous-même principalement.
La fin de l'Acte 2 correspond à une Victoire individuelle, qui marque également l'accomplissement de la conscience de soi, tel qu'il est possible de la vivre à notre époque. En effet, la fin de l'Acte 2 peut être mise en analogie avec la sixième septaine.

3) L'Acte 3 : le Retour ou le Don de soi

En simplifiant, nous pouvons dire que le passage de l'Acte 2 à l'Acte 3 est celui de l'individuel au collectif, ou du « moi » au « nous », ou encore, de l'individualité à la fraternité.
C'est un peu le même processus qui est censé se produire à l'entrée de la quarantaine (septaine de Mars entre 42 et 49 ans). C'est l'âge où nous découvrons qu'il est temps de penser aux autres et d'œuvrer avec eux, plutôt que pour soi seul. En pratiquant l'Aventure Héroïque jusqu'à l'Acte 3, vous vous préparez à la septaine de Mars (et même aux trois septaines d'accomplissement de l'esprit, entre 42 et 63 ans !).

Au cours de l'Acte 3, il faut apprendre à donner à ceux qui ne sont ni de notre famille, ni de notre cercle amical : c'est le vrai Don de soi, inconditionnel.
Beaucoup de gens n'arrivent jamais à franchir ce cap correctement et continuent jusqu'à la fin de leur vie à donner… à eux-mêmes uniquement (en dehors de leurs famille et amis, que nous considérons comme faisant partie d'eux-mêmes).
Dans le cadre d'une Aventure Héroïque, lorsque vous réussissez votre Mission, c'est comme si vous arriviez à l'âge de 42 ans : la Victoire correspond à cet âge précis, qui est l'âge symbolique de la maturité et de la capacité de partager avec autrui un peu de son expérience.
Les gens immatures n'arriveront jamais jusqu'à l'Acte 3, et ne donneront jamais d'eux-mêmes, quel que soit leur âge.
En revanche, si un futur héros réussit sa Mission, alors qu'il est beaucoup plus jeune que 42 ans, cela signifie qu'il a gagné en maturité… et prit un peu d'avance sur son âge !

Tel est l'Acte 3 : le Don de soi par amour pour sa Communauté ou pour l'humanité. Il s'agit d'une haute valeur morale, difficile à acquérir, car elle doit se mériter. Beaucoup de gens prétendent la vivre, mais peu en sont réellement capables.
Lorsque nous allons jusqu'à l'Acte 3, dans l'accomplissement de notre Mission, nous touchons à quelque chose de sublime : le noyau de l'être spirituel que nous sommes, avec tout son potentiel créateur, toute sa grandeur… quelque chose de sa divinité…
C'est pour cette raison qu'il faut connaître et surtout pratiquer l'Aventure Héroïque : pour expérimenter ce chemin de l'excellence, qui mène vers la découverte du meilleur en l'être humain, à savoir sa partie divine.
La pratique de l'Aventure Héroïque est donc essentielle pour les trois septaines solaires, mais encore davantage pour la sixième septaine, car elle permet, à coup sûr, d'accéder à la conscience de soi.

L'Individualisation : être soi

J'ai déjà mentionné cette méthode de l'Individualisation, car elle peut accompagner le jeune adulte tout au long des trois septaines solaires. Mais, il est vrai qu'elle devient indispensable lors de cette sixième septaine, afin de nous débarrasser de tous nos conditionnements, dans le but de révéler l'être que nous sommes vraiment.
Nous soulignons de nouveau que cette méthode ne peut qu'être esquissée ici, car il s'agit d'un livre entier écrit par l'auteur ! (cf. *Le Nouveau Tarot de l'Individualisation, même éditeur.*)
S'individualiser constitue la base même de l'évolution spirituelle occidentale de notre temps. En effet, il s'agit de découvrir qui nous sommes dans la profondeur de notre être intérieur.
L'Individualisation, aide à dévoiler ce qui se cache derrière nos croyances et conditionnements, afin de laisser émerger l'être réel que nous sommes.
C'est un travail essentiel, au cours duquel nous apprenons notre fonctionnement, découvrons nos forces et faiblesses, et apprenons à manier au mieux nos outils (pensée, sentiment et volonté).
L'Individualisation complète parfaitement l'Aventure Héroïque (notamment au stade de l'entraînement pour la Mission).

L'Individualisation permet également d'apprivoiser certaines qualités (voire des Vertus et Idéaux) qui sont plutôt mal vues dans notre société de « poules mouillées » !

Que pensez-vous de la solitude intérieure ?
Et du détachement ?
Et de la responsabilité ?
Êtes-vous toujours là ? Oui ! Bon, tant mieux, mais j'avoue que je n'y croyais pas trop ! Eh oui, voilà des qualités qui font peur… Pourtant, elles sont la marque de la maturité ou de l'adultat !

Lorsque l'individu cultive sa pensée en profondeur, lors de la septaine précédente, il arrive à un stade où il devient capable de s'extraire volontairement du monde extérieur et même de son entourage. Il peut alors apprécier être seul en lui-même et face à lui-même. La méditation permet cet état d'être. La véritable créativité inspirée passe « obligatoirement » par-là (il est impossible d'être vraiment inspiré sans acquérir la solitude intérieure qui favorise le lien avec le monde spirituel, source de toutes les inspirations authentiques !).
Or, pour obtenir cette qualité de solitude intérieure, résultant d'une pensée bien développée, il nous faut également acquérir une certaine faculté qui est le détachement. Mais, en réalité, c'est toujours une pensée bien développée qui permet le détachement. Une personne qui a peur du détachement, qui est très possessive et attachée au monde comme une « perdue », ainsi qu'à son entourage, révèle immanquablement une faiblesse de sa pensée !

En revanche, une autre personne qui est capable, régulièrement, de se retrancher en elle-même, de se détacher du monde, de la conscience collective, et même de l'avis de son entourage, afin de prendre ses décisions dans la plus grande solitude, montre une pensée forte et profonde, et qui sera inspirée.
Bien évidemment, rassurons les petits au passage ! Il ne s'agit pas d'être toujours seul, loin de tous et de tout ! Ce n'est pas un comportement extrême.
C'est simplement une capacité de prendre du recul face au monde et aux gens, afin de réfléchir en soi, en s'extrayant de ses désirs et de toute forme d'influence extérieure.
Le discernement est également présent chez une personne fonctionnant ainsi. Et si nous avons un individu capable de détachement et de solitude intérieure, il sera certainement apte à assumer ses responsabilités. Pourquoi ?

Que signifie le mot « responsabilité » ?

Il signifie la capacité de répondre à un engagement pris.
Nous ne pouvons donc nous sentir responsables que des engagements que nous nous rappelons avoir pris.

Or, un réel engagement ne signifie pas seulement une parole lancée en l'air pour faire plaisir à ses parents, ses amis ou sa/son partenaire.

Les attentes s'opposent toujours à l'engagement.

Si vous décidez d'accomplir un projet, voire une simple promesse, mais si vous le faites dans le secret espoir d'obtenir une récompense ou un « retour », alors cela signifie que vous avez une attente, et cette attente vous empêchera de vous engager réellement.

Pourquoi ?

Parce que l'énergie de l'attente est passive et tournée vers vous, tandis que l'énergie de l'engagement est active et tournée vers l'extérieur : ce sont donc bien deux énergies qui s'opposent.
En résumé : lorsque vous avez une attente (de récompense, de retour), vous ne pouvez pas vous engager véritablement. Au final, quoi qu'il arrive, vous ne pourrez pas vous sentir responsable du résultat : vous ne pourrez pas répondre à l'engagement pris, puisqu'il n'y en a pas eu réellement !
Ainsi, la recette pour se sentir responsable de ses actes consiste à agir sans attente de récompense, ce qui permet un véritable engagement.
Au final, nous nous sentirons responsables du résultat, quel qu'il soit, car nous nous souviendrons de notre engagement pris.

Il est essentiel d'apprendre ceci durant la sixième septaine, car elle est reliée à Saturne (en plus du Soleil) ; or, la responsabilité est tout particulièrement liée avec ce que représente cette planète, malheureusement trop mal comprise.

L'âge-clé des 35/37 ans : la période du choix

Cet âge-clé s'intitule « la période du choix », car c'est l'une des dernières « chances » pour l'individu de devenir véritablement un adulte !
Rappelons-nous que l'évolution naturelle s'arrête vers l'âge de 26 ans, c'est-à-dire avant que l'être humain ne devienne vraiment adulte (ou dans

le meilleur des cas, juste au début de cette période). Cela signifie que l'adultat est un état d'être que chacun d'entre nous doit conquérir… ou non ! Soit nous utilisons notre libre arbitre pour devenir adultes (à partir de 26 ans), soit nous ne le deviendrons jamais ! En effet, l'adultat ne se définit pas simplement par un âge précis que l'on atteint, mais par le fait de grandir intérieurement en moralité, en sagesse, en responsabilité, à savoir en maturité. Un simple coup d'œil autour de soi montre que l'adultat véritable est rarement atteint ! Pourtant, il est facile de comprendre que c'est essentiel d'y accéder…

Durant cet âge-clé, qui en précède un autre encore plus important (voir ci-après), l'individu se sent poussé à de profondes remises en question, à des changements dans sa vie, et ceci peut le conduire : soit, vers une plus grande maturité, et un début de détachement vis-à-vis du monde extérieur et de ses illusions ; soit, vers un attachement au monde extérieur encore plus marqué, avec un début d'insécurité par rapport à l'avenir (peur de vieillir ou de ne plus être à la hauteur ? Peur de se faire prendre sa place par des plus jeunes ? Etc.). Le premier choix l'amènera à plus de force intérieure et de confiance en soi ; quant au second choix, il le conduira vers une chute sans fin, vers toujours plus de faiblesse et de bassesses…

L'âge-clé des 37 ans et 3 mois : La « Révélation du Je »

À la suite de ce que nous venons de voir, l'individu se trouve face à l'un des âges les plus importants de la destinée que j'appelle : la « *Révélation du Je* » ! Cet âge correspond au deuxième retour des Nœuds Lunaires (cf. « *Plus* » Astro), le premier s'étant produit à l'adolescence.

Cette fois-ci, l'être humain dispose de tous ses moyens pour lui permettre de vivre cette expérience avec le maximum de conscience et de connaissance. Il s'agit d'une période s'étalonnant sur une petite année : elle commence vers l'anniversaire des 37 ans et dure environ neuf ou dix mois.

Pendant ces quelques mois, les portes du ciel s'ouvrent et l'individu se retrouve en contact avec le monde spirituel. Bien évidemment, ceci peut être vécu de manière subtile, et tout dépend des croyances de l'individu en question. Il est certain qu'il existera de grosses différences, selon que nous avons affaire à un athée ou à un aspirant dans une voie spirituelle !

Il n'empêche : **quelles que puissent être les croyances et la vie de cha-**

cun, tout individu expérimente cette période comme une possibilité de grâce (que certains appelleront « chance » ou « opportunité », etc.), **et d'ouverture vers plus grand que soi.**
Si l'individu s'est engagé vers plus de maturité, pour acquérir les qualités et vertus d'un adulte, alors nul ne doute qu'il sera inspiré, d'une manière ou d'une autre, durant cette période.

Quelles « formes » peut prendre cette sorte de grâce ?

Il peut s'agir de :

- Une sorte de rêve prémonitoire ;
- Une rencontre essentielle pour la destinée ;
- Une perception de son but de vie, ou une partie de celui-ci ;
- La révélation d'un grand projet à réaliser, seul ou à plusieurs ;
- Une lecture marquante qui remet en question la vie de l'individu ;
- Une méditation provoquant une puissante expérience spirituelle ;
- Une inspiration pour un artiste ;
- Une perception du divin, ou de son Moi supérieur, ou Âme céleste…

Dans tous les cas, il s'agit d'une sorte de grâce ou de providence, qui apporte son lot de révélations, permettant également à l'esprit, au « Je » qui vit cette expérience, de se révéler… : d'où l'appellation de « *Révélation du Je* » !
Cette expérience étonnante peut déclencher la réalisation de « l'œuvre solaire » (voir ci-après).

À noter : Pour conclure ce paragraphe, voici une anecdote intéressante... Il y a quelques années, les scientifiques ont remarqué que le taux de fertilité des femmes baissait soudainement entre 37 et 38 ans, sans qu'ils n'y puissent donner aucune explication ! En fait, c'est justement dû à ce remarquable moment de la « Révélation du Je » (retour des Nœuds Lunaires en astrologie) : à partir de cet âge, les femmes ne sont plus censées avoir des enfants ! Ceci voudrait-il dire qu'elles ont « autre chose » à faire ?...
Une évolution spirituelle répondrait immanquablement à cette question !...

L'âge-clé des 39 ans et 9 mois : Souvenirs d'enfance

Si vous vous souvenez du principe de la barrière-miroir des 21 ans, alors vous comprendrez que les trois dernières années de cette sixième septaine correspondent (à l'envers) aux trois premières années de la petite enfance. Ainsi, la quarantième année (entre 39 et 40 ans) correspond à la troisième année de l'enfance. Et, c'est la raison pour laquelle l'âge des 39 ans et 9 mois constitue le miroir de l'âge des 2 ans et 3 mois, ce moment où le petit dit « Je » pour la première fois, et que j'ai appelé « *L'Émergence du Je* » !
De fait, entre 39 et 42 ans vous « revivez » les trois premières années de votre existence !
Bien évidemment, j'espère bien que vous n'allez pas revivre exactement les mêmes événements !
En revanche, étant donné qu'il est possible de guérir la petite enfance grâce à cette septaine, il est d'autant plus important de vivre le plus consciemment possible la période entre 39 et 42 ans, afin de rééquilibrer le plus possible votre petite enfance, où il se passe des événements essentiels (se lever et marcher, parler, et commencer à penser et dire « Je » !).

- Durant l'année s'écoulant entre 39 et 40 ans, vous êtes en miroir avec la troisième année de votre existence, c'est-à-dire avec le germe de votre **pensée**. En conséquence, cette année est vraiment essentielle pour rééquilibrer cet outil de votre psyché (pensée, connaissance, spiritualité, méditation, lecture, étude, raisonnement, réflexion, discernement, tirer des leçons, analyser, classer, structurer, vision de la vie, etc.).

- Durant l'année suivante, entre 40 et 41 ans, vous êtes en miroir avec la deuxième année de votre existence, c'est-à-dire avec le germe de votre **sentiment**. En conséquence, cette année est vraiment essentielle pour rééquilibrer cet outil de votre psyché (sentiment, émotions, sensations, impressions sensorielles, passions, désirs, attirances, relations humaines, caractère, etc.).

- Enfin, durant l'ultime année de cette septaine, entre 41 et 42 ans, vous êtes en miroir avec la première année de votre vie, c'est-à-dire le germe de votre **volonté**. En conséquence, cette année est vraiment essentielle pour rééquilibrer cet outil de votre psyché (volonté/action, actions égoïstes ou fraternelles, impulsions, instincts, tempérament, pulsions, automatismes, habitudes, concentration, etc.).

L'Oeuvre solaire : Finir la triple septaine solaire en beauté !

Comme écrit plus haut, un beau vécu de la « *Révélation du Je* » vers 37/38 ans peut déclencher le vœu de réaliser une belle œuvre, afin de terminer la septaine en beauté !
Il faut bien comprendre que les vingt et un ans de cette triple septaine solaire ont pour but de permettre à l'être humain d'apprendre à maîtriser ses outils que sont la pensée, le sentiment et la volonté. De plus, en réalisant les multiples expériences qui lui permettront cette maîtrise, l'individu prend de plus en plus conscience de lui-même : c'est le long cheminement vers la conscience de soi.
Au final, le meilleur moyen d'acquérir une véritable conscience de soi n'est-il pas de s'auto défier dans un projet qui permettrait de l'expérimenter ?
Et la meilleure méthode pour accomplir cet « exploit de la conscience » ne serait-il pas la mise en pratique de l'Aventure Héroïque ?
J'ai l'impression que vous avez tout compris !...

L'œuvre solaire est un projet, un défi que vous vous lancez, afin d'expérimenter la conscience de soi.
Peu importe le projet en soi, l'essentiel étant qu'il corresponde et se vive selon les « règles » de l'Aventure Héroïque, afin que vous aboutissiez effectivement à la conscience de soi.
Il vous faut trouver une œuvre solaire que vous exécuterez seul et qui vous demandera un beau dépassement de soi.
L'important dans cette entreprise est que vous puissiez aligner votre pensée avec votre sentiment et votre volonté, en ressentant la maîtrise que vous apporte cet alignement (intérieur tout autant qu'extérieur).
En expérimentant que c'est vous l'esprit, le « maître chez soi », qui peut choisir d'agir pour le bien du plus grand nombre, vous ressentirez la conscience de soi.
Votre œuvre solaire sera accomplie et vos trois septaines solaires également. Victoire !

04.12

Soleil à l'œuvre

A l'appel ai répondu
Que soleil me soit connu

N'ont de valeur mes outils
Que saisis par mon Esprit

Si j'affirme qui Je suis
J'avère voie de ma vie

De fondations en acquis
Me pose en être compris

A l'égout l'avis des rues !
Je me crée saine avenue

Passe ici au pilori
Passé d'ombres qui me nuit !

Si temps d'efforts diminue
Me gifle et prends le dessus

M'ordonne et plus ne mendie,
Ni mienne force n'oublie

Flux de vrai s'intensifie,
En jeux d'actes se confie

En silences résolus
L'axe d'alliance est cousu

En ma création choisie
J'instaure mes Biens accueillis

La plus claire et maintenue
Est ma conscience en mains nues

Ma raison s'est accomplie
Et par l'agi je me vis

Rien ne sera démenti
Libre et unique je suis

Rien n'est qui ne soit écrit
Mais tout naît quand Je s'écrit !

A tous les possibles : merci...

Céline ♥ Océana

« Plus » Astro

Voici quels sont les nombreux aspects essentiels pour rythmer la Biosophie de cette sixième septaine :

☆ ***Le retour de la Lune noire*** vers 35 ans et 4 mois : période de déstabilisation émotionnelle et sentimentale pouvant générer des illusions ; aspect qui pousse à l'exaltation des désirs égoïstes, à l'infantilisme affectif, incitant l'individu à un retour en arrière, vers l'ado attardé qui refuse de grandir. On cherche à s'éclater et on oublie tout le reste. Demande beaucoup de prudence !

☆ ***Retour de Jupiter*** vers 35 ans ½ /36 ans : en même temps que ce retour de Lune noire, Jupiter peut nous ramener à l'essentiel, nous rappeler notre idéal, afin de nous préparer à saisir notre but de vie (lors du retour des Nœuds Lunaires). Jupiter facilite les rencontres avec des personnes sages, ou des connaissances élevées, ou encore des livres, pour nous ouvrir à plus de sagesse ; ceci nous aide à élever notre esprit au-dessus du domaine matériel. C'est une période favorable au développement de sa vie intérieure.

☆ ***Le carré de Saturne*** vers 36/37 ans (à vous faire préciser par un astrologue) représente une leçon typique de cette septaine : il vous est demandé plus de maturité, de détachement, de solitude intérieure et de responsabilité : tout ce que vous aimez, en fait ! Parfois, en négatif, ceci incite à l'isolement et au rejet… avec un côté dépressif (« *Bouh, j'veux pas grandir !* »). Il souligne une petite « traversée du désert », qui sera vécue positivement si l'on en profite pour faire un bilan de sa vie, tout en redéfinissant ses priorités et son essentiel. Il ne faut surtout pas passer son temps à se lamenter sur son pauvre sort !

☆ ***Le deuxième retour des Nœuds lunaires*** autour de 37 ans et 3 mois : c'est le principal aspect de cette septaine. L'effet peut durer sept à neuf mois (de trois ou quatre mois avant l'aspect exact, et jusqu'à cinq ou six mois après). Une connexion providentielle se réalise entre l'esprit incarné, le « Je » ou Moi inférieur, et l'Âme céleste ou Moi supérieur ! Ceci produit un ressenti d'alignement intérieur et avec sa destinée. Cette expérience permet, au mieux, la découverte de son but de vie (ou une partie de celui-ci).Cette période peut inciter l'individu à se transcender pour progresser vers ce qu'il a perçu de son but de vie. Si l'on ne perçoit pas son but de vie, il est tout de même probable que l'on découvrira en soi quelque chose d'important que l'on veut accomplir dans cette vie, et qui peut devenir le défi qui aidera à expérimenter la conscience de soi.

La personne qui ne « capterait » absolument rien durant cette période devrait se demander si sa vie n'est pas trop matérialiste et sans but ni sens ! Il y aurait alors un gros travail à faire, si possible avant d'atteindre l'âge de 42 ans.
À l'opposé, l'individu engagé dans une voie spirituelle expérimentera cette période comme un moyen d'approfondir sa relation au monde spirituel et à son Âme céleste ou Moi supérieur.

☆ ***L'opposition d'Uranus*** vers 40/41 ans (à vous faire préciser par un astrologue) : c'est un aspect extrémiste et futuriste qui incite au changement et aux prises de risques. Il sera vécu positivement par les gens autonomes, ouverts au futur et au changement, ou à la nouveauté ; il sera vécu négativement par les « poules mouillées », ou les « enfants » irresponsables qui refusent toute forme de changement et sont terrorisés par l'avenir.
Cet aspect prépare l'individu à quitter les trois septaines solaires où il se développait en tant qu'individu, pour entrer dans la septaine de Mars, où il doit se tourner vers autrui et vers la solidarité (voire la fraternité, pour ceux engagés dans une voie spirituelle).

☆ ***L'opposition de la Lune progressée*** entre 40 et 42 ans (à vous faire préciser par un astrologue) : là encore c'est un aspect de transition entre la sixième et la septième septaine. Son effet dépendra de la manière dont nous avons vécu la tranche d'âge 35/42 ans. Cet aspect facilite la « guérison » de la blessure d'enfance et l'accès à une plus grande maturité. Mais *a contrario* il tente les faibles à retourner en arrière pour recréer des situations du passé (notamment au niveau relationnel : attachements divers).

« Plus » Ésotérisme

La conscience de soi spirituelle

Dans cette septaine, l'individu devrait accéder à la conscience de soi, en tant que résultat d'un travail complet sur sa psyché, sur l'ensemble de la grande période solaire entre 21 et 42 ans. À la sensibilité, développée entre 21 et 28 ans, s'ajoute le bon sens entre 28 et 35 ans, sur lesquels se construit la conscience de soi entre 35 et 42 ans.
Il nous faut préciser que, si la sensibilité s'acquiert de manière naturelle, le bon sens, et encore davantage la conscience de soi, ne peuvent se révéler pleinement sans efforts conscients de la part du jeune adulte.
Comme nous l'avons déjà vu, la conscience de soi est l'aboutissement d'une individualisation, et d'une forme de maîtrise du « Je », l'individualité humaine, sur ses outils psychiques que sont la pensée, le sentiment et la volonté. C'est ce travail, à la fois intérieur et extérieur, qui couronne une première manifestation des forces créatrices de l'individu, ce qui lui permet de prendre conscience de lui-même.
L'acquisition de la conscience de soi, bien que ne nécessitant pas forcément une démarche dans une voie spirituelle, est grandement facilitée par la connaissance de l'existence du monde spirituel, en tant que notre monde d'origine (et du fait que l'être humain est « à l'image de Dieu » et donc, tout comme lui, une entité créatrice).
Cette acquisition de la conscience de soi est une grande victoire pour l'être humain de notre temps, car elle constitue son principal défi actuel.

Il faut savoir qu'il existe également un niveau supérieur de la conscience de soi, qui s'obtient uniquement dans le cadre d'une voie spirituelle, car il nécessite la « clairvoyance solaire » (ou clairvoyance de tête qui ne s'acquiert que par l'effort méditatif).
Cette « conscience de soi spirituelle » (bien que l'autre forme soit tout aussi spirituelle au sens propre du terme, puisqu'elle est conquise par l'esprit humain) se travaille grâce à la méditation, et elle permet l'accès au monde spirituel.

Cette rencontre avec le monde spirituel peut se produire de deux manières :

- *En pénétrant à l'intérieur de lui-même :* dans le sanctuaire de son cœur spirituel, le méditant passe au-delà de son monde intérieur de rêves (au-delà des émotions, sentiments et pensées habituelles). Il entre alors dans le monde spirituel et y rencontre son Ange guide, ou son Âme céleste (Moi supérieur).

- *En méditant sur la Nature :* l'aspirant s'unit partiellement à elle et passe derrière le voile des manifestations naturelles, pénétrant ainsi au sein de la sagesse de la Nature, y rencontrant les petits « artisans » qui prennent soin des fleurs, des arbres, etc. (ils sont appelés « êtres élémentaires » : les gnomes, les ondines, les sylphes, les elfes et les salamandres, en ce qui concerne les plus connus.)

Ainsi, il est possible de franchir le seuil du monde spirituel dans ces deux sens que nous venons d'évoquer.
En fait, nous pouvons dire que la conscience de soi spirituelle demande à notre individualité de s'ouvrir encore davantage, de s'expanser, jusqu'à englober à la fois un monde intérieur (celui des Anges), plus « profond » et plus vaste que notre propre vie intérieure, et aussi un monde extérieur (celui des êtres invisibles qui s'occupent de la nature), plus « éloigné » ou plus « caché » de nous que le monde extérieur que nous connaissons habituellement. **Plus nous sommes capables d'englober une telle vastitude dans notre champ de conscience, et plus nous trouvons en nous un centre immuable et fort, qui nous enracine dans notre identité d'être spirituel.** Petit à petit, notre conscience de soi se renforce et s'élargit à l'infini…

Il n'existe aucune limite à l'évolution
de la conscience de l'être humain.

La rédemption de la Chute

La Chute de l'humanité se produisit à l'époque Lémurienne ce qui, en temps scientifique, nous ramène à plusieurs dizaines de millions d'années dans le passé. C'était la troisième époque de l'état de la Terre, et ceci constituait un « progrès » dans l'évolution de l'être humain : en effet, il était temps que ce dernier, encore dans l'enfance de l'âge, quitte le sein de ses parents divins et parte explorer de nouvelles terres, tout en vivant de nouvelles aventures !
L'être humain a donc commencé à s'incarner sur la Terre, afin d'acquérir les rudiments de la conscience de soi, qui n'était constituée, à cette époque,

que d'égoïsme. Cette conscience de soi primitive, emplie d'égoïsme, était un premier moyen pour se différencier d'autrui.
En effet, nous l'expérimentons encore aujourd'hui : lorsque nous voulons quelque chose pour nous seuls, au détriment d'autrui (ou simplement sans penser aux autres), nous sommes dans l'égoïsme, et ceci nous fait « chuter » (nous éprouvons de la culpabilité). Plus précisément, de nos jours, l'égoïsme abaisse notre niveau de conscience : si, au lieu de demeurer au niveau de la conscience de veille – qui est celui auquel nous devons nous maintenir – nous plongeons dans l'égoïsme, alors nous descendons au niveau de la conscience de rêve ! (cf. *La Vie Spirituelle*, au sujet des différents niveaux de conscience.)
Ainsi, le premier niveau de conscience de soi que l'humanité a expérimenté est celui de l'égoïsme, à savoir une sorte de conscience de rêve.
Bien évidemment, l'égoïsme est une forme de conscience polluée par des forces obscures, que j'appelle « lucifériennes » : on peut dire que ces forces essaient de nous maintenir dans la Chute, ou encore, qu'elles nous tentent, afin que nous demeurions égoïstes, c'est-à-dire à un niveau de conscience inférieur à la normale.
Le but de notre époque, est de nous débarrasser de cet égoïsme pollué, afin d'acquérir une vraie conscience de soi, expurgée d'égoïsme et donc d'influence luciférienne.
Or, c'est tout à fait possible d'y arriver. C'est même la mission de notre temps !
En effet, lorsque vous arrivez à acquérir la conscience de soi, dont il est fait mention dans cette septaine, cela signifie que, auparavant, vous avez dû batailler avec votre égoïsme, afin de le « mettre au placard » durant le temps de votre action en pleine conscience de soi. Dans ces conditions, et encore plus si vous êtes capables de réitérer cet exploit, ceci veut dire que vous vous êtes rédemptés de la Chute !
Bien sûr, cela ne signifie pas que vous avez atteint le but de l'évolution de l'humanité, loin de là ! Par contre, vous avez bel et bien accompli le défi de notre temps : conscience de soi dans l'acte et rédemption de la Chute.
Et il est véritablement important qu'un maximum d'individus vive cette expérience, car c'est ce qui donnera un futur à l'humanité !
Et si vous y arrivez avant l'âge de 42 ans, alors c'est cet exploit qui vous permettra d'entrer, de manière juste, dans la septaine de Mars (42 à 49 ans).

« Plus » Pratique

Élixirs floraux

- Pour combattre la peur de la solitude et diminuer le besoin constant de se justifier face aux autres, nous vous proposons l'élixir **Heather** (Bruyère) du Dr Bach. Il permet de gagner en assurance et soutient le travail d'individualisation. Il en résulte également une meilleure écoute.
- Parmi les élixirs de Deva, en voici deux qui se complètent et favorisent le détachement : **Aubépine** et **Cœur de Marie**. Le premier ramène la paix dans le cœur après des épreuves ou un détachement pénible. Le second libère des dépendances affectives entachées de peur ou de possessivité et aide à redevenir soi-même. Il apporte une purification salutaire et un retour à l'harmonie.
- Afin de faciliter la manifestation de votre « œuvre solaire », nous vous conseillons l'élixir de **Mure Sauvage**. Il aide à concrétiser ses idées ou projets. Il permet de combattre l'inertie. Il fait émerger les talents cachés. Il se montre particulièrement intéressant pour ceux qui pratiquent la méditation.
- Enfin, voici un élixir qui soutient nos efforts lorsque nous voulons accéder à la conscience de soi : le **Tournesol**. Comme son nom l'indique, cet élixir nous invite à nous tourner vers le soleil, c'est-à-dire à révéler notre richesse intérieure, à nous relier consciemment à notre Âme céleste (ou Moi supérieur) et à manifester notre « Œuvre solaire ». Élixir très profitable lors du retour des Nœuds lunaires à 37 ans et 3 mois. Il soutient l'alignement de toutes les parties de l'être.

Huiles essentielles

- Une fois n'est pas coutume, voici un conseil culinaire : mettez de l'huile essentielle de **Cannelle** dans vos desserts (juste une goutte) ! La cannelle renforce la volonté et aide à être plus conscient dans ses actes ainsi qu'à demeurer fidèle à son cœur. Vous pouvez aussi diluer une goutte de cannelle avec un peu d'huile d'amandes douce et en mettre sur la face interne de vos poignets que vous frottez l'un contre l'autre (utilisez la cannelle avec parcimonie et toujours mélangée).
- L'huile essentielle de **Palmarosa** facilite la concentration et renforce la volonté. Peut être prise oralement (2 ou 3 gouttes mélangées à du

miel ou du sirop d'érable), ou dans un bain (10 gouttes préalablement mélangées à de l'huile d'amande douce), ou encore sur la face interne des poignets (comme pour la cannelle).

- L'excellente huile essentielle de **Ravensara** renforce le « Je » et aide à se dissocier psychiquement de son entourage (pour la solitude intérieure et le détachement) : en diffuseur atmosphérique ou en bain (procéder comme décrit précédemment).
- La période des 37 ans, où se situe la connexion providentielle entre le « Je » et le Moi supérieur (Âme céleste), peut être soutenue par la diffusion atmosphérique d'huiles essentielles propices à la relation au spirituel : **Cyprès, Nard, Santal, Encens, Myrrhe,** notamment (qui peuvent également s'associer heureusement).

Deuxième Intermède

Les deux formes de la maturité

En étudiant la vie humaine, nous nous apercevons que la maturité s'exprime sous deux aspects, différents et complémentaires.
Tout d'abord, nous trouvons une maturité naturelle, qui se développe très tôt chez la jeune fille ; puis, une maturité qui est davantage le résultat des efforts de l'individu.

La maturité naturelle

Comme nous l'avons vu, entre 14 et 35 ans environ, la femme est plus mature que l'homme ; dès l'adolescence, la jeune fille acquiert une maturité naturelle et précoce, qui lui octroie un « âge mental » supérieur à celui du jeune garçon. La jeune femme conserve cette longueur d'avance jusqu'à la sixième septaine (35-42 ans), où ceci s'équilibre.
Cette maturité naturelle chez la femme peut être qualifiée de maturité « lunaire ». Elle est principalement reliée à l'espèce, car la femme doit disposer d'une maturité suffisante, afin – parfois très tôt – de s'occuper d'un foyer, d'élever ses enfants et de jouer son rôle de protectrice pour sa famille. Tout ceci lui demande des forces et des capacités parfois difficiles à assumer pour son jeune âge ; ainsi, cette maturité naturelle l'aide dans ses tâches.

La maturité lunaire vient du fait que la femme est, d'une part, moins lourdement incarnée que l'homme, ce qui lui octroie un supplément de forces spirituelles et, d'autre part, que sa pensée se développe plus précocement que celle du garçon (ceci est dû au fait que les forces de croissance ont davantage de travail chez l'homme que chez la femme en ce qui concerne le développement de la musculature ; ainsi, chez la jeune fille, une partie de l'énergie de croissance non utilisée se transforme en force de pensée).

La maturité acquise

Au cours de la sixième septaine, le jeune homme ou la jeune femme doit acquérir une autre forme de maturité, qui résulte d'efforts (cf. chapitre 6). Dans ce cas, nous pouvons parler de maturité « saturnienne », car elle se construit sur les leçons que nous tirons de nos épreuves et sur les idéaux concrétisés. Cette maturité acquise, au prix d'un dépassement de soi, semble plus favorable à l'homme qu'à la femme (en réalité, c'est uniquement parce qu'elle doit changer sa forme de maturité). La femme doit passer d'une maturité lunaire ou naturelle, à une maturité saturnienne ; ceci lui demande de gros efforts. Parfois, au cours de la quarantaine, elle refuse ce passage et aspire à rester une jeune fille qui veut avoir des enfants, afin de demeurer dans un domaine connu.

L'homme a moins de difficultés, car il développe normalement cette maturité saturnienne qui ne nécessite pas une transformation aussi radicale que pour la femme.

Liens entre les septaines

Nous avons vu dans le Premier Intermède que les septaines de la grande phase solaire (entre 21 et 42 ans) étaient « miroirs » des trois premières, et qu'il était ainsi possible de guérir des traumatismes de l'enfance ou de l'adolescence dans la vingtaine ou la trentaine.
Mais, ce n'est pas tout, car les trois septaines solaires ont des liens avec les trois septaines de l'esprit (entre 42 et 63 ans).
Comme vous pouvez le voir sur le dessin, les septaines fonctionnent en réalité trois par trois. Il en est ainsi dans l'univers, où tout marche par trois !

Le dessin n° 5 révèle que :

- **Les traumatismes de la petite enfance** (0 à 7 ans) peuvent être guéris entre 35 et 42 ans, sinon ils auront des répercussions dans la septaine de Saturne (56 à 63 ans) : ceci produira des problèmes de santé (à partir de 56 ans). Durant la tranche d'âge de 56 à 63 ans, il n'est plus possible de guérir le traumatisme, mais il demeure envisageable d'en transformer les conséquences spirituelles et karmiques par un travail intérieur : c'est une nouvelle chance, mais à condition de s'élever au niveau de l'esprit.

- **Les traumatismes de l'enfance** (7 à 14 ans) peuvent être guéris entre 28 et 35 ans, sinon ils auront des répercussions dans la septaine de Jupiter (49 à 56 ans) : ceci produira des problèmes au niveau des facultés intellectuelles (à partir de 49 ans). Durant la tranche d'âge de 49 à 56 ans, il n'est plus possible de guérir le traumatisme, mais il demeure envisageable d'en transformer les conséquences spirituelles et karmiques par un travail intérieur, au niveau de l'esprit.

- **Les traumatismes de l'adolescence** (de 14 à 21 ans) peuvent être guéris entre 21 et 28 ans, sinon ils auront des répercussions dans la septaine de Mars (42 à 49 ans) : ceci produira des problèmes relationnels (à partir de 42 ans). Durant la tranche d'âge de 42 à 49 ans, il n'est plus possible de guérir le traumatisme, mais il demeure envisageable d'en transformer les conséquences spirituelles et karmiques par un travail intérieur, au niveau de l'esprit.

Dessin 5

Correspondances entre les septaines

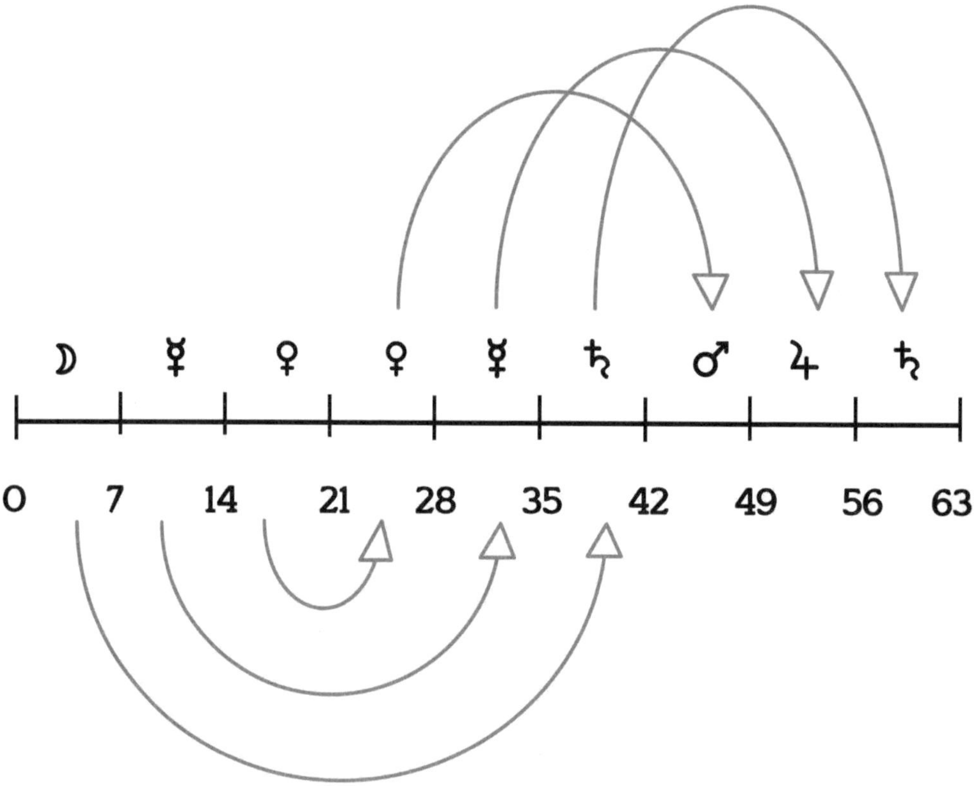

☽ = Lune ☿ = Mercure ♀ = Vénus

♄ = Saturne ♂ = Mars ♃ = Jupiter

Le processus de la désincarnation

Le processus de l'incarnation prend trois septaines, puisque le « Je » n'est pleinement incarné que vers l'âge de 21 ans, et le processus complet ne s'achevant même que vers 28 ans.
Ensuite, l'être humain entre dans la septaine centrale 28/35 ans, celle du « fond » de la coupe du Graal.
Puis, l'être humain prépare sa lente remontée vers le monde spirituel entre 35 et 42 ans et, enfin, le « Je » commence à se désincarner à partir de 42 ans (processus de la désincarnation, qui durera vingt et un ans et s'achèvera pleinement au moment de la mort physique. Pour complément au-delà de 63 ans, cf. « *Plus* » Ésotérisme, chapitre 9.)
Entre 42 et 63 ans se produit un ensemble d'expériences inversées par rapport aux trois premières septaines de l'existence terrestre.

Voyons ceci de plus près :

- **Entre 42 et 49 ans (septaine de Mars),** le « Je » s'extrait de la volonté (vous pouvez imaginer qu'il quitte vos membres pour remonter dans votre poitrine) et entame sa remontée vers le monde spirituel. Ce qui demeurait caché dans le subconscient a tendance à revenir vers la surface (cf. chapitre 7). Le « Je » entamant sa remontée vers le monde spirituel, entraîne avec lui le corps éthérique, ou corps vital : ceci affaiblit l'ensemble du corps physique, qui se fatigue plus vite et récupère moins bien qu'auparavant.

- **Entre 49 et 56 ans (septaine de Jupiter),** le « Je » s'extrait du sentiment (vous pouvez imaginer qu'il quitte votre poitrine pour remonter dans votre tête) et poursuit sa désincarnation. Ceci provoque un détachement relationnel (cf. chapitre 8). Le « Je » ayant lâché la zone des membres et du métabolisme à la septaine précédente, ceci affaiblit cette partie du corps. On peut penser que le « Je » s'intéresse moins à cette zone du corps : ceci déclenche la ménopause chez la femme, et peut provoquer des problèmes de santé dans la partie inférieure du corps, chez les deux sexes (intestins, ovaires, prostate, par exemple.)

- **Entre 56 et 63 ans (septaine de Saturne),** le « Je » s'extrait de la pensée (vous pouvez imaginer qu'il quitte votre tête et remonte jusqu'au-dessus de celle-ci) et il achève son processus. Ceci provoque un détachement de soi et du monde (cf. chapitre 9). Le « Je » ayant abandonné la zone du sentiment à la septaine précédente, ceci affaiblit la partie rythmique du corps (le cœur et les poumons) : le « Je » semble moins s'intéresser à cette zone du corps, ce qui peut expliquer les problèmes cardiaques ou pulmonaires fréquents à cet âge (par exemple).

- **Au-delà de 63 ans,** le « Je » s'étant dégagé de la zone de la pensée à la septaine précédente, ceci affaiblit la partie neurosensorielle, ou tête de l'organisme humain. Le « Je » paraît se désintéresser de cette zone du corps, ce qui peut engendrer des problèmes nerveux (sclérose en plaques, par exemple), des pertes de mémoire, la maladie d'Alzheimer, ou simplement une baisse des facultés intellectuelles.

À noter : les problèmes de santé ne se déclenchent pas pendant que le « Je » s'extrait de la partie du corps en question, mais une fois qu'il l'a complètement abandonnée, à savoir durant la septaine suivante, ou bien plus tard, selon la vitalité de l'individu. De plus, ces problèmes de santé ne sont jamais systématiques ! Au sujet de la maladie d'Alzheimer, de plus en plus de scientifiques sont persuadés qu'elle apparaît fréquemment chez les gros consommateurs de télévision, et que chaque heure passée devant l'écran à partir de 40 ans augmente considérablement les risques de contracter cette maladie en fin de vie !

Le défi des trois septaines de l'esprit

Alors que les trois septaines solaires (entre 21 et 42 ans) demandent à l'être humain de se développer lui-même en apprenant à maîtriser ses outils (pensée, sentiment et volonté) pour aboutir à la conscience de soi (cf. chapitres 4, 5 et 6), les trois septaines de l'esprit (entre 42 et 63 ans et au-delà) proposent à l'individu de se tourner vers autrui et le monde, afin d'y jouer son rôle en s'oubliant de plus en plus.
Nous pouvons comprendre alors pourquoi le passage de la quarantaine est si critique, car l'être humain doit passer de l'individualité à la fraternité, ou de « moi » à « l'autre » et au monde (cf. chapitre 7).

Les septaines de l'esprit incitent l'individu à conquérir la liberté, et à exprimer toute sa richesse intérieure sous la forme d'une créativité originale offerte au monde, pour contribuer à son évolution.
Ainsi se dessinent des défis fondamentaux à relever pendant ces septaines de l'esprit, comme suit :

- De l'être individuel qu'il doit devenir durant les septaines solaires, chacun devrait accéder au rang d'être social ;
- L'égoïsme qui était presque normal au cours des septaines solaires doit impitoyablement être éradiqué ! C'est le grand défi de cette période qui s'ouvre à partir de la quarantaine ; d'où la fameuse crise !
- Il devient capital de lâcher son passé (à condition d'être en paix avec lui), et de s'ouvrir au futur et au don de soi ;
- La créativité est l'outil essentiel à cultiver, à condition qu'elle soit tournée vers autrui et le monde, dans un sens fraternel.

L'union avec l'Âme céleste

La lente remontée du « Je » (ou processus de désincarnation) vers le monde spirituel n'est autre qu'un rapprochement naturel avec la partie divine et non incarnée : l'Âme céleste ou Moi supérieur (ainsi qu'avec son Ange gardien).
L'être humain en reçoit davantage d'inspirations, ce qui facilite l'expression d'une créativité originale pouvant servir le monde ; il vit aussi une expansion de sa force intérieure et sa sagesse.
Il est de plus en plus nourri par l'Âme céleste – même si c'est vécu subconsciemment – et ceci lui octroie un plus grand rayonnement social.

Sachez que, si l'être humain pouvait développer le plein potentiel de l'âge de Mars (entre 42 et 49 ans), il disposerait de la puissance créatrice de plusieurs milliers d'individus !
S'il réalisait la même chose à la septaine de Jupiter (entre 49 et 56 ans), il acquerrait la puissance de plusieurs millions de personnes !
Enfin, s'il développait pleinement le potentiel de la septaine de Saturne (entre 56 et 63 ans), il obtiendrait autant de puissance que la totalité de l'humanité ! Il serait alors totalement et définitivement uni à son Âme céleste ou Moi supérieur.
Ceci vous donne une petite idée du formidable potentiel de créativité dont dispose chaque individu.

L'évolution humaine est infinie !

Ceci met l'accent sur le vrai but après lequel court le « Je » : la liberté et l'union avec l'Âme céleste, afin d'exprimer sa créativité par amour.

Les trois Septaines de la révélation de soi : de 42 ans à 63 ans et au-delà…

Chapitre 7

Septième septaine : de 42 ans à 49 ans

La liberté

☆ ***Aperçu général*** *: La septième septaine marque la pleine maturité. Cette tranche d'âge ouvre la grande phase de vingt et un ans du développement de l'esprit humain. Maintenant que le « Je », l'individualité humaine, a appris à utiliser ses outils durant la grande phase solaire, il est temps qu'il exprime toute sa richesse créatrice. La vie de l'esprit commence dans la quarantaine.*
C'est également la septaine de la liberté. Il vit alors une sorte d'anti-adolescence ou de puberté inversée qui apporte de grands remous intérieurs et extérieurs. Enfin, la caractéristique essentielle de cette tranche d'âge est qu'il devient capital de se tourner vers le monde, vers les autres pour apprendre à donner et à devenir un créateur.

☆ ***Début et fin*** *: Cette septième septaine se déroule entre 42 et 49 ans. Elle commence souvent un an ou deux plus tôt chez les hommes que chez les femmes, et plus facilement.*

☆ ***Âges clés*** *: 44 ans, 45 ans, 46 ans et 9 mois, et 47 ans et 4 mois.*

Le grand retournement

Durant toute la phase solaire entre 21 ans et 42 ans, l'individu s'est développé individuellement. Il a essayé de maîtriser les outils de sa personnalité (pensée, sentiment et volonté). Il s'est confronté au monde pour y affirmer son individualité.
Le jeune adulte de la vingtaine et de la trentaine cherchait à prendre conscience de lui (ce qui a dû être réussi dans la sixième septaine – cf. chapitre précédent).

Il était essentiellement tourné vers lui-même, afin de saisir son identité et de comprendre qui il était, et ce qu'il avait à faire sur cette Terre.
Soudain, à l'âge de 42 ans, il quitte la grande phase solaire pour entrer dans celle de Mars (l'astre qui gouverne cette septième septaine). Tout doit alors changer.

Ainsi, au lieu de :

- cultiver son individualité, il doit apprendre à se tourner vers autrui et vers le monde pour donner.
- se concentrer sur sa vie familiale (partenaire, enfants), il doit s'ouvrir au monde et à la fraternité.
- de penser à sa réussite sociale personnelle, il doit collaborer avec d'autres pour des projets qui le dépassent.
- se construire intérieurement, il doit contribuer à bâtir le monde et à semer les germes du futur.

En résumé : au lieu d'être uniquement tourné vers son nombril, il doit s'oublier et s'inquiéter du monde dans lequel il vit. Il passe de l'individuel au social.
Aïe ! Et moi, et moi, et moi…
C'est un virage radical et difficile à prendre, car il demande beaucoup de courage, de remise en question et d'ouverture d'esprit. De plus, Mars, l'astre de l'effort et du courage, ne donne rien sans un minimum de dépassement de soi et d'héroïsme.

Les psychologues parlent de la « crise de la quarantaine » et ils ont raison, car il s'agit certainement du plus grand défi de la vie humaine !

La crise de la quarantaine

Si l'individu a effectué une profonde remise en question au cours de la septaine précédente, riche en prises de conscience, en prenant un peu de recul par rapport à sa vie relationnelle et la société de consommation, il a sans doute fait des choix quant à sa vie future, qui se mettront en place pendant la quarantaine, dans les meilleures conditions.
En revanche, si l'individu a passé son temps à fuir la solitude (qui lui était demandée pour y voir plus clair dans sa vie), et la remise en question ou l'introspection, qui lui aurait permis de s'approcher de son but de vie, alors il risque de passer une quarantaine délicate.
Qu'on se le dise ! Personne n'échappe aux remous de la quarantaine !

Ce qui fait la différence, c'est la manière dont l'individu s'y est préparé dans la trentaine, et la souplesse ou l'ouverture d'esprit dont il est capable de faire preuve en situation conflictuelle.

Cette septaine se place sous l'influence de Mars. En astrologie, c'est l'astre de l'effort et de l'énergie, mais aussi de l'agressivité lorsque cette énergie n'est pas maîtrisée.

À noter : Si vous êtes d'un tempérament colérique, n'attendez pas la septaine de Mars pour cultiver la paix intérieure ! Pratiquez le yoga ou les arts martiaux, tel l'Aïkido, afin de mieux canaliser votre énergie. De même, donnez-vous des buts concrets à atteindre.

L'anti-adolescence

Ce que j'appelle « anti-adolescence » est une période d'environ trois années durant la septaine de Mars (entre 44 et 47 ans).
Si vous regardez bien l'ensemble de la coupe du Graal de l'incarnation, vous remarquerez que l'adolescence précède juste l'entrée dans la grande phase solaire, tandis que la quarantaine la suit.
Précisons même que l'impact maximal de l'adolescence se situe entre 16 et 19 ans, tandis que la période la plus importante de la quarantaine se vit entre 44 et 47 ans. Or, ces âges sont exactement en miroir autour de

la grande phase solaire ! (L'âge de 19 ans se situe deux ans avant 21 ans, entrée dans la phase solaire, tandis que 44 ans se place deux ans après la sortie de la phase solaire).

En quoi pouvons-nous établir un parallèle entre l'adolescence (troisième septaine) et la quarantaine (septième septaine) ?

- **L'adolescence** est marquée par deux événements spirituels : la descente du corps astral qui provoque la puberté, et la pénétration du « Je » dans la volonté (vers 18 ou 19 ans).

- **L'anti-adolescence** (principalement entre 44 et 47 ans) est marquée également par deux événements spirituels : le travail réalisé par le « Je » pour « transformer » son corps astral (cf. « Plus » Ésotérisme), et l'extirpation du « Je » de la volonté.

En simplifiant, l'adolescence marque un temps où le « Je » s'enfonce profondément dans la matière, ce qui occasionne des peurs chez le jeune, alors que l'anti-adolescence met l'accent sur une période miroir où le « Je » entame sa remontée vers le monde spirituel, lentement mais sûrement.

Le début de la désincarnation de la quarantaine s'oppose à la finalité de l'incarnation de l'adolescence.

Aussi étrange que cela puisse paraître, le processus de la désincarnation ne se produit pas soudainement au moment de la mort. De même que le processus de l'incarnation prend une vingtaine d'années, celui de la désincarnation se déroule sur une aussi longue durée, et il débute dans la quarantaine.

Quels sont les symptômes les plus marquants de cette anti-adolescence ?

Au niveau physique, chacun peut constater que le corps commence à nous « lâcher » dès le début de la quarantaine.
Il est capital d'en prendre soin, car il se fatigue plus vite et récupère moins facilement que par le passé. Si le corps fonctionne quasiment tout seul jusque vers la fin de la trentaine, il n'en est plus de même à partir de quarante ans. Par conséquent, il n'est pas inutile de le mettre au sport (jogging, vélo ou natation, par exemple). Prenez également soin de votre digestion. Ne donnez plus n'importe quoi à manger à votre corps (quoique, par les temps qui

courent, avec les aliments aux OGM ou certains autres irradiés, ce conseil peut s'avérer utile pour tous les âges) : mangez « bio » !
Un symptôme flagrant se produit autour de 42 ans : la baisse de la vision. Nous avons soudain l'impression que nos bras sont devenus plus courts ! Rassurez-vous ce n'est pas le cas ! En revanche, vous êtes face aux premiers désagréments de la presbytie (il devient difficile de voir correctement de près). Si vous n'avez jamais eu de problèmes de vue, vous pouvez vous en occuper tout de suite, en pratiquant des exercices pour les yeux (une sorte de musculation oculaire ; vous trouverez facilement un ouvrage qui vous donnera des exercices simples à pratiquer dans votre vie quotidienne).

Symboliquement, que signifie cette presbytie qui nous guette à l'entrée de la septième septaine ?

Le fait que nous ne pouvons plus voir de près, mais toujours au loin, nous montre qu'il est temps d'arrêter de ne s'intéresser qu'à soi (ce qui est proche de soi) pour s'ouvrir aux autres et au monde (ce qui est plus éloigné de soi).

Le « démon de midi »

L'anti-adolescence ou la puberté inversée provoque également un symptôme bien connu : le démon de midi.

Que se passe-t-il dans ce cas ?

Durant toute la quarantaine (mais davantage entre 44 et 47 ans), le « Je » s'extrait de la volonté (lentement mais sûrement). C'est, comme nous l'avons vu, le principe opposé à celui de l'adolescence, où le « Je » pénètre la volonté.
Notre volonté contient notre subconscient avec toutes nos habitudes, nos instincts (sexualité, reproduction, peurs et insécurité, etc.), nos défauts (tout ce qui n'a jamais été « réglé » ou maîtrisé par nous) et nos passions.
Lorsque le « Je » commence à remonter ou à s'extirper de la volonté, il entraîne avec lui ce qui se trouve dans le subconscient.
Vous pouvez imaginer une ancre qui remonte vers la surface, entraînant avec elle des algues et des détritus venant du fond de la mer…
Ainsi, durant la quarantaine, toutes sortes de passions de l'adolescence ou de la jeunesse (la septaine de 21 à 28 ans est également « miroir » de la

quarantaine) se réveillent : sports, habitudes de comportements, goûts musicaux, pulsions diverses, etc.
Des rêves nous replongent dans des situations ou des désirs (plus ou moins inassouvis) du passé.
Ceci est normal : le « Je » fait tout remonter du subconscient dans son processus de désincarnation.
Parmi tout ce qui émerge à la conscience, nous trouvons les fantasmes. Comme tout le reste, ceux-ci peuvent être simplement observés, tels des symptômes du processus spirituel en cours. Mais, l'individu qui ne maîtrise pas son sentiment et ses désirs peut alors partir en quête d'une nouvelle « âme-sœur » ! Du fait qu'il se retrouve plongé dans son passé (généralement la période de la vingtaine), il cherchera un ou une partenaire nettement plus jeune. Ainsi, il est très courant, par exemple, qu'un homme de la septaine de Mars (quarantaine) sorte avec une jeune femme de la vingtaine (quatrième septaine).

Mais, il est également tout à fait possible qu'une femme vive le « démon de midi » et fréquente un homme beaucoup plus jeune qu'elle. Généralement, ce type de relation ne dure pas, car elle ne se fonde pas sur un véritable amour. Elle dure le temps de la passion, c'est-à-dire environ deux ans au maximum.
L'homme ou la femme de la quarantaine qui essaie de refaire sa vie sentimentale et qui se comporte comme si il ou elle voulait recommencer ses années « vénusiennes » de la grande phase solaire (la vingtaine), vit en réalité un refus de la quarantaine ! Il ou elle se rebelle inconsciemment contre cet âge qui lui demande de faire des efforts pour devenir pleinement mature, et donner à autrui et au monde, au lieu de continuer à prendre. En cherchant à retourner dans le passé, cette personne montre qu'elle ne parvient pas à se maintenir dans la septaine de Mars.

À noter : Durant la quarantaine, si vous souhaitez refaire votre vie sentimentale, il est préférable de ne pas précipiter les choses : vous risqueriez de prendre vos fantasmes, pulsions, votre peur de l'autonomie ou des responsabilités, pour de l'amour ! Laissez passer au moins deux années avant de prendre une décision engageant votre avenir.

Éviter la « chute »

En vérité, à partir de la présente septaine, il n'est plus possible d'obtenir les bienfaits d'une tranche d'âge sans faire d'effort. Nous avons vu que, durant la première phase de vingt et un ans (lunaire), nous recevons tout sans faire d'effort. Ensuite, durant la deuxième phase de vingt et un ans (solaire), nous continuons à recevoir durant la quatrième septaine, puis à partir de 26 ans, nous devons commencer à faire des efforts pour guérir les septaines précédentes et avancer dans la vie. Malgré tout, nous acquérons encore quelques capacités avec un minimum d'efforts. En revanche, nous n'obtenons plus rien sans effort à partir de 42 ans (nous avons vu, au chapitre précédent, de quelle manière la vie se boucle, et en quoi l'âge de 42 ans est miroir de notre naissance).

À partir de la septième septaine nous sommes dans le vide et nous tenons « en suspension » grâce à nos efforts. Si nous n'en faisons pas, nous régressons, lentement mais sûrement, et notre conscience « retombe » aux septaines pré-solaires qui leur correspondent :

- de la quarantaine, nous chutons à l'adolescence (ou de la septième septaine – Mars – à la troisième septaine – Vénus –), et nous vivons une seconde quête sentimentale, avec la rébellion à la clé ;

- de la cinquantaine, nous chutons à l'enfance (ou de la huitième septaine – Jupiter – à la deuxième septaine – Mercure –), et nous retrouvons une curiosité « enfantine », comblée à travers des voyages, nous accumulons et stockons beaucoup trop ;

- de la soixantaine, nous chutons à la petite enfance (ou de la neuvième septaine – Saturne – à la première septaine – la Lune.) C'est pourquoi certaines personnes âgées retombent ensuite « en enfance », et perdent leurs capacités intellectuelles. Notez que ceci n'est pas normal, et que c'est simplement le reflet de l'égoïsme de celui ou celle qui refuse de donner et de s'intéresser aux autres et au monde.

Le moyen de se maintenir réellement dans la septaine de Mars, sans entamer un processus de régression, est de donner, en faisant preuve d'héroïsme et d'altruisme.

Quelle que soit votre situation dans la vie, si vous êtes capable de vous intéresser aux autres, d'offrir vos qualités et votre créativité, d'apporter soin, réconfort et chaleur (au sein d'un club de sport ou d'une association se battant contre l'injustice, par exemple) ; d'encourager, d'enseigner et de conseiller les enfants ou les jeunes dans leur développement ; si vous vous engagez dans une cause sociale qui vous touche ; si, en résumé, vous êtes capable de sacrifier un peu de votre disponibilité au service d'autrui, ou dans le cadre d'une action pour la société, alors vous vivrez correctement cette septaine.

L'essentiel est que vous agissiez dans un domaine qui vous dépasse, et où votre énergie est tournée vers autrui plutôt que vers vous-même (être tourné vers les autres ne signifie pas son partenaire ou sa famille, mais les gens que l'on ne connaît pas). Chaque effort réalisé dans ce sens vous renforcera intérieurement.
Ainsi, pour vous ouvrir au potentiel de cette septaine, n'hésitez pas à vous donner des défis, à changer vos habitudes, à faire preuve d'initiative, à vous intéresser aux autres (en découvrant les qualités qui vous touchent chez eux) : tout ceci ouvrira votre cœur et vous aidera à maîtriser l'énergie « marsienne » de cet âge.

L'idéal pour ne pas prendre la voie de garage qui nous ramène en enfance est d'entamer un cheminement spirituel : en effet, à partir de 42 ans nous entrons dans la troisième grande phase, qui est celle du développement de l'esprit (cf. Deuxième Intermède). Bien évidemment, il est tout à fait possible de commencer une démarche plus jeune, mais si ce n'est pas le cas, la quarantaine est la tranche d'âge ou jamais.

Un enfant dans la quarantaine

Spirituellement parlant, les femmes disposent de vingt et un ans pour avoir des enfants (à compter de leur puberté). Comme nous l'avons déjà vu, vers 37/38 ans, se produit soudain une nette baisse de la fertilité féminine, observée par les scientifiques, sans aucune explication logique. La seule explication satisfaisante est d'ordre spirituel : cet âge-clé est celui du deuxième retour des nœuds lunaires (cf. chapitre précédent), et c'est une période de l'existence où l'individu doit se mettre face à son but de vie et devenir créateur (et non procréateur).
L'âge de 37/38 ans marque la fin de la phase procréatrice pour la femme et le début de la deuxième partie de sa vie qu'elle doit consacrer, non plus à sa famille, mais à l'humanité, non plus à procréer mais à créer.
La femme qui ne comprend ni ne ressent ce phénomène arrive dans la quarantaine avec une certaine peur : celle d'être libre et autonome (le défi majeur de cette tranche d'âge).
Subconsciemment, elle cherche à fuir la liberté et l'autonomie (et le fait de

s'ouvrir au monde pour créer et donner) ; et le seul moyen qu'elle trouve est d'avoir un enfant. Cet événement la replace dans une position « vénusienne » de jeune femme de la vingtaine. Ici encore, c'est un moyen de fuir les défis de cette septaine en « remontant » le temps. Et c'est également un symptôme de la peur de vieillir !
En définitive, cette femme se dit : « *plutôt que de devoir m'intéresser au monde, de cultiver la fraternité et le don, je vais procréer, ainsi ce sont les autres qui s'intéresseront à moi et s'occuperont de moi...* »
Avoir un enfant dans la quarantaine est par conséquent un acte égoïste, un refus de grandir, de devenir mature. Il existe un temps pour tout... même la Nature ne réclame plus d'enfant à cet âge (puisque la fertilité féminine s'effondre à partir de 38 ans) !

La liberté au féminin ou au masculin

La quarantaine est la tranche d'âge où nous devons conquérir la liberté et l'autonomie. L'homme et la femme ne sont pas égaux face à ce défi.
Étudions ces différences de plus près :

- **L'homme de la quarantaine** acquiert davantage de liberté et d'autonomie à travers son travail et une réalisation sociale. C'est en devenant un leader ou un pionnier dans son domaine, ou encore un créateur, qu'il ressent une certaine force intérieure qui lui fait goûter à l'indépendance et à des bribes de liberté. Pour ce faire, il est capital qu'il ait réussi l'étape de la conscience de soi lors de la septaine précédente. Si tel est le cas, il développera sa créativité (au sens large) durant la quarantaine, et il jouera un rôle social où il ressentira qu'il a sa place dans ce monde et qu'il peut contribuer à son évolution.
  Afin d'y arriver, il aura besoin de développer ses qualités féminines. En effet, durant toute la grande phase solaire, il a cultivé ses qualités masculines, pour apprendre ce que c'était que d'être incarné en tant qu'homme. Maintenant, avec la quarantaine, il doit compléter ce travail en y associant des qualités féminines : tout homme dispose en lui d'une « femme intérieure » (en réalité, il s'agit de son corps éthérique – complément du corps physique – qui est de nature féminine). Cette partie féminine reste subconsciente jusqu'à 40 ans environ ; ensuite, l'homme peut révéler cette part qui est complémentaire à sa nature extérieure.
  Il devra alors faire preuve de douceur, d'écoute, d'inspiration, de

créativité, d'endurance, de paix intérieure, d'harmonie, de tolérance, de protection, d'amour et de fraternité, etc.
S'il ne développe pas ses qualités féminines pour équilibrer ses qualités masculines, il risque d'utiliser ces dernières de manière excessive. En effet, la septième septaine est celle de Mars, qui est l'astre masculin ou « yang » par excellence. Pour un homme, cette septaine peut donc le déséquilibrer par surabondance d'énergie masculine : il peut alors devenir tyrannique, agressif, dominateur, impulsif, en bref, il peut tout casser dans sa vie à cette période.
En revanche, s'il équilibre son côté masculin avec sa partie féminine, sa force sera davantage intériorisée et créatrice, et il évitera de partir dans des excès préjudiciables à son entourage et à lui-même.
En outre, le quadragénaire risque d'être pris par son ambition, son travail, sa vie quotidienne, en continuant de développer en excès sa partie yang, et ainsi de ne jamais maîtriser cette septaine. En cultivant sa partie féminine, il deviendra moins matérialiste, moins pris par sa vie quotidienne ou son ambition sociale, et davantage capable de prendre du recul face à sa destinée. Il percevra alors qu'il peut maîtriser celle-ci.

La femme de la quarantaine se trouve face au même défi, mais inversé : associer sa partie masculine intérieure à sa nature féminine.
S'il est vrai que l'homme peut partir dans des excès durant cette tranche d'âge de nature « marsienne », il peut aussi s'y reconnaître, parce que cette septaine est justement masculine ou yang. C'est plus délicat pour une femme, car elle se retrouve dans une septaine qui est d'une nature opposée à la sienne.
En revanche, en acceptant de développer ses qualités masculines ou yang, elle rétablira l'équilibre. Bien sûr, il ne s'agit pas ici d'imiter l'homme (comme le font trop souvent une certaine catégorie de femmes, les carriéristes), car le principe masculin ne doit pas être copié depuis l'extérieur (à travers l'habillement, la coupe de cheveux, la manière de parler, de travailler ou de s'affirmer, etc.), mais être révélé depuis l'intérieur (c'est-à-dire que la femme doit dévoiler cette nature masculine inconsciente de son corps éthérique qui, pour elle, est yang).
Ce travail intérieur de la femme se traduira par certaines qualités qu'elle exprimera : parole bienveillante, courage, persévérance, créativité (apporter des idées neuves), individualisation, indépendance, initiative, liberté et autonomie, etc.
En cultivant ainsi son « homme intérieur », la femme s'octroiera les moyens de vivre une septaine équilibrée, où elle n'aura plus peur de

s'ouvrir au monde ni d'y assumer des responsabilités, en manifestant qui elle est. Elle saisira alors qu'elle a autre chose à y faire qu'à procréer.
À l'occasion de ce travail, sa faiblesse sera son sentiment. En effet, il est bien connu que la femme est plus sentimentale que l'homme. Dans notre société occidentale, beaucoup trop masculine, la femme est éduquée pour être dépendante de l'homme (même dans le cas des carriéristes qui imitent l'homme, nous y voyons de la dépendance, puisque l'imitation est un principe enfantin).
Ainsi, lorsque la femme entre dans la quarantaine et que le défi de la liberté et de l'autonomie (ou indépendance) lui est proposé, bien souvent elle choisit d'avoir un enfant ou d'entamer une nouvelle relation sentimentale, où elle sera très dépendante d'un homme, afin d'éviter de relever ce défi qui lui fait peur (car, elle ne s'y est jamais préparée).
Il est capital pour une femme qui aimerait se sortir de son schéma de dépendance vis-à-vis de l'homme, de se déconditionner de son éducation et de son idée de la relation idéale. Il est essentiel, notamment, qu'elle cesse d'imiter sa mère ou de se comporter selon les principes éducatifs que celle-ci lui a inculqués. Elle devra pratiquer un détachement en profondeur avec sa mère, afin de découvrir qui elle est vraiment.

Ensuite, il semble crucial que la femme ait le courage de vivre seule durant quelque temps (si elle ne l'a pas déjà fait à l'occasion des septaines précédentes), c'est-à-dire sans aucune relation sentimentale (vivre seule, mais avec une relation sentimentale, ne représente pas un défi pour la femme de cet âge). Dans ce défi à relever, ce qui importe le plus n'est pas la durée, mais la qualité de la solitude et de la remise en question.
Bien sûr, ce « vide sentimental » doit être vécu avec le plus de conscience possible et être pleinement choisi. *A contrario*, si la femme se retrouve seule, suite à une rupture, et qu'elle vit une frustration en se positionnant en victime, en « pauvre petite chose abandonnée », cette situation ne l'avancera guère pour relever son défi !
Pour une femme, le fait d'accepter la solitude sentimentale durant quelque temps, tout en en profitant pour réaliser le travail suggéré ci-dessus, peut lui permettre d'accéder à la vraie indépendance et au ressenti de la liberté. Alors, elle pourra davantage équilibrer ses parties féminine et masculine et trouver la paix.
Une femme qui aurait le courage de réaliser ce travail se trouverait en position d'associer l'amour (qualité féminine) à la liberté (qualité

masculine). Pour un homme, le résultat sera exactement le même, mais dans le sens inverse.

(Pour mieux comprendre les spécificités de l'homme et de la femme, et la façon de les associer harmonieusement, consulter *L'Héroïsme de l'Amour*, déjà cité.)

Transformer ses relations

La septaine de 42 ans à 49 ans a pour but, notamment, la transformation de notre sentiment (cf. Deuxième Intermède).
En d'autres termes, nos relations se doivent d'être vécues à un autre niveau de conscience que par le passé.
Généralement, tant que nous n'avons pas atteint la maturité, nous nous comportons de manière égoïste dans nos relations. Ceci veut dire que nous « utilisons » les autres pour nous « remplir », à savoir, pour obtenir toutes sortes de satisfactions et de plaisirs. Nous les considérons à notre service, comme si le monde n'existait que pour nous.
Ce comportement est presque « normal » durant la vingtaine, un peu moins durant la trentaine, et totalement anormal durant la quarantaine !

À partir de la quarantaine, nous sommes au défi de remettre en question toute notre vie, mais surtout ce qui concerne nos relations. C'est l'âge idéal pour mettre en pratique l'amour vertueux, si ce n'est déjà fait. (Pour la pratique de l'amour vertueux, cf. *L'Héroïsme de l'Amour*, déjà cité).
Nous devons nous résoudre au fait que l'autre n'est pas là pour satisfaire nos moindres désirs ou caprices ! Plutôt que de passer notre temps à « prendre » à autrui (requérir son attention, quémander son amour, soutirer tout ce qu'il peut nous offrir), nous devons apprendre à donner et partager. Le partenaire ou l'ami ne doit plus être vu comme quelqu'un qui peut nous combler, mais comme un individu avec lequel nous aimons échanger, et dont nous avons envie de prendre soin, pour l'aider à se révéler et s'expanser.

En réalité, notre regard doit changer de direction : au lieu de regarder… nous-mêmes et ce qui nous manque, et demander à ceux que nous « aimons » de nous remplir de toutes sortes de bienfaits, il nous faut regarder… vers l'autre, et songer à la manière dont nous pouvons nous y prendre pour l'aider à s'épanouir. Alors, notre sentiment s'élève et devient plus mature.

C'est le grand changement d'attitude qui est demandé lors de cette septaine et c'est ce qui permet à l'être humain de devenir mature.

Continuer de se comporter, dans nos relations sentimentales ou amicales, comme nous le faisions dans la vingtaine, nous empêche d'accéder à la maturité et au plein épanouissement de notre être spirituel.
En astrologie, Vénus et Mars se complètent et symbolisent les relations sentimentales. De même, cette septaine de Mars doit compléter celles de Vénus (troisième et quatrième septaines).
Une relation amoureuse durant la vingtaine ou la trentaine est forcément de nature « vénusienne », car elle est vécue durant la grande phase solaire, au cours de laquelle le jeune adulte développe son individualité. Il est donc naturellement égoïste ; c'est quasiment une question de survie pour lui ! Bien sûr, lorsque nous écrivons « égoïste » ce n'est pas dans un sens mauvais ou négatif : ceci veut dire que l'individu de cet âge pense d'abord à lui plutôt qu'à l'autre. Il a besoin de renforcer son individualité, se connaître, savoir ce qu'il fait sur cette Terre, se révéler dans le monde et y trouver sa place. Toute son énergie est naturellement tournée vers lui-même.
Et dans ses relations, il en est de même : le jeune adulte a besoin d'être le centre de l'attention, d'être admiré, de sentir que l'on s'occupe de lui, d'exprimer ce qu'il pense ou croit, etc.
Une relation sentimentale profonde l'aidera à être un peu moins égoïste, mais en même temps, elle l'affaiblira. Combien de jeunes ayant vécu un « grand amour » symbiotique durant quelques années, se sont séparés ensuite ? C'est parce qu'ils se sentaient trop affaiblis et inexistants, se perdant dans leur relation.

En revanche, à partir de la quarantaine, il est possible de vivre un amour plus mature et plus profond. Les deux partenaires se sont construits durant la grande période solaire, et ils ont moins peur d'être étouffés l'un par l'autre. Leur individualité s'est suffisamment affirmée, et ils ont envie de partager et d'échanger avec leur partenaire, afin de créer et bâtir ensemble pour l'avenir.
Durant la quarantaine, l'égoïsme doit disparaître (au moins dans une certaine mesure), afin de permettre l'émergence d'une nouvelle forme de relation sentimentale que nous appelons l'amour spirituel ou vertueux : ce n'est plus un amour sentimental (venant de la personnalité ou psyché), mais un amour spirituel (venant de l'esprit, grâce à l'union entre le « Je » et l'Âme céleste, ou Moi supérieur).

Cet amour vertueux, qui est l'un des plus beaux défis de cette septaine, revient à associer de manière équilibrée l'amour à la liberté, comme nous venons de le voir pour l'homme et la femme.

Malheureusement, cet amour spirituel ne peut se manifester sans effort. Versons une larme pour les paresseux ! Mais ne sommes-nous pas dans la septaine du courage (ce mot signifiant « force du cœur ») ? Si nous cherchons bien, dans notre cœur, nous devrions en trouver suffisamment pour relever les défis de cette tranche d'âge !...

L'impulsion de la Liberté

Nous avons vu lors de la troisième septaine que l'impulsion de la Liberté naissait durant l'adolescence. À cette période de la vie humaine, la liberté est un processus naturel et subconscient.
En réalité, la liberté est une qualité que possède tout être humain, mais inconsciemment. Si Dieu ou le monde spirituel a offert la liberté à l'être humain, c'est pour qu'il la développe… librement !

Il est impossible d'imposer la liberté.

Le libre arbitre

Il faut faire une distinction entre le libre arbitre et la liberté.
Le libre arbitre est naturel et se développe grâce à l'éducation et à l'évolution des différents outils de l'être humain (pensée, sentiment et volonté).
Il permet de faire des choix et de porter des jugements.
Il est accessible à tout individu qui se développe correctement, même s'il n'en est pas totalement conscient.
Le libre arbitre peut devenir conscient au cours des cinquième et sixième septaines (la trentaine), où les choix sont moins conditionnés (surtout avec quelques efforts). Si le trentenaire en profite pour s'individualiser (cf. précédent chapitre), ses choix seront plus mûrs et en accord avec son but de vie. Ce travail le conduira vers la conscience de soi et l'autonomie.

La conscience de soi est le ressenti intérieur du processus d'individualisation, tandis que l'autonomie en est l'expérience ou la manifestation extérieure.
La conscience de soi est le processus intérieur du « retour » : « *Je suis un créateur, car je vois que c'est moi qui ai agi (ou créé) ceci…* »
Dans le mot « autonomie », nous y voyons celui qui est capable de se nommer lui-même (auto-nommer). Or, d'un point de vue spirituel, être capable de se nommer soi-même signifie se connaître, ou encore agir en tant que créateur conscient de ses actes.

En résumé :

- **Le libre arbitre** est un processus naturel qui se développe au cours de la vie et nous permet de faire des choix (qui peuvent rester plus ou moins inconscients ou conditionnés) ;

- **L'individualisation** est une méthode de travail intérieur qui permet de peaufiner le libre arbitre et de le rendre conscient, afin de faire des choix libres, sans conditionnement, et en accord avec soi-même ou son but de vie ;

- **L'autonomie** est le résultat de l'individualisation qui apprend à devenir conscient de soi par ses actions.

La fausse liberté

Avant d'en venir à la vraie liberté, il me semble capital d'évoquer ce qu'est la fausse liberté, si répandue dans notre société contemporaine.
La fausse liberté consiste à satisfaire ses désirs sans tenir compte d'autrui (individualisme) : ceci va du manque de respect de l'autre ou de l'environnement, jusqu'au mépris du genre humain.
Il suffit d'ouvrir n'importe quel journal d'informations pour voir les ravages de la fausse liberté à tous les niveaux sociaux : la destruction de l'environnement a atteint des limites qui mettent en danger l'existence de la vie humaine sur la Terre ! Chaque jour, dans les entreprises, des gens n'hésitent pas à mentir pour obtenir le poste de leur collègue, etc.
Nous pouvons le voir aussi au quotidien dans de petits gestes apparemment anodins, mais qui reflètent cette fausse liberté : le voisin qui met sa télé à fond sans souci d'autrui, le type qui incline son siège d'avion au maximum sans se préoccuper de l'espace pris à son voisin de derrière, etc.
Notre société encourage les gens à user et abuser de cette fausse liberté. Par exemple, le téléphone mobile a été vendu sous l'étiquette de la liberté, alors qu'il favorise l'attachement affectif et le contrôle (celui des parents sur leurs enfants, de l'homme sur sa compagne, ou vice versa, du patron sur ses employés, etc.), ce qui va en réalité à l'encontre de la liberté !

Dans notre société, ce qui est vendu comme étant de la « liberté » n'est généralement qu'un ensemble de nouveaux choix. En effet, ce que les économistes et les gens qui dirigent ce monde ont compris, c'est que, pour donner aux gens l'illusion qu'ils sont libres, il faut leur donner beaucoup de choix. Ainsi, lorsqu'un produit nouveau sort, il se décline en une mul-

titude de choix possibles : différentes couleurs, vernis ou non, chromé ou non, plaqué ceci ou cela, plus grand ou plus petit, plus rapide ou encore plus-plus rapide, avec un prix différent, etc.
Le pire est que, la plupart du temps, nous n'avons le choix qu'entre des produits médiocres et d'autres carrément nuls ! Mais, nous avons un choix considérable !
En somme, cette société nous fait associer la liberté avec la quantité ; or, la quantité ne peut être liée qu'avec la fausse liberté et par conséquence, la médiocrité.
La fausse liberté est toujours une déviance de la vraie liberté à cause de l'égoïsme, du mensonge, de la cupidité, du profit et de l'irrespect.

En réalité, la fausse liberté ne s'oppose pas à la vraie liberté, comme il serait facile de le croire, mais à l'esclavage.

Qu'est-ce que l'esclavage ?

Ce n'est pas ce que l'on croit…
Être esclave, c'est se soumettre à autrui ou à la société.
Être esclave, c'est refuser d'utiliser son libre arbitre, à savoir refuser de prendre les décisions et les responsabilités qui nous incombent.
Être esclave, c'est se renier et faire tout ce que l'autre attend de nous (partenaire, patron, gouvernement, etc.)
Et, de temps en temps, l'esclave se rebelle et se jette dans la fausse liberté : il se défoule ou s'éclate !

La solution, vous la connaissez : elle consiste à s'individualiser, pour accéder à l'autonomie et à la conscience de soi (cf. précédent chapitre).

La vraie liberté

Durant l'adolescence, nous avons vu que l'impulsion de la liberté est subconsciente ; elle pousse le jeune à prendre des initiatives pour découvrir ce qu'il aime vraiment.
Chez l'adulte, l'impulsion de la liberté peut également rester inconsciente. À certains moments de la vie, elle peut sembler plus forte (notamment vers 37/38 ans), mais elle ne devient pas forcément consciente.
C'est au cours de la septième septaine que la liberté peut devenir pleinement consciente (Mars est l'astre qui la symbolise).
La vraie liberté est d'ordre spirituel. Elle demeure au fond de l'être humain et attend sagement que ce dernier veuille bien la découvrir et la cultiver.

La liberté se conquiert !

Elle ne se développe pas toute seule. Elle nécessite une connexion entre les deux parties de l'esprit humain : le « Je » et l'Âme céleste ou Moi supérieur (cf. « Plus » Ésotérisme, pour plus de détails).
Être libre signifie le plein éveil de l'esprit humain : c'est la réunion avec le monde spirituel, notre patrie perdue et oubliée.

La liberté est le résultat d'un combat intérieur
et d'une victoire sur les ténèbres en soi.

Ce combat est représenté par une lutte contre la part de nous qui se réduit en esclavage (soumission, conditionnement, faiblesse relationnelle), et la part de nous qui se rue vers la fausse liberté (faire tout ce qui nous plaît sans nous soucier d'autrui) ; ces deux formes de mal nuisent à l'expression de notre liberté (cf. « Plus » Ésotérisme, pour un approfondissement de ce combat).
C'est en acceptant de se confronter au mal en soi (tous nos excès ou défauts, tout ce qui n'a jamais été réglé en nous), afin de révéler dans le monde notre plus grand bien, d'y manifester notre idéal, que nous accédons à la liberté.

Toucher à la liberté requiert de passer par une mort-renaissance,
un bûcher sur lequel brûle tout ce qui est incorrect en soi,
afin de révéler le plus pur diamant de notre cœur.

Pour réussir ce tour de force, nous avons besoin de beaucoup de courage, et de transformer notre sentiment ; **en effet, c'est toujours la faiblesse du sentiment qui empêche l'accès à la liberté.**
Il nous faut extirper toutes nos faiblesses, peurs et désirs égoïstes de notre sentiment, afin de l'élever, afin qu'il soit pénétré de la lumière de l'Âme, ou Moi supérieur. Alors, le sentiment est inondé d'amour spirituel, et la liberté jaillit dans la lumière.
La conquête de la liberté (dont la période-clé se situe entre 44 et 47 ans) est possible en associant sa pensée à son cœur, car c'est la force du cœur qui rend la pensée libre. Ensuite, il reste à faire descendre cette liberté jusque dans ses membres, pour apporter l'amour dans le monde.

La créativité spirituelle

La créativité, dans son sens commun, naît généralement dans l'enfance ou l'adolescence. Elle est subconsciente, c'est-à-dire qu'elle est produite grâce à un don, non maîtrisé par l'enfant ou le jeune. Il y a toujours un côté extraordinaire dans cette forme de créativité.
Comme nous l'avons déjà vu à maintes reprises, les trois ou quatre premières septaines de notre existence, nous ne faisons que recevoir du monde spirituel. Dans ce que nous recevons, il existe souvent un don créateur (plus ou moins notable) qui est issu de l'impulsion de la liberté en nous.
Nous ne pouvons pas parler de créativité spirituelle durant cette période de la vie, puisque l'esprit est alors sous la tutelle de l'Ange guide.
Nous pouvons constater de nos jours que la majorité des adultes veulent devenir des créateurs : chacun, le plus souvent dans le cadre de son travail, crée son « bidule », sur lequel il pourra apposer sa « griffe », sa marque de fabrique, afin d'affirmer qu'il est le créateur de telle ou telle chose (voir toutes les formes de créativités existant dans les domaines de l'habillement, la nourriture, la décoration, etc.). Ceci semble un besoin vital pour tout le monde. Bien évidemment, dans la plupart des cas, ce processus qui vient de l'esprit reste inconscient.
C'est la nécessité de conquérir la liberté par ses propres efforts qui déclenche cette course à la créativité chez tous les adultes (bien sûr, le mot « créativité » est pris ici au sens large et n'est pas réservé à la création artistique).

Ce que nous appelons créativité spirituelle est le résultat du travail sur la liberté : chaque fois qu'un individu conquiert un petit bout de liberté, arraché aux ténèbres en lui, il devient capable de créer. Mais, cette créativité est différente de celle que nous venons de caractériser plus haut.

Durant la trentaine, le jeune adulte apprend à devenir conscient de son libre arbitre et il s'individualise (ou pas) pour atteindre l'autonomie et la conscience de soi (ou pas, car ceci dépend de ses efforts).
Ainsi, le trentenaire se prépare pour le travail sur la liberté et la créativité spirituelle.

À 42 ans, l'adulte entre dans la grande phase spirituelle de son existence (cf. Deuxième Intermède), et il acquiert une plus grande énergie qui lui vient de son Âme céleste ou Moi supérieur.

Ce surplus d'énergie intérieure est dû au fait que le « Je » s'extrait de la volonté, afin de remonter vers le monde spirituel (processus de désincarnation vu précédemment). En remontant, le « Je » se rapproche du Moi supérieur. C'est la raison pour laquelle l'adulte dispose de forces supplémentaires pouvant servir, d'une part, à conquérir la liberté et, d'autre part, à réaliser une créativité spirituelle.
Ceci explique pourquoi l'adulte ressent intérieurement un appel vers la liberté qui se traduit par un besoin de créer.
Ainsi, la quarantaine marque le début d'une longue période de créativité spirituelle, à la seule condition que l'adulte face l'effort d'utiliser ce surplus d'énergie pour évoluer, se transformer et combattre pour la liberté. S'il a le courage d'entamer cette quête, alors il deviendra un créateur spirituel.

Durant la quarantaine, l'adulte peut exprimer deux sortes de créativité, selon son niveau de conscience :
Soit, il ne s'est pas engagé dans un cheminement spirituel et l'impulsion de la liberté demeure inconsciente, de même que la créativité en découlant ;
Soit, son travail spirituel l'amène vers la conquête de la liberté et l'expression d'une créativité spirituelle.
L'important ici est que l'adulte créateur travaille à apporter quelque chose qui profite au monde, à la société dans laquelle il vit, afin de contribuer à son évolution.
En effet, s'il ne crée que pour être reconnu, aimé, ou pour gagner plus d'argent, cette créativité égoïste ne correspondra pas à ce qui lui est demandé dans cette septaine de Mars.
En revanche, si sa créativité est un service qu'il offre aux autres et au monde, alors elle l'aidera à conscientiser son besoin accru de liberté, et son envie de contribuer à l'évolution de la société dans laquelle il vit.

En résumé, nous dirons qu'il existe deux niveaux de conscientisation de la liberté et de la créativité durant cette tranche d'âge. Il est important de préciser que la créativité « non spirituelle » ne doit pas en rester au même stade que celle de la jeunesse, c'est-à-dire un don inconscient.
Le créateur adulte doit orienter ses intentions créatrices vers autrui et le monde, et ce, non pas dans un sens mercantile ni pour une réussite personnelle, mais dans un sens d'éveil, d'échange et de contribution à l'évolution de la culture humaine.
En clair, la créativité de l'adulte, même sans engagement dans une démarche spirituelle, doit profiter aux autres et au monde, de par son aspect inspirant, éclairant ou innovant, par exemple.

Quelques âges-clé entre 44 et 47 ans

La période s'étendant **entre 44 et 47 ans** est la plus importante de la septième septaine (cf. « *Plus* » Astro).
L'individu est alors confronté à des forces qui le secouent comme un prunier ! Il est donc préférable d'y être préparé…
Toutes sortes de tentations se présentent au quadragénaire : laisser libre cours à ses instincts, se disputer avec la plupart des gens de son entourage, changer de partenaire ou de profession sur un coup de tête, etc.
Tous ces excès sont dus à la libération d'énergie qui se produit pendant cette septaine. Ainsi, pour bien vivre cette tranche d'âge, il est capital d'avoir une certaine maîtrise de soi.

À 44 et 45 ans, l'adulte est face à une période où il doit faire preuve de maturité et du sens des responsabilités. Il est alors tenté de fuir le défi proposé en cherchant une seconde jeunesse illusoire.
En revanche, s'il relève le défi (davantage de responsabilité dans son travail, création d'un nouveau poste, possibilité de devenir indépendant, nouvelle rencontre, évolution d'une relation sentimentale, opportunité de créer avec d'autres, etc.) il contactera une plus grande force intérieure et il percevra des bribes de liberté.
En osant s'ouvrir à de nouvelles tâches au service d'un groupe, d'une communauté ou de l'humanité, il se sentira pousser des ailes et aura l'impression d'acquérir une plus grande présence sociale, ou un plus grand impact de ses idées sur la société dans laquelle il vit.
Il sentira mieux sa capacité à changer certaines choses dans le monde.

Vers 46/47 ans, il aura la possibilité de manifester pleinement une créativité qui lui tient à cœur, en accord avec son but de vie.

La force de l'humour

Le lecteur qui, arrivé à ce stade de notre livre, commence à désespérer parce qu'il n'a pas réussi tous les tests présentés dans ces pages, n'a plus que deux solutions :

1) Soit, jeter cet ouvrage à la poubelle (snif !) ;
2) Soit, se mettre *illico* à cultiver l'humour à haute dose (j'ai un faible pour cette solution ; allez savoir pourquoi ?)

Dans une société, comme celle dans laquelle nous vivons, où l'avenir est incertain à cause de la pollution qui massacre la planète, et la nourriture irradiée et empoisonnée aux OGM qui détruit votre corps, vous n'allez tout de même pas pleurer pour quelques malheureux tests que l'univers a eu la bonne idée de regrouper en trois années (entre 44 et 47 ans) ! L'essentiel est de relativiser, de dédramatiser, et de faire preuve d'héroïsme ! C'est le moment d'exterminer votre « poule mouillée » intérieure…

Bien sûr, il y a des moments difficiles dans l'existence, mais que ferait-on sans eux ? La vie serait monotone sans quelques épreuves arrivant au bon moment (c'est-à-dire quand on ne s'y attend pas !).
Il est important de cultiver l'humour… le vrai : celui qui nous amène à rire de soi (rire des autres est d'un commun…!)

Par exemple, lorsque vous êtes pris par une colère bien de saison (« marsienne » veux-je dire), parce que votre voisin vous a fait une misère, vous n'êtes pas obligé de mettre le feu à sa maison ! Riez de vous-même et de votre colère disproportionnée (en quel honneur votre colère serait-elle justifiée ? Si je vous dis que non ! Et vous n'avez pas le droit de vous venger sur le chat : cette pauvre bête ne vous a rien fait !)
En pleine crise, lâchez du lest et riez de vous-même : ceci remet les choses à leur place, dans une juste proportion.
Il est vrai que vous pouvez cultiver l'humour avant 42 ans, mais, ce sera plus difficile de rire de soi. En effet, le vrai humour demande un certain recul par rapport à soi.
Pratiquer le détachement par rapport à soi-même et à ses buts, permet d'avoir plus de recul face aux épreuves de la vie. Nous y voyons clair plus rapidement et nous nous en détachons grâce à l'humour.

L'humour est une force qui permet de concevoir la vie comme un jeu, et le monde comme une école où nous avons quantité de connaissances passionnantes à apprendre et de merveilleuses expériences à vivre.
Vous pouvez aussi vous individualiser sur l'humour, afin de découvrir quel est le vôtre (cf. *Le Nouveau Tarot de l'Individualisation*, déjà cité).

Lucidaëlle 04.12

L'Arche du Renouveau

Mon cœur au secret du « Je suis » s'abonne,
Aux joies vraies du sens au destin s'adonne,
Mais vents à mes oreilles fredonnent :
Voie d'erreurs est en vue si je ronronne !

Alentours s'effrite en partie le sol,
Mes miroirs parfois grimacent et s'affolent.
Mon défi : que de mon moi me décolle !
A mon nombril se ferme toute école.

J'initialise l'Arche du Renouveau !
Ma force j'évertue à mater mon égo,
Que mes pas éclairent le vrai qui me vaut,
En libre et engagé cœur de héros !

Mille richesses seraient nul trésor,
Si ma quête ne dépassait mon ressort.
Ainsi debout je tiens ma lance d'or,
Que radieux dirige vers autrui mon sort.

Tout le monde mien se révolutionne !
Vision de partage à mes acquis j'ordonne,
En terres héroïques m'entraîne et tâtonne,
Et neuve aurore à mes élans je donne.

Céline ♥ Océana

NB : sens de lecture :

1

2 5

3

4

« Plus » Astro

Durant la septième septaine, nous trouvons quatre aspects astrologiques majeurs qui se produisent entre 44 ans et 47 ans et 1/2 :

☆ ***Le cinquième retour de la Lune Noire à 44 ans*** dont l'influence dure de trois à neuf mois environ : cet aspect représente un refus de se détacher de la matière et de son corps physique ; un refus de se détacher de soi pour s'ouvrir aux autres et au monde ; un refus de lâcher l'égoïsme au profit de la compassion et de la fraternité. On ne veut pas devenir adulte. Tentation de retomber dans la période « vénusienne » de la vingtaine. Attirance magnétique pour une personne que nous croyons aimer, mais qui nous sert d'alibi pour fuir nos responsabilités et engagements. Demande de prendre du recul, afin de mettre fin aux tentations. Besoin de lucidité et d'un surplus de force intérieure.

☆ ***L'opposition de Saturne vers 44 ou 45 ans*** dont l'influence dure de trois-quatre mois à un an environ : cet aspect capital se produit soit à 44 ans, soit à 45 ans, selon les individus (un astrologue vous indiquera le transit exact de Saturne et sa durée). Lorsque Saturne s'oppose à lui-même dans la quarantaine, il sonne l'heure de la maturité. C'est une période idéale pour faire un bilan de sa vie ; pour manifester une idée très ancienne datant de sept, quatorze ou vingt et un ans, par exemple ; pour se lancer dans un grand projet, avec d'autres, et sur une longue durée. C'est une demande de persévérance, d'endurance, de patience, de détachement, d'individualisation, de responsabilité et d'autonomie. Saturne propose de tirer des leçons de sa vie.

☆ ***L'inversion des nœuds lunaires à 46 ans et ½,*** dont l'influence dure environ six-huit mois : l'inversion place le Nœud Nord sur notre Nœud Sud natal, soulignant l'importance du bilan de la vie, mais aussi un nouveau départ en puisant dans les richesses de notre être spirituel. Durant cette période, nous sommes de nouveau en contact, naturellement, avec notre Âme céleste ou Moi supérieur. Nous pouvons retrouver des qualités ou capacités d'une autre existence que nous devons parfaire dans cette vie (ce n'est pas systématique, c'est un exemple). Nous devons grandir en amour, en compassion et en fraternité. Dans le cadre d'une démarche spirituelle, il est possible que cette période facilite l'accès au monde spirituel, et des prises de conscience sur ce que nous avons à transformer de notre karma. Il y a une demande de mise à jour du karma qui se produit à ce moment-là, dû au fait que le « Je » s'extrait de la volonté et fait remonter à la surface des éléments du subconscient. Nous devons, notamment, régler des histoires relationnelles (pardon, détachement). Les rêves sont intéressants, surtout ceux qui sont proches de l'inversion exacte (comptez deux semaines avant et après le jour précis), car ils peuvent apporter des prises de conscience et des révélations. Attention à la tentation de retourner vers des gens ou des situations du passé !

☆ ***Le quatrième retour de Jupiter vers 47 ans et 3-4 mois*** dont l'influence dure de trois à neuf mois : c'est une période plutôt favorable si l'on a développé les qualités de la septième septaine. Cet aspect jupitérien nous pousse à aller de l'avant, à nous expanser, à aller vers autrui et le monde, à ouvrir notre esprit à plus grand que soi. Si nous avons refusé les défis de cette septaine, cet aspect peut nous inciter à fuir notre destinée, aussi bien dans le rêve que dans des quêtes illusoires, ou des voyages sans fin. Rappelez-vous que Jupiter amplifie tout ce que nous lui mettons entre les mains. Cet aspect prépare également la septaine suivante qui est justement jupitérienne (cf. chapitre suivant). Ce quatrième retour de Jupiter peut nous orienter vers de nouvelles études ou recherches et révéler des capacités d'enseignant. Il peut, enfin, mettre en contact avec des enfants qui seront sensibles à cet adulte qui fera preuve de quelques éléments de sagesse.

« Plus » Ésotérisme

Le début du processus de la désincarnation

C'est l'un des événements majeurs de cette septième septaine. En fait, il débute déjà dans la septaine précédente, mais de manière si subtile qu'il est difficile de s'en apercevoir, sauf dans les dernières années (entre 39 et 42 ans). La désincarnation progressive consiste en une remontée du « Je », l'individualité humaine, vers le monde spirituel d'où il provient.

Ésotériquement, cela signifie que le corps éthérique ou vital entame un détachement graduel du corps physique. C'est ce processus qui provoque la baisse de vitalité de notre corps à partir de la quarantaine.
Or, c'est par notre corps physique que nous sommes attachés à la matière et que nous sommes « matérialistes ». À partir de 42 ans, nous sommes donc face à deux possibilités :

- soit, nous nous élevons avec notre corps éthérique (qui suit notre « Je » en se détachant du corps et de la matière) ;

- soit, nous nous enfonçons dans la matière avec notre corps physique (nous suivons sa décadence, à cause d'un trop grand attachement à lui, au monde et à la matière).

Dans le premier cas, nous allons ressentir intérieurement de plus en plus de vitalité et d'énergie créatrice (à condition, toutefois, de développer notre pensée), puisque nous sommes reliés à notre corps éthérique, qui est celui de la vie. Nous allons devenir des créateurs et nous prendrons de plus en plus de recul face au matérialisme, ce qui nous permettra d'y apporter des solutions (plus nous prenons de la hauteur face à un problème et plus nous sommes capables d'en trouver la solution).

Dans le deuxième cas, nous périclitons avec notre corps physique. Nos facultés, enténébrées avec ce corps qui chute, diminuent d'année en année. Notre insécurité augmente de plus en plus (le devenir du corps physique étant la mort, en nous attachant au corps, nous redoutons davantage la mort). Nous avons de moins en moins de recul face à la vie. Nous devenons aigris, car nous nous sentons dépendants et prisonniers de notre corps physique. Nous perdons la mémoire, car celle-ci est reliée au corps éthérique. Nos facultés intellectuelles baissent pour la même raison.

En cultivant les qualités de la septième septaine (maturité, responsabilité, liberté, créativité, fraternité, etc.), nous nous élevons avec notre corps éthérique. En refusant les défis de cette septaine, nous chutons avec notre corps physique.

La transformation du corps astral

La septième septaine marque la possibilité de transformer ou spiritualiser son corps astral.

Qu'est-ce que cela signifie ?

Le corps astral est le corps des désirs, émotions, sentiments et sensations. Durant la vingtaine, le « Je », l'individualité humaine, travaille sur ce corps pour développer une sensibilité plus ou moins raffinée. Mais, ce travail est davantage naturel que dû à des efforts (à moins que l'individu ne pratique les exercices de cet ouvrage !).
En revanche, transformer son corps astral consiste à améliorer ses relations sentimentales, comme nous l'avons déjà vu, afin d'élever son sentiment et de maîtriser ses émotions. C'est un travail intérieur qui demande beaucoup d'efforts et de persévérance.

Transformer le corps astral implique l'utilisation de sa pensée. En effet, chacun peut vérifier par lui-même qu'en se raisonnant l'on peut calmer ses émotions, passions ou désirs. Pour transformer son corps astral, il faut aller plus loin, en cultivant une vie intérieure reposant sur l'étude de connaissances ésotériques ou spirituelles qui nous dépassent. En étudiant des connaissances élevées, qui n'ont rien à voir avec notre vie quotidienne (l'existence des Anges, la constitution du monde spirituel, l'histoire ésotérique de l'origine de l'humanité, la sagesse à l'œuvre dans la Nature, etc.), et qui nous demandent des efforts de compréhension, il est facile d'imaginer qu'elles vont nous aider à nous décoller de notre petit moi et nous permettre un détachement profitable vis-à-vis de nos émotions et de nos désirs. Ceci diminue notre égoïsme (et nous détache de notre corps et de la matière).

Un travail intérieur d'étude et de méditation de connaissances spirituelles élevées, nous permet d'accéder au monde spirituel et d'y percevoir des images suprasensibles : cette faculté consistant à voir des images dans le monde spirituel est appelée « Imagination » (ce terme n'ayant rien à voir avec l'imagination naturelle à laquelle il est fait référence habituellement pour mentionner notre univers intérieur). Il s'agit d'un état de conscience supérieur à celui de l'homme ordinaire.

Lorsque nous faisons un travail sur notre corps astral, ceci influe sur la qualité de notre parole : elle devient bienveillante, ou emplie de compassion.
Rappelez-vous que ce qui émane de la parole d'une personne révèle la qualité de son corps astral et, par extension, son niveau de conscience. Ce qui importe n'est pas la façon de parler, mais l'énergie qui émane de la parole (compassion, bienveillance, amour, guérison, par exemple), ainsi que la qualité d'écoute. En revanche, des orateurs sachant magnétiser les foules, et maîtrisant la « technique » de la parole, peuvent émettre erreurs, men-

songes ou manipulations affectives à travers leur discours. Il nous faut donc beaucoup de discernement pour juger de la qualité de la parole de quelqu'un. Il est possible également de prendre le problème dans l'autre sens et de chercher à améliorer notre parole : la rendre plus tranquille, plus douce, mieux rythmée, lui apporter une belle respiration, cultiver l'écoute, ne parler que pour dire des choses essentielles, faire preuve de compassion, se demander si ce que nous avons à dire est bienveillant, vrai et nécessaire, etc. En travaillant ainsi au quotidien sur notre parole, nous purifions notre corps astral et nous améliorons la qualité de nos relations.

Ces indications sommaires vous donneront une petite idée de ce qu'est le travail de spiritualisation du corps astral qui doit être fait, normalement, à partir de la quarantaine.

La liberté d'un point de vue ésotérique

Nous avons vu que la liberté devait être conçue en tant que juste milieu entre la fausse liberté, d'une part, et l'esclavage, d'autre part.
La fausse liberté et l'esclavage symbolisent deux formes du mal qui doivent être transcendées pour conquérir la liberté. Il est d'ailleurs important, dans cette septaine, de s'intéresser à la connaissance du mal pour mieux y résister.

- **La fausse liberté** représente le mal « luciférien », c'est-à-dire celui qui nous incite à fuir, « planer », être égoïste, rêver notre vie plutôt que de la vivre, cultiver l'orgueil (c'est-à-dire nous placer au-dessus d'autrui, ceci étant une forme de fuite, afin d'éviter de nous confronter aux autres). La fausse liberté est donc cette déviance luciférienne, où nous faisons tout ce qui nous plaît sans nous occuper d'autrui. C'est un excès. Avec ce mal, nous nous perdons dans le monde.

- **L'esclavage** représente le mal « ahrimanien », c'est-à-dire celui qui nous incite à rejeter autrui, à nous couper du monde, à mentir, à faire des erreurs, à entretenir une logique inhumaine (sur un mode binaire ou duel, comme les ordinateurs : le système « pour ou contre »), à mépriser, à nous dénigrer. L'esclavage est donc une déviance ahrimanienne dans laquelle nous nous soumettons à quelqu'un, ou à un système auquel nous donnons notre pouvoir (et donc notre liberté) ; nous nous renions. C'est un manque ou un défaut. Avec ce mal, nous rejetons le monde.

Nous accédons à la liberté en nous élevant au-dessus de ces deux formes du mal, grâce au courage et à la conscience de soi (dont la mise en pratique apporte l'autonomie).

Pour atteindre notre idéal de liberté, il faut se souvenir de la phrase du Christ :

« Vous connaîtrez la vérité, et la vérité vous libérera. » (Jean).

Cela signifie que pour accéder à la liberté, nous devons passer tout d'abord par la vérité, et que celle-ci n'est possible que grâce à la connaissance.

C'est une certaine qualité de pensée qui nous permet de percevoir la vérité. Vous comprenez alors le lien qui existe entre la transformation du corps astral, qui passe par l'étude et la méditation sur des connaissances spirituelles élevées, et l'accès à la liberté. En effet, les connaissances spirituelles travaillées intérieurement permettent de découvrir la vérité ; et, lorsque nous pénétrons une vérité de tout notre être, nous ressentons la liberté, car à ce moment-là notre pensée est totalement libérée de la matière et de notre corps physique. Dans cet instant où nous saisissons une vérité, nous nous percevons en tant qu'être spirituel libre. Ceci constitue une grande victoire pour l'individu de notre temps.

« Plus » Pratique

Élixirs floraux

Tout d'abord, voici trois élixirs floraux du Dr Bach qui aident à combattre les travers de la septième septaine : **Impatiens** (pour éviter l'agressivité, l'irritabilité, l'impatience), **Vine** (pour éviter l'ambition excessive et l'envie de dominer autrui) et **Holly** (pour éviter les accès de colère voire de rage, la jalousie, la violence, la paranoïa, la méfiance et le mépris). En positif, ces élixirs vous apporteront : patience, compréhension et tolérance, le don sans attente de retour, l'acceptation, la juste autorité, le partage du pouvoir.
Voyons d'autres cas avec les élixirs Deva :

- Pour le détachement, nous conseillons **Cœur de Marie**
- Pour la parole vraie et bienveillante, **Gueule de Loup**

- Pour faciliter l'inspiration et la créativité, **Iris**
- Pour prendre du recul face aux épreuves et défis de la vie, se détacher de soi-même et pour l'ouverture à un niveau supérieur de conscience, **Passiflore**
- Pour tirer des leçons de la vie et lui trouver un sens, pour trouver la paix intérieure et une ouverture spirituelle, **Sauge**
- Pour lâcher son nombril afin de s'ouvrir aux autres et au monde, **Pêcher**.

Huiles essentielles

Nous avons choisi des huiles essentielles qui génèrent la paix, essentielle à cultiver dans cette septaine, où l'on est fréquemment survolté, surtout quand le surcroît d'énergie tourne en passions non maîtrisées ou en colère :

- **Sassafras** : en cas d'agressivité ou de surexcitation, quelqu'un peut vous frictionner la nuque et/ou le bas du dos avec 3 gouttes de cette huile essentielle dans une cuillerée à soupe d'huile d'amandes douces.
- **Orange** (amère ou douce) : délicieusement relaxante en diffusion atmosphérique ou dans un bien très chaud (diluer une dizaine de gouttes dans un peu d'huile d'amande douce et verser sous le robinet).
- **Galbanum** : pour la détente, équilibrante nerveusement en cas de survoltage. En friction (pure ou diluée dans de l'huile d'amande douce) sur le plexus solaire. Peut aussi être diffusée dans l'atmosphère, mélangée au Cyprès et/ou au Santal pour l'apaisement mental.
- **Cyprès** : calme et favorise l'élévation de l'esprit. En diffusion atmosphérique ou en bain (procéder comme pour l'Orange).
- **Santal** : régule les excès, apporte la paix, élève la conscience. En diffusion atmosphérique.

Chapitre 8

Huitième septaine : de 49 ans à 56 ans

Le Don de soi

☆ ***Aperçu général*** *: Durant cette deuxième septaine de la vie de l'esprit, le « Je », l'individualité humaine, déjà libéré en grande partie de l'emprise des passions et des instincts, va se dégager du sentiment. Ce qui génère plus de tranquillité et davantage d'intérêt pour les autres et le monde (moins d'égoïsme, normalement). Plus le cinquantenaire donnera de lui-même afin d'enrichir la société de ses compréhensions et de ses capacités, afin d'aider les autres – et notamment les plus jeunes – à s'accomplir, et plus il verra s'offrir à lui des possibilités d'expansion.*

☆ ***Début et fin*** *: Cette huitième septaine se déroule entre 49 et 56 ans. Certaines personnes en sentent les effets dès 47/48 ans.*

☆ ***Âge clé*** *: 51/52 ans.*

Le don de soi

Après une septaine de Mars où l'individu a appris à se tourner vers les autres au lieu de se regarder le nombril, cette huitième septaine l'encourage au don de soi.
La septaine se place sous l'influence de Jupiter, qui peut représenter la foi (voir plus loin), et elle complète la cinquième septaine (28-35 ans) et la deuxième (7-14 ans).
Lorsque je mentionne ici le don de soi, il n'est pas question d'un don de soi naturel qui est vécu dans le cadre familial ni même amical. Il s'agit d'un don de soi d'un niveau supérieur, acquis grâce aux efforts lors des septaines précédentes (surtout les deux dernières), afin de conquérir la conscience de soi et la liberté.
En effet, le don de soi est, en quelque sorte, la continuité du processus de la conscience de soi (développé au cours des trois septaines solaires), qui a débouché sur la liberté expérimentée lors de la septaine marsienne (42 à 49 ans).

Quelle est la recette du véritable don de soi ?

Pour y répondre, une autre question s'impose à nous :
Que pourrions-nous donner de nous aux autres si nous ne nous connaissions pas du tout, et si nous ne sommes pas conscients de ce que nous avons à donner ?
« Si tu n'as rien à donner, tu ne peux pas vivre dans le don de soi ! »
« Si tu ne sais pas ce que tu as à donner, que pourrais-tu offrir à autrui ? »

Ainsi, pour vivre dans l'authentique don de soi, ceci implique une certaine conscience de soi et de ses capacités, acquises au cours des trois septaines solaires, en y associant la liberté.
En effet, il est impossible de se forcer à donner de soi. **Le véritable don de soi ne peut être qu'un acte libre.**

L'on peut se forcer à donner à sa famille ou à ses amis (ce qui n'est pas un vrai don de soi, mais plutôt une sorte d'habitude reposant sur les instincts), mais il est impossible de donner à des inconnus, à moins de le choisir librement… ce qui requiert un dépassement de soi.
Eh oui, la famille et les amis font « partie de soi » : il est donc facile de leur donner… ou de s'y forcer… en attendant un retour !
En revanche, les autres, les inconnus, sont en « dehors de soi » ! Pour leur donner de soi, ceci implique forcément que l'on se dépasse, c'est-à-dire

que l'on « sorte » de soi, ou que l'on agisse pour ce qui est plus grand que soi, ou pour ce qui dépasse nos limites habituelles (si les « autres » sont en dehors de notre cadre de vie habituel) ! C'est la raison pour laquelle le don de soi demande une ouverture de conscience et une grande liberté de choix.

C'est un acte typique de cette septaine. L'individu qui réussit les septaines précédentes est tout à fait capable, à un certain niveau, d'accéder au don de soi. Sinon, l'autre manière d'y arriver, même à un âge plus jeune, est la pratique d'une voie spirituelle.

Ainsi, pour donner de soi, il faut connaître ce que l'on a à donner, c'est-à-dire ce que l'on porte en soi.
Or, ceci débute par la foi…

Les deux sortes de « foi »

Bien souvent, dans notre société post-moderne qui ne s'embarrasse pas trop de la raison, la foi n'existe pas, ou est considérée comme appartenant au domaine des croyances religieuses et autres « bondieuseries » !
En réalité, il existe deux sortes de « foi » :

- **La foi croyance** : c'est la plus antique, et la base de toute religion, qui repose sur un ensemble d'informations, plus ou moins vécues par d'autres que soi, et auxquelles l'on doit adhérer, sans se poser de question, comme s'il s'agissait de vérités absolues. Ces croyances, transmises généralement sous la forme de dogmes, doivent être acceptées telles quelles, avec conviction.
  Si la foi croyance était un moyen ancien d'accéder à certaines informations sur le fonctionnement de l'être humain, sa destinée ou l'histoire de son peuple ou de l'humanité, ainsi que le lien avec une divinité protectrice… aujourd'hui, ce mode de fonctionnement semble quelque peu dépassé, car il constitue une insulte à la faculté de penser de chaque individu et à sa raison !
  Bien évidemment, dans un futur plus ou moins proche, cette forme primitive de la foi est appelée à disparaître. Nous devrions d'ailleurs ne plus l'appeler « foi », mais simplement « croyance ».
  Nous avons bien compris que la foi croyance est le fait de croire à ce que l'on nous enseigne, sans utiliser notre raison et notre discer-

nement : c'est dangereux, de nos jours, car c'est la porte ouverte à la manipulation !

- **La foi connaissante :** c'est la plus récente (elle date de la Venue du Christ, il y a deux mille ans !), et la base de toute spiritualité authentique, qui repose sur une pensée raisonnante bien développée et sur un accès direct à la vérité. Cela signifie qu'il n'existe plus ni croyance ni dogme, mais une forme de méditation, qui permet d'accéder au monde spirituel et à certaines vérités de manière directe, sans intermédiaire. Toute voie spirituelle véritable se doit de proposer cette possibilité.

  D'ailleurs, le mot grec qui signifie « foi » est *« pistis »,* et il intègre la notion de connaissance et de confiance, avec même une notion de courage. Telle est la vraie définition de la foi postchristique : une pensée vivante et discernante qui, avec courage et une certaine confiance en soi et dans le monde spirituel, accède au monde suprasensible, afin d'y saisir des connaissances que l'on expérimente comme des vérités… ce qui nous octroie un ressenti de liberté !

Cette différence majeure entre les deux formes de la foi souligne la dissemblance existant entre la religion et la spiritualité.
Dans n'importe quelle religion, les croyants adhèrent à des dogmes, comme les scientifiques avec leurs hypothèses ou théories (d'ailleurs la science n'a-t-elle pas remplacé la religion, justement dans le fait d'avaler sans aucun discernement tout ce qui est proposé ?), et ne cherchent pas à remettre en question les informations qui leur sont données, et auxquelles ils n'ont jamais accédé par eux-mêmes.
Dans une véritable voie spirituelle, les aspirants n'adhèrent à aucun dogme ni à aucune croyance. Il leur est proposé des exercices et une forme de méditation qui leur permet d'acquérir une autonomie dans leurs recherches, afin de saisir des vérités par eux-mêmes : ainsi, ils accèdent directement à la connaissance et à la vérité, sans aucun intermédiaire. C'est ce qui fait la différence entre l'information (toujours acquise indirectement) et la connaissance (résultat d'un accès direct).
Alors que les religions et les sciences reposent sur des théories (une petite partie de la science repose également sur une pratique réelle), la spiritualité se fonde sur une pratique individuelle ne permettant aucune manipulation mentale possible.
En effet, l'expérience spirituelle (à savoir celle de l'esprit) passe au-delà de la croyance, car elle consiste à expérimenter une connaissance par

soi-même, et par conséquent de s'en construire une preuve intérieure (sa propre conviction), sans l'intervention de qui que soit d'autre.
Ainsi, toute expérience spirituelle est la connaissance directe de la vérité sans intermédiaire. Or, ceci n'existe pas dans les religions.
Expérimenter, c'est se prouver la réalité d'une connaissance. C'est notre travail en tant qu'esprit libre, et ceci constitue la base de la spiritualité occidentale de notre temps.

La désincarnation du « Je », suite...

À partir de la septaine de Mars (42-49 ans), nous avons vu que le « Je » commence lentement à se désincarner. Pendant la quarantaine, il s'extrait de la volonté de l'individu, tout comme il avait pénétré la volonté durant l'adolescence (âge en correspondance avec la quarantaine).
Lorsque le « Je », ou esprit individuel, s'est complètement retiré de la volonté, les organes qui lui sont reliés s'affaiblissent lentement mais sûrement. Il faut donc y veiller. Ces organes liés avec la volonté sont ceux du métabolisme, c'est-à-dire ceux qui s'occupent de la digestion, l'assimilation et l'élimination (globalement la zone du ventre et du bas-ventre), ainsi que les membres (risques de varices, sciatiques, etc.).
Normalement, c'est à partir de la cinquantaine que ces faiblesses se font sentir (septaine de Jupiter entre 49 et 56 ans). Il est prudent de faire attention à cette partie de son corps, sachant qu'elle aura plus de difficultés à remplir sa tâche.
Par exemple, ceci explique pourquoi, dans cette tranche d'âge, l'individu a souvent une tendance à prendre un peu de poids au niveau de la taille et du ventre.
Il est bien de manger sainement et de pratiquer un peu de sport, pour maintenir son corps en bonne forme, ceci étant tout à fait possible à cet âge.

Durant la septaine de Jupiter, le « Je » s'extrait du sentiment, ce qui correspond, au niveau physique, à la zone de la poitrine (système cœur-poumons). Cette région du corps s'affaiblira lors de la septaine suivante.
En revanche, intérieurement, il est possible de vivre une sorte de détachement de soi, de sa vie et d'autrui : c'est une bonne chose si l'on veut véritablement aller dans le sens du don de soi, propre à cette tranche d'âge.
En effet, si le cinquantenaire reste tourné vers son nombril et sa « petite famille », il ne donnera rien de lui-même et ratera cette septaine.

Or, **cette septaine incite au détachement affectif,** c'est-à-dire à une beaucoup moins grande réceptivité aux attentes d'autrui, et une nette diminution de sa dépendance vis-à-vis de ses propres désirs affectifs.

Un individu qui expérimente cette septaine correctement sera capable de prendre du recul face aux situations de sa vie, ainsi que par rapport à ses relations. Ceci n'implique pas forcément des changements, mais permet une meilleure qualité de vie, surtout au niveau relationnel (à condition que des efforts aient été réalisés dans ce sens dès la septaine précédente).

Si l'individu expérimente correctement cette septaine, alors son sentiment se purifiera, et il en résultera de nombreuses qualités :

- La paix intérieure, avec une belle ouverture du cœur

- L'écoute, et le fait de ne plus défendre son sacro-saint point de vue coûte que coûte, mais plutôt d'essayer d'embellir ses relations, en s'enrichissant des points de vue différents d'autrui

- L'accueil, ou encore devenir une terre d'accueil pour autrui, pour ceux qui cherchent, qui souffrent, se posent des questions, ont besoin de se sentir en sécurité, etc.

- La disponibilité, qui complète les qualités précédentes, et grâce à laquelle l'on devient un être capable de donner de son temps (un bien très rare à notre époque !)

- La protection, c'est-à-dire envelopper et prendre soin d'autrui (notamment les plus jeunes)

- L'équilibre, à savoir, apporter une certaine vision de la vie, où un ensemble peut devenir harmonieux, grâce à un juste équilibre de nombreux « ingrédients », ce qui sous-entend une certaine sagesse à l'arrière-plan

- La fraternité, qui est une version plus vaste et plus profonde que la compassion, et qui demande un grand dépassement de soi (cf. *Vers une Nouvelle Éthique,* de Céline & Pierre Lassalle, même éditeur).

La tempérance

Cette septaine, bien que plus tranquille que la précédente, n'est pas sans piège ! En effet, le principe jupitérien souligne que cette tranche d'âge ne peut être correctement vécue que si l'individu dispose d'un minimum de sagesse intérieure. Si ce n'est pas le cas, il risque de vivre cette septaine dans des excès de tous genres. En effet, à cette époque de la destinée, le piège dans lequel l'individu risque de tomber est de vouloir profiter de la vie au maximum. Voyez le genre : « *J'ai assez bossé comme un fou toute ma vie, il est temps que je profite de la vie !* » Ou encore : « *J'ai passé toute ma vie à m'occuper des autres, à me sacrifier pour mes enfants et ma famille, alors il est temps que je pense à moi, et que je me gâte un peu !* »
Tout le monde reconnaîtra le bien-fondé de tels arguments, car chacun veut profiter au maximum de cette période…
Or, c'est justement la période de l'existence où l'être humain doit apprendre à véritablement donner de lui-même, afin de vraiment jouer son rôle au sein de l'humanité et contribuer à son évolution.

Nous avons déjà vu que le don n'est pas forcément ce que l'on croit : en aucun cas, le fait de donner à sa famille ou à ses amis ne peut être considéré comme un don de soi, tel que j'en fais mention ici. La raison principale est qu'il n'y a jamais de dépassement de soi dans ce type de « service » que l'on rend à ses proches.
Par définition, le dépassement de soi signifie que l'on donne à des gens qui ne font pas partie de notre entourage ou de nos proches ; en d'autres termes, nous nous devons de dépasser notre champ de conscience et d'action habituel.

Bien entendu, chacun peut se trouver toutes les excuses qu'il veut, afin de ne pas jouer le rôle qui lui est proposé !
Mais retenez tout de même que le rôle qui vous est proposé et qui est décrit le plus fidèlement possible dans cet ouvrage, est un rôle d'être humain !
La société de consommation ne vous propose certainement pas de vous faire jouer le rôle d'être humain, car elle ne cesse de vous manipuler, pour que vous achetiez ceci ou cela, ou que vous croyiez en ceci ou en cela, ou que vous ne pensiez plus du tout !

Si vous vous êtes laissé avoir toute votre vie, il est probable que vous ne vous réveillerez pas davantage à la cinquantaine, et que vous continuerez

à jouer le rôle que la société de consommation veut que vous jouiez : celui d'un parfait consommateur qui va profiter de la vie, maintenant qu'il a davantage d'argent, et qui ne se soucie pas du tout de l'évolution de l'humanité ! « *Bah, quoi ! ? Je vais élire des gens pour ça !* », s'exclamera le grand naïf matérialiste !
Je crois bien que nous venons de cerner le premier écueil de cette septaine, et voici ce qu'il fait naître comme type de personnage : le profiteur !
Et que fait-il de sa vie ? Il voyage !

Et bien sûr, il s'éclate, il sort, il mange beaucoup, voyage encore, achète toutes sortes de choses inutiles, fait semblant d'être beaucoup plus jeune qu'il ne paraît, et voyage encore !
Je n'ai aucun *a priori* sur les voyages… Mais, à cet âge, ce sont les voyages intérieurs qui s'avèrent les plus « profitables » !
Rappelons tout de même qu'il existe trois grandes périodes dans la vie humaine :

- Entre 0 et 21 ans, on ne fait que recevoir, ce qui est normal…

- Entre 21 et 42 ans, on apprend à utiliser ses outils (pensée, sentiment et volonté), et on développe son individualité pour acquérir la conscience de soi en trois étapes (sensibilité, bon sens, conscience de soi)…

- Entre 42 et 63 ans, on apprend à donner, et à contribuer à l'évolution de l'humanité (ce qui complète parfaitement la première partie de la vie où l'on a fait que « prendre » ou recevoir.) Si l'on continue de « prendre » durant cette troisième partie de la vie, il réside là quelque chose d'immoral qui fait froid dans le dos !

Il existe un deuxième écueil pour cet âge : il s'agit de la paresse. Rien que d'y penser, j'ai envie d'aller me coucher… !
Cette septaine invite au lâcher prise, à la relaxation, la détente, la prise de recul, la souplesse. Tout ceci est excellent, à condition de ne pas tomber dans un manque d'énergie, qui amène toutes ces qualités à vite devenir ce gros vilain défaut qu'est la paresse !

Beaucoup de gens vous diront que la paresse, tout comme la gourmandise d'ailleurs (un autre écueil de cette septaine, le régal des profiteurs !), n'est pas un si terrible défaut !

Mais ne pas faire ce que l'on a à faire, alors que l'on sait ce que l'on a à faire (avez-vous suivi ?), c'est scandaleux ! En clair, c'est refuser de jouer son rôle au sein de l'humanité… Et si tout le monde faisait de la sorte, alors l'humanité disparaîtrait de la surface de cette planète !
En effet, ce ne sont ni les paresseux ni les inertes qui ont depuis toujours permis à l'humanité d'évoluer et de franchir les différents obstacles qui se sont dressés devant son chemin évolutif !

Alors, que faire si Jupiter vous pousse vers l'excès du profiteur, ou vous incite à vous recoucher pour jouer au paresseux ?

La solution est de cultiver la Vertu de la Tempérance (cf. *Vers une Nouvelle Éthique*, déjà cité).
Se tempérer est un moyen de viser au centre, de trouver un équilibre, et ainsi de repousser les tentations de cette tranche d'âge.
C'est grâce à la Tempérance, ou modération, que nous devenons et restons maîtres de nous-mêmes. Elle nous aide à modérer notre avidité et à demeurer stables face à l'infernal appétit de nos sens, créant sans cesse en nous la tempête.

La modération retrouvée,
Permet des actes sereins et raisonnés,
Emplis de la force de l'Esprit en soi,
Et tournés vers le don de soi.

Sans le savoir, en refusant de se tempérer et en se laissant influencer et ballotter sans cesse par ses désirs et le consumérisme, l'être humain crée son propre malheur. En adhérant aux perpétuelles sollicitations matérielles ou sentimentales, il perd à chaque fois un peu de sa conscience et de sa force intérieure, qu'il projette à l'extérieur en se remplissant d'éphémère plutôt que d'essentiel. Il devient alors très fragile et constamment tendu : il se trouve soit dans la crainte que lui soit retiré ce qu'il a conquis précédemment, soit dans la course vers un nouveau désir à conquérir, ses acquisitions antérieures ne l'ayant évidemment jamais totalement comblé.
En effet, en cherchant à se remplir du monde et d'autrui, au lieu de se donner, l'individu s'aperçoit plus ou moins rapidement, que cela le vide intérieurement. Il est de plus en plus insécurisé et ne trouve aucun sens à sa vie (prendre et profiter ne peut en aucun cas donner un sens à la vie !).

En apprenant à cultiver la Vertu de la Tempérance (pour la pratique, voir l'ouvrage déjà cité), l'individu trouvera son équilibre et saura mieux mettre en avant des priorités humaines, morales et sages. Il découvrira à quel point se donner est beau et puissant… et que c'est justement cela qui donne du sens à sa vie !

Guérir son enfance

La septaine du don de soi (49-56 ans) est reliée à celle du milieu de la vie (septaine « percevalesque » entre 28 et 35 ans), et aussi à la deuxième (7-14 ans). Vous vous rappelez que le rapport à la connaissance a dû être redéfini durant la cinquième septaine (28-35 ans), afin de développer sa propre pensée de la manière la plus claire possible. **Maintenant, le travail doit être parachevé en accédant à une pensée universelle et créatrice, ainsi qu'à la vraie foi** (par l'intermédiaire de la méditation, par exemple).
Il est important que le développement de la pensée soit toujours associé à celui de la moralité. Ceci nous relie à l'une des devises du courant spirituel du Graal :

« La connaissance par la compassion. »

En effet, durant la septaine de l'enfance (entre 7 et 14 ans), le garçon ou la petite fille doit trouver au moins une personne exprimant une belle autorité morale.
Si c'est le cas, alors durant la septaine « percevalesque », le jeune sera capable d'élever sa pensée, de la rendre vaste et connaissante, sans qu'elle devienne orgueilleuse, car il demeurera moral.
En revanche, un enfant n'ayant pas rencontré d'adulte empreint d'une belle autorité morale, risque – au cours de la trentaine – de se prendre pour le nombril du monde et faire montre d'un orgueil ridicule !
Évidemment, un tel individu deviendra arrogant, jouisseur, égocentrique et profiteur arrivé à l'âge de Jupiter, et il se moquera pas mal de l'avenir de l'humanité ! Il contribuera à la destruction de la nature sans le moindre complexe !

Bien évidemment, le travail sur la Vertu de la Tempérance, comme conseillé plus haut, nourrit le cœur d'une force de moralité qui s'associera parfaitement avec la pensée-sagesse de cet âge.

Lorsque la septaine de l'enfance s'est bien déroulée, ou qu'elle a été « rectifiée » par la septaine « percevalesque », la tranche d'âge actuelle permet

un nouveau rapport à la connaissance, favorisant l'accès au monde spirituel (le « Je » remonte ou se désincarne, ne l'oublions pas !). L'ouverture du cœur est facilitée, car le « Je » s'extrait du sentiment.
Enfin, la transformation du corps éthérique devient possible, tout au moins dans une certaine mesure. L'individu intéressé par ce travail peut, soit, entrer dans une voie spirituelle, soit, s'exercer à modifier ses habitudes (en se débarrassant des mauvaises, et en s'en créant des bonnes, car les habitudes sont « engrammées » dans ledit corps éthérique).
Bien évidemment, si l'enfance a été vécue difficilement, et que la septaine « percevalesque » n'a rien guéri ou presque, cette tranche d'âge sera indiquée pour effectuer un travail sur son enfance, afin de s'en libérer (travail de pardon, par exemple).

Rassembler et guider

Cette septaine se révèle propice à guider ou rassembler un groupe de personnes autour d'un but, d'un projet, d'une réalisation sociale, en somme, une aventure héroïque à plusieurs. Ceci peut se réaliser dans le cadre de votre travail, d'une association ou même d'une voie spirituelle.

Le rôle d'une personne de la cinquantaine est de faire bénéficier les plus jeunes de son expérience. Elle se retrouve souvent entourée de jeunes adultes de la trentaine, car ces deux tranches d'âge sont liées.

Le quinquagénaire devrait partager sa confiance en la vie, encourager les jeunes trentenaires à s'exprimer au niveau social, leur donner le « poids » qui leur manque, grâce à son sens des responsabilités. Son rôle est d'être un protecteur et un conseiller. Il sait rappeler le but et l'idéal à atteindre quand le groupe, l'équipe ou l'association s'en écarte. Il est garant de l'éthique de ce qui sera réalisé par le groupe, il montre les pièges à éviter, et il dispense sa foi et son courage lors des périodes difficiles. Il provoque et organise des réunions et des débats autour de l'idéal commun et la façon de le manifester, afin que le groupe se réharmonise régulièrement.

Plus un individu a d'influence sur les autres, plus il a le devoir éthique de respecter leur liberté. Dans cet état d'esprit, voici quelques-uns des pièges typiques que le quinquagénaire devra éviter :

- Le quinquagénaire dispose souvent de plus d'argent que les jeunes. Il peut être amené à soutenir financièrement un groupe ou une association, mais son geste doit demeurer ponctuel. En effet, s'il « nourrit » trop le groupe matériellement, il empêche les gens qui le constituent de se prendre en charge. Il joue alors un rôle de « papa ou maman gâteau » !... Et s'il y travaille intérieurement, il s'apercevra qu'il joue ce rôle afin d'obtenir des retours et récompenses de ceux qu'il aide (se rendre indispensable, attirer la reconnaissance, capter l'amour d'autrui, etc.). En fonctionnant ainsi, il rend ces gens dépendants de lui, ce qui les poussera tôt ou tard à se rebeller, par besoin d'indépendance.

  Ainsi, il doit veiller à ce que le groupe subvienne à ses dépenses collectivement.

- Le quinquagénaire dispose d'une belle autorité, parce qu'il est censé avoir plus de connaissances et d'expérience de la vie que les jeunes. Ceci peut lui attirer un juste respect. Il doit impérativement jouer son rôle et ne pas faire semblant d'être un « pote » qui pense comme eux ! Ce serait inverser les rôles ! En revanche, il ne doit pas imposer ses points de vue et ses décisions, sous prétexte qu'il est l'aîné et celui qui a le plus d'expérience de la vie : ce serait alors un abus d'autorité, qui lui attirerait immanquablement de l'agressivité de la part de ses partenaires plus jeunes ! Il se doit de respecter la liberté de pensée et les points de vue d'autrui.

Encore une fois, il s'agit d'un juste milieu que la Tempérance peut l'aider à atteindre. L'individu de cette tranche d'âge doit apprendre à conseiller et à transmettre, sans imposer ses idées ni les renier.

La beauté intérieure

La beauté intérieure est cette lumière qui irradie d'un être manifestant une Vertu ou une qualité de son cœur.

Si vous souhaitez rester « belle » ou « beau », quel que soit votre âge, et jusqu'à la fin de la vie, ouvrez votre cœur et exprimez vos qualités éthiques !

L'individu qui aura choisi de pratiquer la transcendance, en développant la solitude intérieure et la conscience de soi entre 35 et 42 ans, en domptant son égoïsme avec héroïsme entre 42 et 49 ans, en surmontant avec foi son besoin de prise en charge affective ou de vacances entre 49 et 56 ans… disposera d'un sentiment apaisé et émanera des qualités de son cœur. Il sera authentique dans sa parole et dans sa relation aux autres.
Le résultat en sera qu'il rayonnera sa beauté intérieure.

La beauté dans la forme

Il est dommage que, trop souvent, sous prétexte de n'être pas doués, les gens ne pratiquent pas un art. Aussi bien pour cette tranche d'âge que pour la précédente, une discipline artistique peut aider l'adulte à exprimer ce qu'il ressent. De plus, la quête d'harmonie du quinquagénaire peut trouver une issue à travers un art.
Rappelons que Jupiter, qui préside cette septaine, est la planète de la beauté mise en forme, ou encore de la sagesse harmonieusement mise en forme.
De plus, cette septaine favorisant l'inspiration, l'individu peut ressentir sa capacité à unir sa pensée au monde spirituel, afin d'y « cueillir » des inspirations, puis de faire descendre celles-ci jusque dans la matière, afin de les manifester au travers du support de son choix. Peu importe le résultat obtenu, en termes d'esthétique ou de qualités techniques, l'important ici est que l'individu exprime certaines forces morales, ou des vérités qui le traversent jusque dans la matière.
Essayer d'apporter la beauté dans la forme est une noble mission de cet âge. Ainsi, que l'on soit doué ou non pour cela, il est certain que nous devons essayer !
Le créateur de la cinquantaine devrait s'offrir pour mission de donner une forme à la sagesse et à l'idéal qui vibrent dans sa vie intérieure : s'il y parvient, sa beauté intérieure, issue de son dépassement de soi, fera « rayonner » la matière !

L'âge-clé de 52 ans

Cette tranche d'âge paraît assez tranquille : en effet, cette huitième septaine ne comporte que peu de « tournants de vie ».
À partir de 47/48 ans, et ce, durant quatre ans, il se produit une accal-

mie, qui est bien en analogie avec la deuxième septaine de l'enfance, période généralement heureuse, où ne se présentent que peu de maladies ou d'épreuves.
Cette situation nous ramène bien aux écueils énoncés plus haut : l'individu risque de se laisser aller, après une septaine marsienne mouvementée.
Il faut par conséquent demeurer vigilant, car, bien souvent, selon la manière dont s'est déroulée la septaine précédente, la fin de vie peut se jouer dans cette tranche d'âge ! En effet, celui qui se laissera aller durant cette septaine éprouvera bien des difficultés à se relancer au cours de la septaine suivante…
Ainsi, l'âge-clé de 52 ans arrive à point nommé, tel un avertissement, incitant l'être humain à demeurer alerte et attentif face à ce qui lui est proposé.
Si les septaines précédentes ont été vécues avec courage et héroïsme, il serait vraiment dommage de s'écrouler maintenant !
Cet âge-clé pousse à l'introspection, la réorientation, les rectifications, la reprise en mains, de nouvelles habitudes (tout en larguant un passé révolu), etc.
L'individu qui resterait sourd et aveugle à cet avertissement prendrait le risque d'une vieillesse prématurée !

La destinée humaine est une aventure merveilleuse,
d'une richesse incomparable.
Vivons-la en donnant le meilleur de nous-mêmes !
Car, nous ne sommes pas sur Terre
pour jouer les « gagne-petit »,
mais pour émerveiller les dieux qui nous ont créés !

L'Arche du Don

Astreintes se trouvent mes petitesses,
Gagné mon libéré, plus que contraint,
Insuffle désormais, veut et obtient,
Sur sa force en maintien, œuvres et richesses.

Divulgue ta foi, que l'aveugle voie,
Occis les goulus et gourmands profits,
Nourris généreux ton cœur et tes mains,
Servant le plus haut, accomplis tes dons.

Dévoile la voie que ta foi octroie,
Omets l'aval de la vile inertie,
Noble en ta voix, apaise ton prochain,
Soulageant les maux, éduque au pardon.

Dispense sagesse épousant ta foi,
Ose faire fi de l'altruisme sans fruit,
N'élis de liens que sans attaches aux tiens,
Salue ta vie au service du bon.

Roseraie de Lumière,
En nouvelle clairière,
Est née de mes prières,
Au soleil de mes Frères...

Céline ♥ Océana

NB : sens de lecture

		2	
1	3		5
	4		

« Plus » Astro

☆ Vers 51½/52 ans, nous sommes confrontés au ***carré « descendant » de Saturne,*** c'est-à-dire celui qui précède son prochain retour, qui aura lieu environ sept ans plus tard. Au sein de cette septaine jupitérienne, il apporte une sorte de ralentissement, afin de contrebalancer les excès de Jupiter. Il donne du poids à nos actions, et nous pousse à faire la différence entre nos rêves et les projets réalisables. Il nous incite à réorienter nos actions, afin de les rendre plus sociales, plus collectives, ou moins individualistes. Il nous invite à développer davantage le sens des responsabilités. C'est un bon moment pour tirer des leçons par rapport à ce que nous avons vécu depuis le début de cette septaine (nous en sommes alors à peu près au milieu). Selon comment nous avons vécu cette septaine (en essayant de donner davantage à autrui, ou en nous laissant aller à profiter de la vie), nous pouvons nous trouver face à de belles opportunités de don de soi, ou face à des obstacles ou épreuves ayant pour but de nous secouer pour nous remettre en selle !

☆ ***Le retour de la Lune noire,*** vers 52 ans et 10 mois, constitue la suite du précédent, qui peut représenter une épreuve, comme je le mentionne ci-dessus, ou une sorte de tentation de nous laisser aller à la facilité et/ou à l'immoralité, selon les qualités de notre cœur. Ce passage peut correspondre aux tests présentés plus haut : le paresseux et/ou le profiteur qui baigne tranquillement dans son individualisme forcené ! Il est fortement conseillé de demeurer vigilant, car la septaine suivante risque de faire « bobo » si nous nous laissons aller maintenant !

☆ ***Le deuxième retour de la Lune progressée*** se produit vers 54 ans et 8 mois, c'est-à-dire en fin de cette septaine, et elle prépare à la septaine de Saturne. Cet aspect est en rapport avec la qualité de notre pouvoir lunaire, et il propose un certain détachement par rapport au monde et à la société de consommation. En même temps, c'est une période où vous pouvez vous sentir inspiré pour réaliser un projet ou manifester quelque chose (un idéal ?) qui est cher à votre cœur (peut-être même y aviez-vous déjà pensé lors du premier retour de la Lune progressée, vers 27 ans et ½ ! ?). En revanche, si l'individu s'est considérablement laissé aller au cours des années jupitériennes, cette période peut annoncer le début d'une certaine faiblesse intellectuelle, qui ira en empirant au fil du temps ! Nous pouvons également ressentir alors la peur du futur. Il faut y remédier d'urgence en transformant sa pensée (cf. « Plus » ésotérisme). C'est la dernière occasion de transformer une pensée trop paresseuse ou trop matérialiste en une pensée vivante et ouverte au futur.

☆ ***Le trigone d'Uranus*** entre 54 et 56 ans (à vous faire préciser par un astrologue) réalise la transition entre les septaines de Jupiter et Saturne. Plus nous avons élevé notre pensée, durant la septaine jupitérienne, et plus nous serons « amis » avec Uranus, qui nous procurera de l'élan (nouveau projet social d'envergure, par exemple). Ce trigone d'Uranus nous rendra inventifs et plein d'espérance. Si nous pratiquons une évolution spirituelle, cette période sera favorable aux expériences élevantes.

« Plus » Ésotérisme

Transformer son corps éthérique : spiritualiser sa pensée

Au sein de cette septaine de la sagesse intérieure (reliée à Jupiter en astrologie), l'être humain devrait entamer la spiritualisation de sa pensée, c'est-à-dire régulièrement tourner sa pensée vers les œuvres de l'esprit, et non se contenter uniquement du quotidien ou des événements matériels.

C'est d'autant plus important que la période de désincarnation est bien entamée, et que notre corps éthérique (ou corps vital) se détache de plus en plus de notre corps physique.
Il existe un risque et un choix à faire :
Si notre intérêt se porte uniquement sur ce qui se passe sur le plan physique ou matériel, notre pensée se « colle » à notre corps physique et dégénère ou « chute » avec lui. Ainsi, notre pensée « meurt » peu à peu avec notre corps, ce qui explique l'arrivée de certaines maladies comme celle d'Alzheimer. Nous avons alors de moins en moins le goût à réfléchir, nous poser des questions et nous intéresser à ce qui est différent de nous. Nous nous enfermons dans nos croyances et devenons intolérants et aigris.

Si nous voulons, *a contrario*, rester créateurs, vivants et alertes dans notre pensée, il nous faut la « lier » avec notre corps éthérique (qui « remonte »), corps subtil de vie spirituelle, qui redonnera à notre pensée ses forces de jeunesse et de régénération. Ceci consiste à « dé-matérialiser » notre pensée, en lui insufflant la vie de l'esprit. Nous devons nous sculpter un monde intérieur avec notre pensée, un monde qui ne repose sur rien de physique et qui, au contraire, accueille le spirituel en lui (méditation sur des connaissances spirituelles élevées). Notre pensée peut alors s'élever, sans aucune fatigue ni limite, vers les sommets de la vraie sagesse, en quête de la pure vérité.

Pour cela, il faut s'intéresser à des connaissances de nature exclusivement spirituelles, n'ayant aucune utilité, ni intérêt pratique pour notre vie matérielle. De telles connaissances sont uniquement tournées vers ce qui est intangible : la nature spirituelle de l'être humain, le sens de la vie, les étapes de l'évolution de l'humanité, la présence du spirituel dans la Nature (les êtres élémentaires, par exemple), le monde spirituel et les êtres qui l'habitent, l'étude de textes sacrés ou de personnages saints, etc.
Il est important de faire un effort, sinon quotidien, du moins régulier, pour lire et surtout réfléchir sur de tels sujets : en effet, ceci arrache notre pensée à la rigidification de notre corps physique. Nous conservons alors une certaine souplesse dans notre pensée.

Cependant, il ne faut pas que cette étude reste strictement intellectuelle, sinon nous n'en retirerons aucune substance de sagesse vivante, seulement un plus grand savoir livresque. Or, ce n'est pas du tout le but ! Nous devons avoir une approche méditative de la connaissance spirituelle : lire avec conscience et lenteur, en laissant résonner en nous les ressentis et inspirations émanant de notre lecture, et réfléchir, non en restant dans notre tête, mais en entrant dans la profondeur de notre intériorité (notre cœur spirituel). Et aussi, revenir sur nos compréhensions pour les approfondir peu à peu, les laisser mûrir en nous avec le temps.
(Pour les bases de cette pratique méditative et le travail de la pensée, cf. *La Vie Spirituelle* et *Parler le Langage des Anges*, déjà cités.)

Peu à peu, notre pensée construit intérieurement un « palais de cristal », sculpté des pensées pures et lumineuses issues de nos méditations, un monde intérieur où nous pourrons nous régénérer profondément chaque fois que nous le souhaiterons.
De notre vie spirituelle intérieure jailliront des inspirations et des qualités morales, qui nous aideront à préciser et à manifester notre idéal jusque dans notre vie quotidienne.

La septaine de Jupiter est particulièrement propice à ce travail, cette planète de la sagesse intérieure amplifiant les ressentis et les prises de conscience qui en résultent. Ne vous en privez pas !

« Plus » Pratique

Élixirs floraux

- Les Laboratoires Deva ont confectionné un cocktail d'élixirs floraux spécialement pour vous ! Il s'appelle « Maturité » : il est constitué, à quantités égales, d'**Amandier, Bouleau, Hibiscus, Noyer, Sauge.** Il combat la peur de vieillir, le manque d'intérêt pour le monde, le laisser-aller et l'insatisfaction. Il apporte la joie de vivre, l'épanouissement, il ouvre à de nouvelles perspectives d'expansion en différents domaines, favorise l'intégration des expériences vécues, la compréhension du sens de la vie (en lisant ce livre, par exemple !). Ce complexe aide à lâcher le passé et certains modes de fonctionnement périmés. Il encourage l'évolution spirituelle et facilite toutes les transitions ou changements. Pour les femmes, il soutient le passage de la ménopause et ouvre sur le futur avec espérance.
- Pour les paresseux (ceci ne concernant aucun de nos chers lecteurs, bien évidemment !), nous vous conseillons **Hornbeam** du Dr Bach : c'est très facile à prendre, ne demande absolument aucun effort, et c'est très efficace, sans vous enlever complètement votre passion pour la « chasse aux bulles » !`

Huiles essentielles

Les huiles essentielles conseillées ci-dessous sont toutes à diffuser dans l'atmosphère (1/4 d'heure suffit), ce qui est bien adapté dans cette septaine où le « Je » s'extrait du sentiment et où les poumons ont besoin d'être vivifiés et la capacité respiratoire soutenue. Les mélanges entre ces différentes huiles essentielles, toutes d'odeurs agréables, sont très heureux.

- **La Myrrhe** facilite le décollement corps physique/corps éthérique, aidant à rester souple dans sa pensée, accompagnant les efforts pour la spiritualiser. De plus, cette huile essentielle apaise les excès qui peuvent survenir lorsque l'on s'exalte trop (un des travers possibles de cette septaine). C'est une huile sacrée.

- **Le Niaouli** est adapté pour tonifier et stimuler en douceur lorsque l'on se laisse trop aller à la paresse ou l'inertie (autre travers possible de cette septaine).
- **Le Pin sylvestre** apporte de la vitalité à l'organisme et redonne du souffle (au propre, comme au figuré) lorsque l'on se sent fatigué ou découragé. Pour retrouver son enthousiasme et son élan.
- **L'orange douce** ou **la mandarine** procure de la joie pour réaliser ses projets, et crée une ambiance relationnelle harmonieuse, lorsque l'on travaille en groupe ou avec des enfants.

Chapitre 9

Neuvième septaine : de 56 à 63 ans

La sagesse

☆ ***Aperçu général*** *: La neuvième septaine marque le début du troisième tiers de la vie humaine (si l'on se réfère au cycle de Saturne de près de trente ans), qui est celui où l'individu doit faire preuve d'une sagesse pratique, dont il fera profiter autrui. La vie de l'esprit est bien avancée et l'être humain de cette tranche d'âge a les épaules suffisamment solides pour entreprendre des projets avec de hautes responsabilités. C'est une tranche d'âge où l'on récolte les problèmes et les avantages de la petite enfance. C'est une période de détachement, où l'on doit tirer des leçons de sa vie, tout en apportant de l'espérance aux enfants et aux jeunes adultes. Il devient capital d'être un soutien pour ceux que l'on rencontre.*

☆ ***Début et fin*** *: Cette neuvième septaine se déroule entre 56 et 63 ans.*

☆ ***Âges clés*** *: 56 ans, 59 ans et 63 ans.*

La crise de la soixantaine

Comme nous l'avons vu à l'occasion des deux septaines précédentes, l'être humain se révèle de plus en plus en tant qu'esprit créateur au sein de l'humanité (à différents niveaux, bien entendu) durant cette longue période qui, de la maturité, l'amène petit à petit vers l'âge d'or de la sage vieillesse. Cependant, notre société postmoderne est peu adaptée à la réalité de l'esprit humain, et elle ne lui facilite guère la tâche : au lieu de profiter de la sagesse pratique des gens de la soixantaine, elle les met à la retraite ! Oui, vous pouvez rire, car il n'existe rien de plus idiot… ! À moins qu'il n'y ait un but précis et bien caché ?... (Une fois à la retraite, vous aurez tout le temps de faire vos recherches sur le sujet !)

La neuvième septaine débute à l'âge de 56 ans. Pourtant, nous considérons que ce n'est vraiment qu'autour de 59/60 ans qu'elle s'installe véritablement.

Que se passe-t-il alors ?

La société met l'individu à la retraite !
Au moment où l'être humain dispose de toute une sagesse pratique de la vie, qui résulte de tous les défis qu'il a relevés et de toutes les épreuves qu'il a endurées, et où il pourrait rendre de précieux services à la société, l'État le met hors course !
Ceci nous montre, une fois de plus, le peu de bon sens de nos dirigeants (à moins que ce ne soit sciemment calculé, car eux ne se mettent jamais à la retraite ! Cherchez l'erreur !).

Notre société est élaborée pour les jeunes (voyez la publicité, c'est édifiant ! Avec elle, tout le monde a 25 ans ! Rappelez-vous que l'évolution naturelle s'arrête à 26 ans, ce qui fait que la majorité de la population a cet âge mental !). Il n'y a pas de place pour les gens de la soixantaine, à moins qu'ils n'aient beaucoup d'argent à dépenser pour soutenir le marché économique, et qu'ils puissent se comporter comme des jeunes. Sinon, il faut les mettre hors-jeu (dans des « mouroirs », par exemple), car la planète est déjà trop petite pour contenir tous les jeunes !
Cet état d'esprit ne favorise pas l'entraide entre les générations…

À quand la révolte des « sexa » ?

En effet, les sexagénaires qui disposent d'une certaine influence sociale, et de

beaucoup d'expérience de la vie, sont les personnes qui pourraient le mieux contribuer à changer le monde, ou tout au moins à y apporter quelques améliorations, plutôt que de le subir : c'est l'une des responsabilités de cet âge. Peut-être manquent-ils de confiance en eux ou d'espérance en l'évolution de l'être humain… Pourtant, tout est possible ! Ce que des Hommes ont établi au sein de cette société, d'autres peuvent le modifier, ou même le transformer radicalement.
Un peu d'héroïsme, que Dieu !

La neuvième septaine est en analogie avec la planète Saturne qui gouverne la responsabilité (qualité saturnienne fondamentale) et la sagesse pratique, ou encore Prudence, la Vertu issue des multiples expériences de la vie, dont nous avons tiré des leçons et qui nous ont permis de nous améliorer et d'envisager l'avenir avec sérénité. (Si cette Vertu vous intéresse, cf. *Vers une Nouvelle Éthique*, déjà cité.)

Mettre les gens à la retraite a pour but de les déresponsabiliser, de les mettre hors-jeu, afin qu'ils s'endorment tranquillement et ne dérangent pas les dirigeants. Ces derniers savent bien que c'est à cet âge que l'être humain acquiert le plus grand rayonnement social, et qu'il est capable de grandes réalisations. Mais si ces dernières n'étaient pas en accord avec les pouvoirs en place ?! Aïe ! Le sexagénaire comprendra alors pourquoi il vaut mieux – pour le pouvoir dirigeant – qu'il se comporte comme un « papy gâteau », plutôt que se mêler de ce qui ne va pas dans notre société !

C'est le défi de cette période de la vie :

- Ou l'individu plonge dans sa « retraite », et, soit, se laisse aller et meurt rapidement, soit, profite de celle-ci en s'amusant et en passant du bon temps ;
- Ou il utilise sa disponibilité nouvelle pour s'ouvrir aux autres, donner de son temps et de sa sagesse pratique (selon ses connaissances, son savoir-faire dans tel ou tel domaine, ses capacités de service, etc.), afin de contribuer à l'amélioration du monde dans lequel il vit.

Pourquoi accorderait-il de son temps et de ses connaissances pour se mettre au service des autres ?

Simplement par gratitude pour tout ce que la vie lui a offert gratuitement… Bien sûr, si sa vie n'a évolué qu'autour de son travail et de sa famille, il se sentira soudain inutile lorsque sonnera l'heure de la retraite.

Pourquoi ?

Parce qu'il se sera « fait avoir », croyant que la seule valeur d'un être humain se juge sur le travail qu'il accomplit… Mythe illusoire de *« the american way of life »*, où de pauvres gens se tuent au travail (les Américains travaillent – en moyenne –350 heures de plus, par an, que les Européens !)

Le détachement

Il est essentiel que, dès les dernières années de la cinquantaine, vous appreniez à vous détacher de votre travail, de vos habitudes qui lui sont liées, et des croyances qui s'y joignent.
Contrairement à ce qui vous a été inculqué, vous n'avez pas besoin de « gagner votre vie », car elle vous est donnée, et vous n'avez pas besoin de « travailler pour vivre », mais plutôt de vivre pour travailler !
En effet, mettre l'argent et le travail en premier dans notre existence nous assèche, tue nos relations et nous vide de notre substance créatrice.
C'est la vie qui doit être placée en premier.
Que voulons-nous faire de notre vie ? Comment aimerions-nous nous révéler dans le monde ? Qu'aimerions-nous apporter dans cette société pour la faire progresser ?

Alors, notre vie nous amène vers un travail qui correspond à nos aspirations les plus profondes, à un idéal que nous portons dans notre cœur.
Le travail sert à impliquer notre énergie pour manifester notre idéal. Et, l'argent qui en découle nous permet de continuer notre travail de manifestation de nos aspirations.
En cultivant cet état d'esprit et, surtout, en le mettant en pratique, vous ne serez jamais l'esclave de l'argent ni du travail, et vous aimerez toujours ce que vous faites dans votre vie. Alors, peu importe que sonne l'âge de la retraite ! Vous continuerez à manifester vos idéaux…
Vous ne tomberez pas dans le piège de ladite retraite : *« Ne suis-je plus utile à la société ? »*
Vous n'avez pas besoin d'être « utile » à la société : être « utile », c'est contribuer à renforcer le profit égoïste qui détruit notre planète !
Puisque ce n'est pas ce que vous voulez, alors à quoi bon vous préoccuper d'être « utile » ou non ? Lâchez prise !

Le détachement est capital au cours de la septaine saturnienne. Il consiste à discerner ce qui est important de ce qui ne l'est pas. Ce qui est éphémère ou

périssable de ce qui est éternel. Le détachement propose de se concentrer sur ce qui en vaut vraiment… la joie. !
Ne vivez plus comme si vous n'alliez jamais mourir : c'est immature, vous n'en êtes plus là !

Que voulez-vous faire des années qui vous restent à vivre ?

Faites des choix ! Oubliez le superflu… Planifiez de grands projets : ceux qui vous tiennent à cœur, mais que vous ne vous sentiez pas capables de réaliser jusque-là. Maintenant, vous avez l'expérience nécessaire et les compétences qui vont de pair.
Alors, ayez confiance en vous !
Profitez-en pour vous détacher également de votre corps physique. Ne tombez pas dans le piège de courir chez le médecin au moindre « bobo » : il est normal d'en avoir à votre âge. Votre corps n'est plus ce qu'il était, et alors ?! (C'est comme les vieilles voitures : l'essentiel c'est que ça roule, n'est-ce pas ?!)
Ne gaspillez pas votre énergie à courir après votre santé : elle est plus fragile qu'avant et c'est effectivement normal (n'en déplaise aux charlatans qui vous promettent de vivre en parfaite santé jusqu'à 120 ans !).

À noter : Il faut savoir que le début et la fin de la vie sont « en miroir » : dans la petite enfance, l'être humain dispose d'une très grande puissance vitale, mais de peu de conscience (et donc de peu de capacités cognitives), tandis qu'à partir de l'âge de Saturne, l'être humain dispose d'une faible puissance vitale, mais de beaucoup de conscience (et donc d'une intelligence et d'une force créatrice phénoménales). On ne peut pas tout avoir ! Alors, faites-vous une raison pour ce que vous avez irrémédiablement perdu, et tirez le maximum de vos points forts... On est sage ou on ne l'est pas !

Transformer son action : « L'Œuvre de sagesse »

Alors que dans la septaine de Mars (42-49 ans), il s'agissait de transformer ses relations et donc son sentiment, et que, dans la septaine de Jupiter (49-56 ans), il fallait transformer son rapport à la connaissance et donc sa pensée, durant la septaine de Saturne, il devient nécessaire de transformer sa manière d'agir ou de spiritualiser son action (ou volonté).

La bonté

La qualité essentielle à cultiver durant cette tranche d'âge est la bonté :

La bonté est la manifestation de la compassion
ou de la fraternité à travers nos actes.

La bonté, c'est l'action par amour. L'action pure, mélange harmonieux de l'innocence associée à la sagesse.

Comprenons-nous bien : il ne s'agit pas d'agir pour faire plaisir à quelqu'un, car chacun en est facilement capable.
L'amour de l'action nécessite un travail intérieur. C'est un niveau supérieur à ce qui a été expliqué pour la sixième septaine (35-42 ans) avec le travail sur l'œuvre solaire. En manifestant votre œuvre solaire, vous avez pris conscience de vous-même, vers la fin de la trentaine (cf. chapitre 6). Dans la soixantaine, vous devez réaliser bien d'autres œuvres, mais cette fois non pour vous-même (c'est-à-dire pour acquérir plus de conscience ou renforcer votre individualité), mais au profit d'autrui et du monde (à savoir, pour des gens n'appartenant pas à votre famille ni à vos amis, et donc dans un sens de fraternité).
Ce travail que je qualifie d'« œuvre de sagesse » est une action désintéressée, qui apporte quelque chose dont la société a besoin (créativité, construction, structure, service, etc.)
L'action par amour se suffit à elle-même. Le but n'est plus que les gens apprécient votre œuvre. C'est le travail en lui-même qui vous nourrit et vous comble : le fait d'agir ce que vous portez dans votre cœur, afin de contribuer à l'amélioration du monde, vous réjouit intérieurement. Peu importe ce que les gens en penseront ! **L'important n'est pas le résultat ni le retour dont vous pourriez bénéficier de votre action, mais le fait que vous avez joué votre rôle au sein de la société.** (Pour tout savoir sur l'action par amour et la maîtrise des lois de la manifestation ou de la créativité, cf. *L'Aventure Héroïque*, déjà cité).
La bonté est certainement l'un des plus hauts idéaux humains à cultiver. La neuvième septaine est la meilleure période de la vie humaine pour apprendre à le pratiquer. Aussi, ne vous en privez pas et n'en privez pas le monde, car il en va de l'avenir de l'humanité !

Être bon, c'est accepter de s'oublier,
afin d'agir pour le plus grand bien d'autrui et du monde,
par amour.
C'est semer des germes pour le futur...

Mettre la main à la pâte

Généralement, lorsque vous traversez cette septaine, vous éprouvez le besoin de « remuer » la matière.
En effet, la neuvième septaine est reliée au corps physique (tout comme les première et sixième septaines) ; cela signifie que vous pouvez exprimer le besoin d'agir sur la matière. Par exemple, vous pourriez relever le défi de construire votre propre maison ou, pour le moins, de participer à sa construction, ou encore à son aménagement intérieur, même si ce n'est pas du tout un corps de métier que vous connaissez.
Vous souhaitez vous confronter à la matière et la soumettre à votre volonté.
Vous êtes motivé pour construire, aménager des terrains, vous intéresser à l'architecture, car ce sont des domaines reliés à votre septaine.
Ce type d'actions vous fera le plus grand bien, car il agira sur votre corps physique, le maintenant en forme, en équilibre.

Le corps et la petite enfance

Votre septaine est en rapport avec la petite enfance durant laquelle votre corps physique s'est développé considérablement. Entre la naissance et l'âge de 7 ans, la manière dont votre entourage a pris soin de votre corps aura des répercussions non seulement entre 35 et 42 ans, mais encore plus dans cette neuvième septaine (56-63 ans).

- Si vous avez mangé n'importe quoi, si vous avez été beaucoup vacciné, si vous avez vécu des privations, si vous avez passé votre enfance devant la télévision ou l'ordinateur (ceci concernant les générations futures, bien évidemment), alors tout ceci a considérablement gêné le développement correct de votre corps physique, et vous en paierez les conséquences au-delà de 56 ans.

- Si vous avez réussi votre sixième septaine (35-42 ans), le problème aura été rééquilibré partiellement ou totalement ; sinon, vous aurez des faiblesses de santé entre 56 et 63 ans.

Comment y remédier ?

En pratiquant l'amour de l'action ou « l'œuvre de sagesse ». En effet, les erreurs de la petite enfance, indiquées ci-dessus, apportent une rigidification prématurée du corps physique. Or, ce qui permet de lui redonner un peu de souplesse est : la chaleur de l'amour. Et c'est uniquement s'il est « agi » que l'amour peut faire « fondre » le problème.
Bien sûr, il ne faut pas rêver : se mettre à l'action par amour, agir de manière totalement désintéressée, est très difficile. De plus, ceci ne résout pas les problèmes de santé profondément enracinés dans le physique, même si cela contribue à une amélioration certaine.
Cependant, il ne faudrait pas agir avec amour dans le but de guérir tel ou tel problème de santé…, car il ne s'agirait plus alors d'une action désintéressée ! Les problèmes engendrés dans la petite enfance doivent être principalement réglés durant la sixième septaine (35-42 ans). Si cela n'a pas été le cas, il est toujours possible de réparer intérieurement leurs conséquences : ainsi, le problème de fond sera rédempté d'un point de vue spirituel, mais la répercussion sur le plan physique ne sera peut-être que partielle.

La désincarnation du « Je », suite… et presque fin…

La lente remontée vers notre patrie originelle poursuit son cours lors de la septaine saturnienne.
Une fois que le « Je », l'individualité humaine, s'est dégagé de la volonté (la zone des membres et du métabolisme) durant la septaine de Mars (42-49 ans), puis du sentiment (zone de la poitrine) pendant la septaine de Jupiter (49-56 ans), il s'extrait de la pensée (zone de la tête) à l'occasion de la septaine de Saturne (56-63 ans).
Ainsi, le « Je » va de moins en moins soutenir les facultés intellectuelles. C'est la raison pour laquelle elles baissent dans la soixantaine, si l'être humain ne les travaille pas (en général après 63 ans).
Ce mouvement du « Je » aide à se détacher de soi et du monde, et par

conséquent, à s'intéresser aux autres.
Nous avons déjà vu qu'il y a généralement un décalage entre le moment où le « Je » abandonne une partie du corps, et celui où cette partie du corps montre des signes de faiblesse. Ainsi, selon la vitalité de la personne, les problèmes de santé porteront, par exemple, sur la zone du sentiment (cœur et poumons) laissée par le « Je » entre 49 et 56 ans, ou toujours sur la zone de la volonté, lâchée par le « Je » entre 42 et 49 ans (membres fragiles et métabolisme affaibli : problèmes de digestion, assimilation ou élimination, par exemple).

Mais, rappelez-vous que votre santé est reliée à la qualité du vécu physique de votre petite enfance : si vous avez eu la chance de vivre une petite enfance très naturelle, à tout point de vue, alors votre vitalité sera certainement excellente dans la soixantaine.

Après 63 ans, le « Je » s'étant dégagé de la zone de la pensée (tête) pendant la septaine précédente, on peut constater des pertes de mémoire et des problèmes nerveux. Pour éviter ce fait, il est fortement conseillé de faire travailler sa mémoire durant la septaine de Saturne (l'idéal étant de l'avoir fait toute sa vie, et de ne pas avoir passé trop de temps devant la télé !).
Il est tout à fait possible de garder ses facultés intellectuelles intactes jusqu'à la fin de sa vie, mais à condition de les utiliser et de les entraîner régulièrement (lecture, réflexion, étude, discussion, ouverture d'esprit, intérêt pour le monde, etc.)

La peur de la mort

Chacun sait bien qu'en Occident personne n'a peur de la mort... Alors, pourquoi traiter ce sujet ? Tout simplement parce que c'est un gros mensonge ! En réalité, chacun est terrorisé à l'idée de la mort, mais d'aucun ne veut surtout se l'avouer, justement à cause de la peur que cette idée génère !
Il est normal d'avoir peur de la mort, puisque la peur naît de l'ignorance. Dans les anciennes civilisations, il existait un enseignement sur la mort, et le lien que les gens entretenaient avec le monde spirituel, grâce à leur faculté de clairvoyance atavique, faisait le reste.
De nos jours, dans notre société technologique, nous avons perdu les connaissances essentielles : nous ne savons plus ce qu'est véritablement la naissance, et la mort est un mystère que personne n'ose regarder en face. Bien sûr, des médecins, des psychologues, ont osé braver les tabous et les interdits pour

s'aventurer en terrain inconnu. Mentionnons, par exemple, le Dr Elizabeth Kubler-Ross qui a accompli un brillant travail pour dédramatiser la mort.
Il existe également aujourd'hui des associations qui proposent l'accompagnement aux mourants.
Mais le tabou demeure, car la mort conduit au « néant », dans l'idée matérialiste de la majorité des gens.
Et pourtant, depuis quelques décennies, il y a eu des milliers de cas d'expériences de mort imminente : à la suite d'un accident ou une opération, des gens passent de l'autre côté du voile de l'apparence et ils livrent leurs témoignages. Et ceux-ci concordent : il existe bel et bien un monde transcendant à la matière ! Un monde auquel nous accédons, après la mort, en franchissant une sorte de tunnel, au bout duquel brille une éclatante lumière d'amour. Tous les enseignements spirituels en parlent en détail…
Cependant, notre société actuelle est tellement matérialiste, obsédée par ce qui est objectif, qu'elle en oublie l'humain et sa vraie nature (que la science peine à découvrir) : être humain le jour, et être spirituel la nuit.

Nous vivons dans une société qui tue le sacré, qui veut faire ignorer à l'être humain d'où il vient, qui il est vraiment, et où il retourne après la mort. Seule la vie terrestre serait importante, paraît-il !

Malheureusement, à force de tuer le sacré en l'être humain, la société de consommation génère la désespérance aux deux extrêmes de la vie : chez les jeunes et chez les personnes âgées.
Chez les jeunes, car ils ne peuvent réaliser les idéaux avec lesquelles ils s'incarnent, dans un monde qui ne veut que former de bons petits soldats économiques.
Chez les personnes âgées, car ils sont mis à la retraite et donc qualifiés d'inutiles pour vivre le bonheur imposé par la mode économique.
Résultat : suicides innombrables de ces deux catégories de personnes qui ont sombré dans la désespérance. Changez vos croyances !

À noter : Si vous voulez vraiment savoir ce qu'est la mort, mettez-vous à la méditation et expérimentez par vous-même : la mort est simplement une méditation de plus, mais dont vous ne reviendrez pas. Pourquoi ? Tout simplement parce que le processus de la méditation créatrice ou occidentale vous apprend à vous détacher consciemment de votre corps physique pour vous retirer dans votre corps éthérique ou vital. Or, c'est ce même processus qui se produit naturellement au moment de la mort. Ainsi, en vous entraînant à la méditation, vous vous préparez en douceur pour le « grand voyage » et vous serez prêt lorsqu'il surviendra. Vous n'aurez plus peur de la mort.

(Il peut être bénéfique de vous individualiser sur ce sujet de la mort, avec le *Nouveau Tarot de l'Individualisation*, déjà cité.)

L'âge des responsabilités sociales

Vous avez compris que les trois septaines entre 42 et 63 ans permettent à l'être humain d'augmenter son rayonnement social *au prorata* de la puissance de son esprit.
Ensuite, tout dépend de ses actions ou implications dans le monde. S'il ne fait rien de particulier, cet accroissement de force intérieure ou spirituelle ne lui apportera rien de significatif, et il ne jouera aucun rôle dans la société.
En revanche, quelles que soient ses capacités, l'individu peut s'engager dans des responsabilités sociales, car il aura du « poids » pour faire valoir certaines opinions (soit, la sienne propre, soit celles d'autres personnes qu'il souhaitera épauler). Par exemple, il pourra agir au sein de sa ville, afin d'apporter des idées et d'y montrer quelles actions concrètes pourraient résoudre tel ou tel problème (ce n'est pas le travail qui manque !)
Il pourra se mettre au service des jeunes, en conseillant ceux qui ont de grands projets de construction, par exemple, ou encore en aidant les délinquants. Il fera merveille dans une association, car il disposera d'une expérience de vie qui pourra apporter de l'aide à de plus jeunes (un sexagénaire est particulièrement doué avec les petits enfants et les jeunes adultes de la trentaine).
Peu importe le domaine où il agira, l'essentiel est qu'il apporte à ceux qui le côtoient la confiance en leurs possibilités et en la vie.

Imaginez un enfant ou un jeune qui rencontre un sexagénaire pour lequel il éprouve du respect : si l'adulte témoigne d'une confiance en la vie et dans les possibilités infinies de l'être humain face aux défis de l'existence, il jouera son rôle et encouragera ainsi son jeune protégé.

À noter : La qualité d'entente particulière dont les sexagénaires bénéficient avec les petits enfants est due au fait qu'ils ont un rôle précis à jouer auprès d'eux. Il ne s'agit pas de materner ou de pouponner, car ils ne doivent surtout pas se substituer aux parents ! En revanche, ils peuvent transmettre la sécurité au petit enfant. En effet, un petit est insécurisé par son incarnation dans la matière, car ce monde est nouveau pour lui ; la tranquille sécurité qui émane d'une personne âgée peut lui donner confiance en la vie : tel est le rôle du sexagénaire vis-à-vis des plus petits de ses contemporains... À condition, bien sûr, qu'il soit – lui-même – suffisamment en sécurité ! Ce qui est malheureusement trop rare à notre époque !

L'espérance : l'ouverture au futur

Il peut paraître étrange de s'ouvrir au futur, quand la société nous dit que c'est le moment de la retraite et que nous avons notre futur... derrière nous ! Mais, c'est toujours une question de croyance et de conditionnement :

- Ou nous faisons comme « on » nous a appris, quitte à mal finir ;
- Ou nous lâchons un certain mode de vie, et nous profitons de cette nouvelle situation pour nous ouvrir à des projets non encore réalisés, parce que nous étions – jusque-là – trop pris par la société de consommation.

Allez, courage, la vie n'est pas encore terminée pour vous !

Quel est l'un des meilleurs moyens de rester en forme et avec d'excellentes facultés intellectuelles ?

Il s'agit de manifester ses idéaux : n'ayez pas peur de mettre en chantier des projets que vous n'avez pas encore osé réaliser !
C'est la meilleure septaine pour ce faire...

La neuvième septaine est une tranche d'âge reliée au corps physique et à la volonté. Il est donc important de s'exercer à manifester, créer, concrétiser ses idées et idéaux, plutôt que de regarder les autres agir.
Voyez les dirigeants qui ont votre âge !
Tous les hauts postes sociaux sont tenus par des gens de votre septaine. Ils réalisent leurs rêves, agissent, manifestent, etc.
Il faut faire la même chose qu'eux... avec un peu plus d'honnêteté et de considération pour autrui, bien entendu !
Parfois, des sexagénaires n'osent pas se lancer dans de grands projets par

crainte de ne pas aller jusqu'au bout. La plupart du temps, c'est une erreur. L'important est de travailler en groupe, avec des gens d'âges différents. De cette manière, même si le sexagénaire n'allait pas jusqu'au bout du projet (si celui-ci est important et qu'il dure de nombreuses années), les autres membres du groupe poursuivraient l'œuvre entamée.
Il est capital de comprendre le rôle que peut jouer une personne de la soixantaine : elle apporte le sens des responsabilités, la sagesse pratique (ou expérience de vie), la persévérance ou l'endurance, la capacité de construire un projet, un idéal ou un édifice, la création de quelque chose qui peut durer, des solutions pratiques grâce à l'ensemble des qualités ci-dessus, etc.

Pour de grands projets sociaux, il est difficile de se passer de gens de cette tranche d'âge !
En somme, un être qui apporte sa riche expérience de la vie et qui construit pour l'avenir, génère l'espérance autour de lui. C'est la raison pour laquelle un sexagénaire doit s'ouvrir au futur, même s'il sait qu'il y participera peu… du moins, dans cette vie.
Les jeunes apportent les impulsions du changement, de l'art, de la culture, et les anciens structurent l'ensemble, encadrent les plus jeunes, promulguent confiance et espérance et font perdurer la société.
Quand une civilisation « assassine » ses sages, c'est suicidaire !

Quelques âges clés : 56, 59 et 63 ans

56 ans : Le but de vie

L'âge de 56 ans qui ouvre cette septaine est capital, car il correspond à un aspect astrologique majeur ne se reproduisant que rarement dans la vie humaine (cf. « *Plus* » Astro).
Aux alentours de l'âge de 56 ans, une nouvelle connexion naturelle avec le monde spirituel s'établit. Les deux précédentes fois, à l'adolescence puis vers la fin de la trentaine, l'individu la vivait plus ou moins subconsciemment, mais à l'orée de cette septaine, il est possible de l'expérimenter tout à fait consciemment (ou, pour le moins, avec davantage de lucidité).
Cette expérience spirituelle dépend beaucoup de ce qui a été vécu durant la septaine précédente (cf. chapitre 8) :

- Si l'individu s'est ouvert à sa dimension intérieure à l'occasion d'une remise en cause de son rapport à la connaissance,
- Si l'opportunité lui a été donnée d'enseigner, et ainsi d'apprendre davantage sur lui (car enseigner, c'est apprendre sur soi et autrui),
- Si sa créativité et ses projets se sont élargis en dehors de son cadre familial et amical, afin de progresser vers le don de soi,…

… Alors, l'individu sera fin prêt pour s'ouvrir à une dimension suprasensible lors de cette expérience qui lui est proposée aux alentours de l'âge de 56 ans. Il comprendra son but de vie, ce qu'il est venu faire sur Terre (s'il ne l'a pas déjà perçu à l'âge de 37/38 ans – cf. chapitre 6). Il sera mieux à même de mesurer le chemin parcouru par rapport à ce but de vie, et ce qui lui reste à accomplir.
Il prendra conscience de la dimension divine infinie de son être supérieur (Âme céleste ou Moi supérieur), ce qui lui apportera beaucoup d'espérance et d'amour pour son prochain. Il lui sera plus aisé de pardonner, de guérir de vieilles blessures de son passé, et de s'ouvrir au futur et à une nouvelle forme de créativité ou d'expression de lui-même (toujours dans un sens d'aide aux autres et au monde).

59 ans : Le grand carrefour des âges

Aux alentours de 59 ans se produit un autre rendez-vous essentiel (cf. « *Plus* » Astro) qui constitue une sorte de bilan de la vie et, en même temps, un nouveau départ (et pas celui de la retraite !)
Cet âge marque un grand carrefour auxquels les anciennes civilisations ont toujours été attentives. Les Initiés ont toujours indiqué que les sociétés évoluaient sur ce rythme de soixante années, et qu'il était également très important pour l'évolution de l'être humain.

On pourrait d'ailleurs partager la vie humaine en tranches de trente années environ :

- De 0 à 29/30 ans, la descente dans l'incarnation, l'apprentissage de la vie, le « recevoir », l'expression des dons, etc. ;

- Puis, de 29/30 ans à 59/60 ans, la vie adulte, la réalisation de soi, l'expression de l'individualité humaine, le don de soi, la créativité, etc. ;

- Enfin, au-delà de 60 ans, le don aux autres et à la communauté humaine, l'œuvre du sage, etc.

Le grand carrefour de 59 ans propose l'association en l'être humain des deux formes que prend la sagesse :

1) **La sagesse connaissante,** qui résulte d'un travail intérieur d'étude, de lectures, de méditations sur des connaissances et des vérités. Cette sagesse intérieure nous apporte la connaissance de l'être humain et de son fonctionnement, ainsi que l'assurance qu'il est un être spirituel à l'image et à la ressemblance de Dieu. Elle s'acquiert plutôt durant la septaine de Jupiter (49-56 ans)

2) **La sagesse pratique,** qui résulte des expériences concrètes de la vie, dont nous avons tiré des leçons, et qui nous ont fait grandir en force morale, en responsabilité, en prudence, et qui nous ont fait devenir un bâtisseur du futur. Elle s'acquiert principalement durant la septaine de Saturne (56-63 ans).

L'âge de 59 ans est favorable pour faire le point en nous sur ces deux formes de sagesse, afin de nous améliorer dans le domaine de chacune d'elles.
C'est le moment de faire un bilan (écrit si possible) :
D'une part, sur ce que nous avons appris d'essentiel dans notre existence à propos de l'être humain, la vie, les relations, la dimension invisible ou spirituelle de l'être, etc.

D'autre part, sur les leçons que nous avons tirées de nos expériences concrètes, les problèmes réglés ou non, les projets aboutis ou non, notre place (notre rôle) au sein de la société humaine, etc.

63 ans : Un nouveau départ

La vie est toujours constituée de nouveaux départs, de nouvelles opportunités, de nouvelles impulsions. Parfois, nous les saisissons et, d'autres fois, nous les laissons passer.
Ce n'est pas une question d'âge. C'est une question de motivation et d'espérance.
À l'âge de 63 ans, vous êtes face à un nouveau départ, car vous êtes arrivé au bout des septaines de votre destinée.
Une sorte de lâcher prise se produit au sein de votre destinée. Il est plus ou moins perceptible selon les individus. Vous pouvez alors vivre deux ou

trois années d'accalmie et de détachement. Ce sont souvent des années de récolte : des problèmes se débloquent ou disparaissent d'eux-mêmes, vous bénéficiez d'un coup de chance financier ou autre, etc.

Très souvent, vous cultiverez de nouveaux centres d'intérêt ou, tout au moins, vous en éprouverez le besoin. Lancez-vous ! Expérimentez de nouvelles choses, car cette période s'y prête.
Au-delà de 63 ans (cf. « *Plus* » Ésotérisme), l'essentiel consiste à poursuivre le travail d'ouverture d'esprit commencé dans la quarantaine. Ouvrez-vous sur le monde, soyez curieux de ce qui s'y passe, ne restez pas replié sur vous-même et sur votre famille.
Lisez, méditez, aidez les autres, donnez le meilleur de votre cœur !
La vie n'est pas toujours facile, et les plus jeunes ont besoin de rencontrer des gens comme vous, qui ont la « pèche », qui sont porteurs d'espérance ou fomentent des projets enthousiasmants.

Le futur a besoin de vous !...

À noter : Dans notre société occidentale, les femmes bénéficient d'une espérance de vie nettement supérieure à celle des hommes (une dizaine d'années en plus !) Pourquoi ? Cela a-t-il un sens ? En effet, la fin de la vie régie par Saturne, l'astre de l'autonomie et de l'indépendance, offre une dernière chance à certaines femmes de s'émanciper de l'influence masculine. Une ultime opportunité de devenir indépendante et libre de toute attache, en quelque sorte. D'où l'intérêt, pour les femmes, de travailler l'autonomie ou l'indépendance dès la trentaine ou la quarantaine (cf. les chapitres 6 et 7).

Exercice pour l'âge de 63 ans et plus

Entre 63 et 66 ans, nous vous recommandons de pratiquer l'exercice suivant : **La rétrospective de votre vie** (ce travail étant excellent pour renforcer sa mémoire).
Lancez-vous dans une rétrospective précise de votre existence. Pour cela, vous allez remonter le temps, septaine par septaine jusqu'à votre enfance. Installez-vous confortablement et fermez les yeux. Commencez par revoir

à rebours toutes les années que vous venez de vivre dans la septaine 63/56 ans (si possible année par année en prenant votre date anniversaire comme point de référence). Puis, remémorez-vous la septaine précédente (de 56 à 49 ans, toujours à rebours). Et, ainsi de suite jusqu'à la première septaine, jusqu'au moment de votre naissance (soit de 7 ans à rebours, jusqu'à votre premier cri).
Prenez tout votre temps pour réaliser ce travail (ne parcourez pas plus d'une année par jour, voire moins). N'essayez pas de revoir tout ce que vous avez vécu dans les moindres détails, mais attardez-vous sur les principaux événements de chaque année : qu'est-ce qui vous a touché dans cet événement ? Qu'avez-vous ressenti intérieurement ? Quelle leçon avez-vous tirée à l'époque ? Qu'en reste-t-il aujourd'hui ? Etc.

Si lors de votre rétrospective intérieure, vous revivez un conflit que vous avez eu avec telle ou telle personne, c'est le moment de réaliser un travail de pardon, afin de vous détacher de cette personne et de vous mettre au clair avec cette relation.
Profitez de ce travail pour lâcher vos vieilles rancunes, vos regrets, déceptions et échecs. Relativisez toutes ces expériences et voyez-en l'intérêt sur l'ensemble de votre vie. Bien souvent, ce que nous interprétons comme un échec en situation, devient une source de compréhension et de leçons pour l'avenir. Face à la rétrospective de périodes délicates de votre existence, voyez le bien qui en est ressorti au fil du temps, la sagesse pratique que vous avez acquise, et qui a construit l'être que vous êtes aujourd'hui.
Découvrez, au travers de cet exercice, les merveilleux rythmes de votre destinée. Et, vous percevrez alors une bienveillante présence qui veille sur vous.

Lucidaëlle
04.12

L'Arche d'Espérance

Pose sur moi tout ton toit,
Que tes vouloirs s'entrevoient…

Descelle en grand les fenêtres :
Par mes yeux veille ton être.
Erige épaisses parois :
Mon corps s'ordonne par foi.
Joue des hauteurs et paliers :
Mes idées s'avèrent en faits.
Eclaire tout de l'en-bas :
Dignes et sereins sont mes pas.
Signe décors et dorures :
En mon cœur beauté mature.
Que t'entourent fruits et jardins :
Bonté embaume mes mains.

Posé sur moi tout ton toit,
Tes vouloirs toujours échoient…
Tu fondes en moi certitudes,
Nées par moi similitudes.

Mes agirs détachés
Donnent force manœuvrée,
Pour que somme d'expériences
Soit demeure d'Espérance.

Toi, de nos demains l'esprit,
Tu es raison de ma vie.
Ma flamme t'est garantie
Et aux autres l'irradie.

Pour toi un temple je bâtis.
Pour toi un temple je suis.

Je suis ton Arche, Espérance !
Du futur en provenance,
Semant ton aimée présence,
Pour qu'humanité te pense…
Et que Biosophie se danse !

Céline ♥ Océana

« Plus » Astro

☆ Aux alentours de 56 ans a lieu le ***troisième retour des Nœuds Lunaires***. Le premier retour des Nœuds lunaires, à 18 ans et 7 mois, générait l'impulsion de la Liberté (subconsciemment). Le second, à 37 ans et 3 mois, révélait l'essentiel de ce que nous sommes venus faire sur cette Terre (le fait de saisir notre individualité et de comprendre notre rôle, éveil spirituel). Le troisième, près des 56 ans, parachève notre connaissance du but de notre existence (comment agir notre but de vie pour le plus grand bien du monde, fraternité), et met en lumière notre nature d'être spirituel créateur. Nous pourrions dire que le premier retour des Nœuds lunaires a agi inconsciemment pour nous sortir de l'adolescence et nous donner le courage de devenir adulte (**le chef d'œuvre**). Le second a marqué le couronnement de notre individualité, la réalisation de soi (**l'œuvre solaire**). Le troisième nous donne maintenant l'opportunité d'offrir notre don d'amour au monde, d'apporter le meilleur de nous-mêmes à la société (**l'œuvre de sagesse**).

☆ Vers 58 ans et 10 mois se produit ***le deuxième retour de Saturne***. Lors de son premier retour, vers 29/30 ans, Saturne a marqué le passage à l'âge adulte et l'acquisition du sens des responsabilités. Saturne est un astre capital dans l'évolution humaine, car il régit l'Individualisation, la persévérance, la maturation des projets (la chaleur spirituelle du cœur qui fait mûrir ceux-ci), le fait de se tenir debout face aux défis de la vie (la dignité), la responsabilité, etc. Lors de son deuxième retour, Saturne marque un temps où l'individu peut faire un bilan de sa vie comme nous l'avons déjà vu, mais aussi un temps où il peut se lancer dans de grands projets. Il est intéressant de savoir, par exemple, que les grands projets sociaux ont généralement besoin d'un cycle de Saturne pour se manifester (c'est-à-dire une trentaine d'années). Bien souvent, de beaux et grands idéaux sociaux, qui sont nés au cours de la trentaine, fleurissent au cours de la soixantaine. Avec Saturne, tout est possible à condition de faire preuve de patience, et de laisser suffisamment mûrir son projet ; sinon, il avorte, avec son cortège de dénigrement. Si vous avez de grands projets qui sont nés aux alentours du premier retour de Saturne, et que vous n'avez jamais pu les concrétiser, ne désespérez pas, il vous faudra peut-être attendre le deuxième retour de Saturne pour voir votre rêve se réaliser.

☆ Vers 59 ans et 2 mois se présente ***le cinquième retour de Jupiter***. Jupiter vient équilibrer l'influence de Saturne. Nous pouvons comprendre qu'un retour de Saturne dans la septaine saturnienne, cela risque de créer un excès qui se traduirait par de l'inertie, de la désespérance, des blocages divers, des problèmes de santé (scléroses, paralysies, etc.) Heureusement, Jupiter, qui est le parfait complémentaire de Saturne, intervient en même temps que son vieux comparse pour apporter un peu de souplesse, d'espérance et d'ouverture au futur (notez que c'est la seule fois dans l'existence humaine où ces deux planètes forment, en même temps, une conjonction à elles-mêmes !). Jupiter octroie un nouvel élan et pousse à se lancer dans de grands projets.
Ce cinquième retour de Jupiter donnera des ailes à tous ceux qui pratiquent une démarche spirituelle et à tous les créateurs.

☆ Vers 61 ans et 7 mois arrive ***le septième retour de la Lune Noire***. Ici, c'est la pensée humaine qui est affaiblie. Rappelez-vous que le « Je » s'extrait de la zone de la tête (donc de la pensée) durant la neuvième septaine. Ce retour de la Lune Noire indique le risque d'un laisser-aller de la pensée, ce qui marquerait le début de la décadence des facultés intellectuelles. Bien sûr, tout dépend des individus. Certains ne s'intéresseront plus à rien, ne se préoccuperont plus que de leur corps physique, seront effrayés par la mort, ne vivront plus que par l'intermédiaire de leurs petits-enfants qu'ils materneront et étoufferont, tandis que d'autres continueront à rester alertes en lisant, en s'intéressant au monde, en agissant au travers d'associations, etc.

Cette année-là est critique. Maintenant que vous le savez, agissez en conséquence !

☆ Vers 61 ou 62 ans se produit ***un carré d'Uranus à lui-même*** (un astrologue vous précisera l'époque précise de ce transit). Cet aspect propose une ouverture au futur, un avant-goût de libération du karma (cf. « Plus » Ésotérisme). Il est propice pour se lancer vers de nouveaux centres d'intérêt ou dans de nouveaux projets. L'individu peut s'apercevoir que tout est encore possible et nourrir beaucoup d'espérance.

« Plus » Ésotérisme

- **La septaine de Saturne marque l'aboutissement de la grande phase de développement de l'esprit (entre 42 et 63 ans).** Tout au long de ces trois septaines, le « Je » s'est rapproché de son Moi supérieur ou Âme céleste. La neuvième septaine est donc la plus favorable aux expériences suprasensibles pour celui ou celle qui aura entamé une démarche spirituelle, ainsi que pour les créateurs. Une connexion naturelle s'établit aisément avec le monde spirituel, et il en résulte l'inspiration. Même sans une démarche spirituelle, la proximité intérieure du monde suprasensible favorise le détachement du monde extérieur et de belles expériences ou compréhensions intérieures.

- **La libération du karma à 63 ans.** Lorsque l'individu atteint l'âge de 63 ans, le karma ne se manifeste plus. Cela signifie que le karma qu'il s'était préparé pendant l'entre-deux vies (avant de s'incarner) est épuisé. Ou encore que le karma (ensemble des épreuves, défis, capacités, qualités, rencontres et expériences diverses savamment concoctés dans le monde spirituel) ne peut se manifester que durant les neuf septaines (soit entre 0 et 63 ans).

  Bien sûr, ceci ne signifie pas que nous ne risquons plus d'être confrontés à une épreuve après cet âge (l'expérience de la vie prouve le contraire), mais que le karma des vies passées est tari pour cette incarnation. Cela signifie que nous avons jusqu'à 63 ans pour réaliser ce que nous nous étions engagés à accomplir dans cette destinée. En revanche, le karma que nous nous sommes créé dans cette vie peut encore se déverser jusqu'à la fin de nos jours.

En résumé : **toutes les épreuves que nous vivons après 63 ans résultent d'un karma que nous nous sommes formé dans cette vie** (généralement dans la jeunesse ou le début de la vie d'adulte, puisqu'il faut souvent un cycle de Saturne, soit environ trente années, pour que le karma soit mûr). Nous pouvons donc, avec un travail intérieur de rétrospective, retrouver les racines du karma de cette vie en remontant environ trente ans avant l'épreuve en cours.

Voici deux exemples :

1) Dans la jeunesse, nous sommes envieux et nous passons notre temps à critiquer méchamment autrui. En quelque sorte, nous nions l'aspect sacré de l'individualité de l'autre en ne le respectant pas. Ceci nous empêche d'individualiser correctement notre volonté (cf. chapitre 6). En fin de vie, nous serons dépendants d'autrui, et nous vivrons dans l'insécurité et l'indécision.

2) Dans la jeunesse, nous mentons facilement, nous nous moquons bien de nos erreurs et nous prenons tout à la légère (« *Il ne faut pas se prendre la tête !* »). En quelque sorte, nous nions la vérité que nous aurions pu partager avec autrui. Cela nous prive d'un développement correct de notre pensée. En fin de vie, nous serons méfiants et incapables de croiser le regard d'autrui.

- **La période solaire entre 63 et 66 ans.** Très souvent, à la suite de la libération du karma des vies passées, il s'établit une certaine paix dans la destinée des sexagénaires. Cette période se produit trente-trois ans après celle du milieu de la vie (la période christique – cf. chapitre 5, le « Plus » Ésotérisme) ; c'est le cycle que le Christ a apporté au sein de l'humanité.
  Durant la période solaire entre 63 et 66 ans, l'individu peut sentir que quelque chose lâche, que sa vie devient plus tranquille, et il peut même bénéficier de quelques coups de chance !
  C'est aussi la meilleure période pour pratiquer l'exercice de la rétrospective de la vie, présenté plus haut.
  D'un point de vue spirituel, cette période est favorable pour se rapprocher de Dieu ou de son Âme céleste, ou Moi supérieur. Une expérience spirituelle, plus ou moins consciente (parfois même sous l'aspect d'un rêve marquant ou récurrent), peut survenir et générer une grande paix intérieure (parfois, cela peut apporter une sorte de réconciliation avec le monde spirituel.)

- **La préparation de sa vie future.** Pour celles et ceux d'entre vous qui sont ouverts au principe de la réincarnation, voici quelques éléments pour votre vie future.
  Très souvent, après 63 ans, les gens découvrent de nouveaux centres d'intérêt. Bien sûr, leur disponibilité de retraité joue en cette faveur, à condition que la famille et les amis ne remplissent pas tout leur

emploi du temps ! Pour ceux qui auront pris l'option de l'ouverture au monde et au futur de l'humanité, ils verront bientôt leur intérêt grandir pour de nouvelles activités. Généralement, il y en a parmi celles-ci qui constituent une préparation à leur vie future.
La vie ne se déroule pas en petites cases : tout est inter relié. Vous avez compris que les septaines fonctionnent trois par trois (nous guérissons une septaine lorsque nous en traversons une autre qui lui est reliée, par exemple). Tout, dans notre destinée, est unifié et forme une synthèse, mais dont la complexité est telle que l'ensemble nous échappe.
De même, notre vie future commence déjà à se préparer durant notre vieillesse.
Voyons quelques exemples : nous pouvons être attirés par un pays que nous allons visiter ou sur lequel nous allons lire des ouvrages pour en étudier l'histoire et la culture. Il est possible que ce soit une destination pour notre vie future. Nous pouvons, en fin de vie, nous passionner pour la médecine, l'architecture ou l'histoire, alors que nous ne nous y sommes jamais intéressés de toute notre vie. Il est probable que cette passion soudaine pour une connaissance, un art ou un corps de métier soit une sorte de préparation pour notre vie future. Ceci est dû au fait que nous sommes plus proche de notre Âme céleste ou Moi supérieur en fin de vie, même si cela reste subconscient. Et, pour notre Moi supérieur, le temps n'existe pas et notre vie future fait déjà partie de ses projets : elle est déjà en préparation dans ses grandes lignes (puisqu'elle découlera de cette vie.)

Connaissant ce processus, rien ne vous empêche de partir en quête de ce qui pourrait être important à cultiver à la fin de votre vie pour préparer au mieux la suivante. Ceci peut devenir une sorte de jeu de sagesse !
Soyez à l'écoute de ce qui vous touche tout particulièrement : les pays, les métiers, les connaissances, les arts, etc. Ressentez en vous les impulsions qui montent de votre subconscient, et qui vous poussent dans telle ou telle direction. Vous pouvez même demander à être inspiré pour y voir plus clair. Vous voyez que nous pouvons nous amuser et être créateurs jusqu'à la fin de notre vie !

« Plus » Pratique

Élixirs floraux

- Pour surmonter le choc de la retraite, nous vous proposons deux élixirs floraux du Dr Bach : **Gorse** qui combat le désespoir, le pessimisme et le sentiment d'inutilité qui conduit à l'indifférence au monde, et **Chicory** qui combat l'impression d'avoir été mis à l'écart.
- Pour dépasser la peur de la mort, généralement présente bien que souvent subconsciente, nous vous proposons **Rock Rose**.
- Pour les tendances suicidaires (valables pour tout âge), le Dr Bach suggère d'utiliser **Cherry Plum**. En complément, pour retrouver la joie de vivre, vous pouvez prendre **Amandier** (chez Deva) qui apporte également des forces de régénération jusque dans le corps physique.
- Pour travailler le détachement dans les meilleures conditions, vous pouvez prendre **Bottlebrush** (Deva) qui vous aidera à vous libérer des liens affectifs du passé qui gênent votre progression.
- Si vous pratiquez également le pardon, n'oubliez pas d'ingurgiter le plus célèbre élixir (mentionné dans la Bible !) : **Hysope** (Deva) qui combat le sentiment de culpabilité comme aucun autre.
- Enfin, pour une plus grande ouverture sociale, essayez la **Mauve** (Deva) qui favorise les processus de transformation et de dépassement de soi, et qui apporte confiance en soi et facilite les relations sociales.

Huiles essentielles

- Mettez de temps en temps juste une goutte d'huile essentielle d'**Ail** dans vos plats. Excellent pour la digestion, mais surtout soutient le cœur, vivifie le mental, supporte l'organisme pour s'adapter aux changements.
- L'huile essentielle de **Patchouli** procure de la joie et remonte le moral lorsqu'on se sent découragé ou mélancolique (en diffusion dans l'atmosphère ou, pour un effet tonique immédiat, 1 à 2 gouttes dans du miel ou du sirop d'érable).
- Excellente pour stimuler la présence d'esprit et la force intérieure, apaiser les angoisses, évacuer les pensées négatives, l'huile essen-

tielle de **Carvi** peut être respirée directement dans son flacon ou sur un mouchoir après y avoir versé 2 ou 3 gouttes.

- L'huile essentielle de **Citron** stimule, tonifie, redonne de l'énergie (à respirer comme ci-dessus).
- Celle de **Verveine citronnée** est excellente pour stimuler la concentration, réguler l'apathie, en général dynamiser les fonctions mentales (1 à 2 gouttes d'huile essentielle dans du miel ou du sirop d'érable).
- L'huile essentielle de **Myrrhe** est recommandée pour nous régénérer, nous aider à nous sentir moins dépendant de notre corps physique. Elle est très favorable à toutes les activités de l'esprit (en diffusion atmosphérique).
- L'huile essentielle d'**Encens** favorise la relation au monde spirituel (en diffusion atmosphérique).

Bibliographie

Bases sur l'enfance, l'adolescence et l'éducation :

Aïvanhov Omraam Michaël : La pédagogie initiatique (Prosveta)
Alberganti Michel : À l'école des robots ? L'informatique, l'école et vos enfants (Calmann-Lévy)
Brumer Reinhard : Écoute le silence, une approche de la méditation avec l'enfant (Amrita)
Buermann Uwe : Les enfants du virtuel : techno, Internet, cyberespace (Les Trois Arches)
Buzyn Etty : Papa, maman, laissez-moi le temps de rêver (J'ai Lu)
De Closets François : Le bonheur d'apprendre et comment on l'assassine (Le Seuil)
Desmurget Michel : TV Lobotomie (Max Milo)
Grand'Maison Jacques : Le drame spirituel des adolescents (Fides)
Grunélius E. : Les moins de sept ans (Triades)
Köhler Henning : La jeunesse déchirée (Novalis)
König Karl : Les débuts de l'enfance (Éditions Camphill)
Lievegoed Bernard : Phases de l'enfance (Les Trois Arches)
Lurçat Liliane : Vers une école totalitaire ? (F-X. de Guibert)
Lurçat Liliane : Les destructeurs de l'enseignement élémentaire et ses penseurs (F-X. de Guibert)
Michéa Jean-Claude : L'Enseignement de l'ignorance (Micro-Climats)
Pierrelée M-D. & Baumier A. : Pourquoi vos enfants s'ennuient en classe (Pocket)
Steiner Rudolf : L'éducation de l'enfant à la Lumière de la science spirituelle (Triades)
Steiner Rudolf : Connaissance de l'homme et art de l'éducation (Triades)
Steiner Rudolf : Pédagogie et connaissance de l'homme (EAR)

Bases pour la destinée et la biosophie :

Bryant William : The veiled pulse of time (Anthroposophic Press)
Burkhard Gudrun : Prendre sa vie en main (Les Trois Arches)
Collectif : Working with destiny I *et* II (Floris Books)
Lewis H. Spencer : La Maîtrise de soi et le destin (Éditions Rosicruciennes)

Lievegoed Bernard : Phases de la vie (Les Trois Arches)
O'Neil George et Gisela : La Vie Humaine (Les Trois Arches)
Ruperti Alexander : Les Cycles du devenir (Éditions du Rocher)
Treichler Rudolf : Biographie et Psychologie (Triades)

Élixirs floraux et huiles essentielles :

Déroide Philippe (Laboratoires Deva) : Les Élixirs floraux Européens (Le Souffle d'Or)
Drouet Jean-Pierre : S'émerveiller à la rencontre des fleurs (Le Souffle d'Or)
Dr Dupont Paul : Propriétés physiques et psychiques des huiles essentielles (Diffusion Rosicrucienne)
Scheffer Mechthild : Les 38 quintessences florales du Dr Edward Bach (Librairie de Médicis)
Torres Mario : Les 100 Huiles Essentielles pour votre santé (Delville)

Présentation de l'auteur

Pierre Lassalle

Écrivain et conférencier international, il a vendu à ce jour plus de 300 000 livres. Il est l'auteur d'une trentaine d'ouvrages – dont plusieurs best-sellers ont été traduits – et d'environ 1 200 conférences dans les pays francophones. Passionné par la connaissance et l'évolution de l'être humain, il a étudié en profondeur et mis en pratique la psychologie, la sophrologie, l'astrologie, la numérologie, et différents enseignements spirituels. À travers le partage de ses recherches et expériences concrètes, il souhaite apporter plus d'espérance et de fraternité dans le monde.
Dans cet état d'esprit, il a créé une université spirituelle libre pour mettre en pratique l'enseignement donné dans ses livres.

Citons pour exemple (aux Éd. Terre de Lumière) :

« *Maîtrisez votre Destinée par les cycles de 7 ans* » (2012), qui dévoile les mystères de la destinée humaine et ses cycles de 7 ans : un véritable mode d'emploi de la vie, outil pratique et pédagogique.

« *Vers une Nouvelle Éthique – Un mode d'emploi pour une nouvelle humanité* » (2012), pour entrer en relation avec les Vertus (les Forces qui nous font accomplir des « miracles » !), apprendre à les cultiver et agir selon un code éthique individualisé, pour le plus grand bien de tous.

« *L'Héroïsme de l'Amour* » (2012), un ouvrage qui révèle ce qu'est vraiment l'amour vertueux et comment le vivre en couple de manière concrète.

« *Numérologie Sophianique* » (2012), un ouvrage simple et pratique avec des méthodes exclusives pour « vivre » les nombres en soi, et mieux organiser sa vie, pour la rendre victorieuse.

« *Le Tarot des Héros* » (2004 – réédition en 2012), un livre-tarot, mode d'emploi pour une vie héroïque, qui répond à n'importe quelle question, et qui donne envie aux jeunes (et aux moins jeunes !) de se transcender et d'aimer la vie.

« *La Vie Spirituelle – Lumière sur le sentier spirituel occidental* » (2011), qui réunit toutes les connaissances ésotériques nécessaires pour une juste évolution spirituelle à notre époque, en tant qu'Occidental.

« *Parler le Langage des Anges* » (2011), afin de mieux connaître la vie de nos amis ailés, et entrer en contact avec eux de manière juste, au-delà du folklore et des désirs égoïstes.

« *Le Nouveau Tarot de l'Individualisation* » (2011), pour apprendre à se créer une individualité, à devenir pleinement soi-même dans tous nos secteurs de vie, tout en s'amusant (coffret avec 33 cartes couleur).

« *L'Aventure Héroïque* » (2010), un mode d'emploi de la vie héroïque, où les lois de la manifestation sont maîtrisées, afin d'atteindre n'importe quel but ou de réaliser n'importe quel projet.

« *Cyberespace* » (2010), un thriller ésotérique captivant qui vous entraîne dans un proche futur, où des héros et héroïnes se voient confier le sort de la destinée humaine.

« *Les Mystères de la Dame à la Licorne* » (2008), un livre d'art très illustré, qui dévoile les mystères des célèbres Tapisseries de la Dame à la Licorne, et qui souligne l'existence d'un nouveau courant artistique : l'Art Imaginatif.

« *Le Sentier du Graal* », qui explicite tous les mystères reliés aux romans du Graal et à son héros, Perceval, modèle de l'aspirant occidental pour notre temps.

Bibliographie

Aux éditions Terre de Lumière

Collection *NOUVELLE PSYCHOLOGIE*
Maîtrisez votre Destinée de Pierre Lassalle
Vers une Nouvelle Éthique de Céline & Pierre Lassalle
L'Héroïsme de l'Amour de Céline & Pierre Lassalle
L'Aventure Héroïque de Céline & Pierre Lassalle

Collection *SPIRITUALITÉ OCCIDENTALE*
Parler le Langage des Anges de Céline & Pierre Lassalle
La Vie Spirituelle de Pierre Lassalle

Collection *CONNAISSANCE DE SOI*
Le Nouveau Tarot de l'Individualisation de Pierre Lassalle, en collaboration avec Céline Lassalle
Le Tarot des Héros (nouvelle édition 2012) de Pierre Lassalle
Numérologie Sophianique de Céline & Pierre Lassalle

Collection *THRILLER ÉSOTÉRIQUE*
Cyberespace de Pierre Lassalle

Collection *ART IMAGINATIF*
Les Mystères de la Dame à la Licorne de Pierre Lassalle

Diffusion Terre de Lumière

Ouvrages de Pierre Lassalle
Le Sentier du Graal
Le Graal et l'Éternel Féminin
L'Expérience du Christ
Initiés & Mystères
Astrologie & Relations Humaines (épuisé)
Manuel pratique de l'Astrologie Holistique (épuisé)

Ouvrages coécrits avec Céline Lassalle
Rencontre avec Pierre Lassalle

Contactez-moi !

Europe : Éditions Terre de Lumière
Pierre Lassalle
C.P. 133
1213 Onex (Genève) – Suisse

Québec : Pierre Lassalle
C.P. 56021 – 1500 Atwater
Montréal (Québec), H3Z 3G3, Canada
Tél : 1-877 682-8764 (sans frais)

E-mail auteur : **graalia@editions-terre-de-lumiere.com**

Renseignements concernant les activités organisées autour des ouvrages de l'auteur :

M. Bruno Mairet
105 route des Pommiers
Centre UBIDOCA – 6380
74370 Saint-Martin-Bellevue
France
Tél. : +33 (0)9 52 63 20 97

Catalogue gratuit sur simple demande :

Éditions Terre de Lumière

75, rue de Wattignies

75012 Paris – France

Tél/Fax : +33 (0) 1 44 73 43 18

contact@editions-terre-de-lumiere.com

www.editions-terre-de-lumiere.com

Illustration de couverture :

Si vous êtes intéressé(e) par le tableau de couverture de Lucidaëlle (Lucie Delalain), rendez-vous sur le site des Éditions Terre de Lumière pour tout achat de posters (format A3+ ou A2 au choix).

Découvrez les autres œuvres de l'artiste, réalisées en Art Imaginatif.

Lien Internet : **www.editions-terre-de-lumiere.com/lucidaelle**

BONUS-LIVRE sur notre site internet

Envoyez-nous un mail et nous vous répondrons en vous donnant un lien Internet vers des « bonus » du livre que vous avez entre les mains.

À bientôt !

Pour tout renseignement concernant les conférences et activités organisées autour des ouvrages de Pierre Lassalle, vous pouvez nous écrire à l'adresse suivante (merci de joindre un timbre) :

Mr Bruno Mairet
(Veillez à ne mettre aucun autre nom sur l'adresse, sinon le courrier ne parviendra pas à l'auteur)
105, route des Pommiers
Centre UBIDOCA – 6380
74370 Saint-Martin-Bellevue – France
Tel : +33 (0) 9.52.63.20.97

DEMANDE DE RENSEIGNEMENTS

Nom :...
Prénom :..
Adresse :..
Code postal :...
Ville :..
Pays :..
Téléphone :...